工商管理学科导论

（2020年修订版）

主　编　周新刚　肖小虹
副主编　姚　旻　章志杰

科学出版社
北京

内 容 简 介

本书是工商管理类专业的核心平台课程——“工商管理学科导论”课程的配套教材，是实行工商管理大类培养改革后，为使学生从狭窄的专业视野上升到学科视野而编写的。全书以工商管理学科的特点和体系、演进和发展、人才培养目标和方式为基础，全面阐述了工商企业高层管理、战略规划、组织发展、流程再造和文化培育等有别于工商企业具体业务的内容，真正属于管理范畴的领域，具有内容翔实、视野广阔、描述生动的特点。

本书可作为高等院校工商管理类专业“工商管理学科导论”和“工商管理概论”课程教材，也可作为其他专业选修的管理类课程教材或各类工商企业管理干部培训教材。

图书在版编目（CIP）数据

工商管理学科导论/周新刚，肖小虹主编．—北京：科学出版社，2013

ISBN 978-7-03-038568-0

Ⅰ.①工… Ⅱ.①周…②肖… Ⅲ.①工商行政管理－高等学校－教材 Ⅳ.①F203.9

中国版本图书馆 CIP 数据核字（2013）第 214648 号

责任编辑：王京苏 / 责任校对：刘文娟
责任印制：吴兆东 / 封面设计：蓝正设计

科学出版社 出版
北京东黄城根北街 16 号
邮政编码：100717
http://www.sciencep.com
北京富资园科技发展有限公司印刷
科学出版社发行 各地新华书店经销

*

2013 年 9 月第 一 版 开本：787×1092 1/16
2025 年 7 月第十四次印刷 印张：12 1/4
字数：291 000

定价：35.00 元

（如有印装质量问题，我社负责调换）

编 委 会

前　言

贵州财经大学从 2008 级开始实施工商管理大类培养改革，涉及工商管理、市场营销、会计学等 9 个工商管理类专业。为此，学校重构了 12 门工商管理学科核心课程作为大平台课程，其学分达到各专业课程总学分的四分之一。“工商管理学科导论”就是这次大类培养改革重构的 12 门工商管理学科核心平台课程之一。

为配合学校实施工商管理大类培养改革，贵州财经大学工商管理学院组建“工商管理学科导论”课程教学团队，经过广泛的调查和研究，创新性地提出了课程的教学目标就是“拓宽视野、把握精髓、激发兴趣”。课程教学团队紧紧围绕课程教学目标组织教学内容。经过 2008 级到 2012 级 5 个年级的教学实践，不仅实现了课程教学的三个目标，而且其教学内容和教学范式也得到了专家和学生的好评。

作为课程教学团队 5 年教学实践经验的凝练总结，现在呈现给大家的这部《工商管理学科导论》教材具有三大显著特点。

第一，基于学科大类和国际化视角。为了达到“拓宽视野”教学目标，课程内容打破着重介绍学科内各专业的通行做法，而是从高于专业的视角——学科大类视角去看工商管理学科演变和发展、工商管理学科特点和内部结构、工商管理学科名校和名家等，同时这些教学内容的阐述都是基于国际化的视角，致力于全景式展示国际工商管理学科历史发展脉络，全方位介绍国际工商管理学科一流大师，全角度演绎国际工商管理学科人才培养模式，由此形成本教材的第一个特点。

第二，基于工商企业全局和系统化思考。为了达到“把握精髓”的教学目标，课程内容打破重点介绍工商企业各个职能领域的习惯做法，而是选择工商企业管理者必须面临的困难挑战——战略、组织、流程及文化这些综合性领域展开深度论述，致力于培养未来工商企业管理者区分工商企业具体业务和管理问题，注重基于工商企业全局，系统化探究、思考、分析和解决工商企业管理问题，提高工商企业的绩效，这是本教材的第二个特点。

第三，基于工商企业实践和整合性案例。为了达到“激发兴趣”教学目标，课程内容改变着重介绍工商管理学科理论的惯例做法，而是采用平实的描述性语言和鲜活的工商企业实例，对工商企业管理理论娓娓道来。作为一门为大一新生开设的课程，为了进一步激发学生对工商管理学科的浓厚兴趣，我们选择中国最成功的民营企业——华为技术有限公司，对其成长为全球通信设备巨头的成功管理经验，结合各章教学内容逐一展开分析，形成一个整合性案例，这是本教材的第三个特点。

本书是贵州财经大学“工商管理学科导论”课程教学团队5年集体智慧的结晶，这个教学团队每一个成员——周新刚、肖小虹、姚旻、章志杰、刘江林、涂奉军、周洁、谢春芳，都分别参加了全书至少一章的撰写，同时对其他章节的内容确定、文字表述、实例选择等提出了许多中肯意见。全书由周新刚和肖小虹进行统稿。

最后要感谢众多工商管理学科研究者和实践者，他们的研究成果和实践经验为这本《工商管理学科导论》教材的成书奠定了重要基础。

贵州财经大学
“工商管理学科导论”课程教学团队
2013年8月

目录

第一章

工商管理学科概述

第一节　工商管理学科基本概念

一、管理概念

为了明确工商管理学科的概念，我们首先要从管理的定义说起。对于什么是管理，有很多种定义。过程学派认为，管理是通过计划、组织、控制、领导等职能活动，优化配置及充分运用一个组织所拥有的人力、物力、财力、知识力，使之发挥最大效果，以达到组织的目标。决策理论学派认为管理就是决策，基于这样的认识与研究，赫伯特·西蒙(Herbert Simon)在有限理性决策等方面的研究使其获得了诺贝尔经济学奖。有的学派认为管理就是设计一种良好环境，使人在群体里高效率地完成既定目标的过程。也有的学派认为，管理就是领导。不论怎样定义，管理的实质是提高组织的协作水平与运作效率的过程。

由于在管理主体、管理对象或管理职能上的不同，管理有许多不同的种类。例如，在政府活动中有行政管理、税收管理、财政管理等，在工商企业活动中则有战略管理、人力资源管理、生产管理等。所谓的工商管理，其实就是对企业所能支配和影响的资源进行整合，提高其协作水平和运作效率，以求达到企业目标的过程。

二、学科定义

工商管理学科是关于工商管理活动的诸多科学的总结，是研究按照一定的结构而形成的科学分支。从人才培养的角度，关于这一学科，国际上有很多种定义。

定义之一：(Prepares individuals to plan，organize，and direct the operations of a firm or organization. Includes instruction in management theory，human resources management and behavior，accounting and other quantitative methods，purchasing and logistics，marketing，and business decision-making.[①])使个人具备企业或组织的计划、组织和

① 赵纯均．工商管理研究备要——现状、趋势和发展思路．北京：清华大学出版社，2003：3～4.

运行指导的能力。其包括管理理论、人力资源管理和行为、财务与其他量化手段、采购与后勤、市场营销和企业决策的知识传授。

定义之二：(An instructional program that generally prepares individuals to plan, organize, direct, and control the functions and processes of a firm or organization. Includes instruction in management theory, human resources management and behavior, accounting and other quantitative methods, purchasing and logistics, organization and production, marketing, and business decision-making. ①)一组教学计划一般要使个人具备计划、组织、指导和控制与运作企业的能力。其包括管理理论、人力资源管理和行为、财务与其他量化手段、采购与后勤、组织与生产、市场营销与企业决策的课程教学。

定义之三：(Business Administration and Management, General) A summary of groups of instructional programs that prepare individuals to perform managerial, research, and technical support functions related to the commercial and/or non-profit production, buying, and selling of goods and services. ①(企业管理与经营总称)是几组教学计划的统称，其使个人具备与商业和/或非营利生产、购买或出售商品和服务等有关的管理、研究与技术支持的能力。

三、共同特征

上述论述对我们定义工商管理学科有很重要的参考价值。它们的共同点如下：

(1)都强调了工商管理是为一定的工商企业或实体服务的，而且这样的组织一般都是营利组织。

(2)都明确工商管理是管理的一部分。事实上，作为科学的管理学，其发展历史上最初的成就主要都来自于工商管理这一部分。

(3)都描述了工商管理所包含的活动内容，如人力资源管理、会计、生产、营销、管理决策、财务等。

从学科自身的规律性、学科发展以及自然科学基金资助的角度考虑，我们认为“工商管理”学科的定义不宜过宽而使学科发展不能突出重点，也不能过窄而限制了学科间的交叉和融合。因此，我们认为将其定义为“营利组织的管理”是比较合适的。具体地说，工商管理学是研究营利组织经营活动规律以及工商企业管理理论和实践的学科。与其对应的是公共管理学。两者区分的标志就是所研究的活动对象是不是营利组织，若是则为工商管理，若不是则为公共管理。

从我国学科发展现状来看，这样定义是比较切合学科发展实际的，工商管理学科已经有了很长足的发展，虽然其水平与世界一流水平还有很大差距，但是我们已经奋起直追了；而非营利组织(公共管理)才刚刚起步，而且变得越来越重要，将成为GDP(国内生产总值)增长的主要来源，并将吸收更多的就业人口，所以有必要把对这些组织的管理作为管理未来发展的另一个重要分支。另外，虽然营利组织和非营利组织在管理上有很多共通之处，但是由于其组织的使命与目标的不同，在管理的对象和实质内容上有一定差别。工

---

① 赵纯均．工商管理研究备要——现状、趋势和发展思路．北京：清华大学出版社，2003：3～4.

商企业是作为营利的手段；但公共事业的发展方向是满足政治需要，作为协调政治关系和促进社会稳定的手段。在工商企业中能以产量来评价企业，但在公共领域中产量却显得过于定量而不太容易衡量公共事业的发展。具体地说，在营利组织中财务管理（financial management）要强调如何运作资金，使其更好地发挥作用，带来经济的或非经济的效果；而在非营利组织中，要更多地注重保持财务上的平衡和吸引捐助。因此，明确这两个学科的界限，对于两个学科的发展，都是有好处的。

第二节 工商管理学科基本特点

工商管理学科是一门以社会微观经济组织为研究对象，系统地研究其管理活动及决策的一般方法和普遍规律的科学。由于工商管理学科的研究对象是由人组成的社会微观经济组织，兼具自然属性与社会属性，故工商管理学科各领域的研究同时具有人文属性与社会属性。从学科基础、研究方法和研究内容来看，工商管理学科是以经济学和行为科学等为理论基础，以统计学、运筹学等数理分析方法和案例研究方法为分析手段，以工商企业的公司治理、生产运营、物流配送、组织行为与人力资源、财务与会计、市场调研与销售、管理信息系统与互联网技术应用、技术创新与管理、战略管理、服务管理等职能管理为主要研究领域，探讨和研究工商企业内部产品或服务设计、采购、生产、运营、投资、理财、销售、战略发展等管理决策的形成过程、特征和相互关系，以及工商企业作为一个整体与外部环境之间的相互关系，并从中归纳和总结出旨在提高工商企业经营管理效率和社会效益的管理原理、管理规律以及管理方法和技术的一门科学。因此，对工商管理学科的特点，我们总结如下。

一、综合性

工商管理学是一门综合性的学科，工商管理活动包括的范围非常广，涉及的知识面也非常宽。为了适应动态变化的外部环境，提高工商企业经营过程的效率和效果，需要解决十分复杂的问题。工商管理学研究内容的复杂性决定了它既涉及普通心理学、生物学、生理学等不具有阶级性的自然科学，又应用社会学、社会心理学、政治学等具有明显阶级性的社会科学，它正是在这些自然科学和社会科学互相交叉渗透的基础上发展起来的。这也要求从事管理的实践工作者要以广博的知识作为基础。

二、实践性

工商管理学是一门实践性很强的学科，相对于心理学、人类学等学科来说，工商管理学属于应用性学科。理论来自于实践，又对实践起着指导作用。工商管理学是从人类长期的实践中总结而成的，同样要去指导人们的管理工作。这与其他的学科是相同的，但相比之下，它的实践性更强。环境因素和人的因素总是在不断地变化，对组织的管理模式不可能一成不变。通过学习工商管理这门课程，根据实际情况在实践中不断运用所学知识，才能不断增长才干和积累经验。

三、不精确性

工商管理学是一门不精确的学科。数学、物理学等学科，根据规律和所给定的初始条件就可以得出问题的解，是一种精确的科学。而工商管理学则不同，它具有不精确性：一是在工商管理工作中，所遇到的因素、所要解决的问题，除了像资源、时间等这样可以精确地用数来表示外，有许多因素是不能用数来表示的，即无法精确地度量。现实中有些因素尽管不能度量，但可以按一定的规则来量化。例如，歌手大奖赛，裁判员或评委通过对歌手的气质、发声技巧、表演能力等进行打分来分出高低。这些因素我们可以称作可量化因素。但是管理工作中所遇到的一些环境因素及变化，如人的思想情绪、心理变化等都是无法量化的。二是所从事的工商管理工作中有许多因素之间存在明确的关系，可以用函数关系来表示，而更多的关系是无法用函数关系来表示的，有的甚至是演绎推理也无法表示清楚。例如，一个组织中全体员工在总经理的领导下工作效率不高，而换了一个总经理后工作效率就明显提高了，那么领导方式和所达到的效果之间就不存在一种明确的函数关系。

四、软科学性

工商管理学是一门软科学，如同计算机中有硬件、软件之分一样，一个组织里的人、财、物等有形的资源就是硬件，管理则为软件，管理学则称为软科学。在组织里，工商管理学除了要运用其他学科的知识作用于无生命的物上，更重要的是要充分发挥组织中最重要的资源——人力资源的作用。通过管理，充分调动组织成员的积极性，更好地利用各种资源，获得经济效益和社会效益。

第三节　工商管理学科结构体系

一、学科类别

国际精英商学院协会（the Association to Advance Collegiate School of Business，AACSB）在研究商学院的师资供求时，将商学院的教授按 14 个学科来划分①，它们是会计（accounting）、战略（corporate strategy/business policy/business and society）、经济学（economics）、财务（finance）、人力资源管理（human resource management）、保险（insurance）、国际经营（international business）、组织行为（management/organization behavior）、营销（marketing）、信息管理（management information systems/computer information systems，MIS/CIS）、运作管理（operations management/production）、运筹学（operations research/management science/decision science）、房地产管理（real estate management）和其他学科或综合性学科（other/miscellaneous）。这个分类，除了运筹学以外，将其经济学的范围明确到管理经济学，那么大体上就是我们所说的工商管理学科。在一个对商学院绩效进行的全面研究中，有研究人员将这些学科归为 8 个学科群，即会计，财务，

① AACSB. Faculty position filled，vacant，and planned growth. Newsline，1998，28(3)：27.

保险、国际商务和房地产，管理科学，管理，管理信息系统，营销以及生产/运作管理①。他们通过仔细的挑选程序，选择了各个学科最顶尖的期刊作为研究各学院学科表现的基础。这些学科和相应的期刊如表 1-1 所示。我们认为，这个划分比较符合工商管理学科实际的发展，特别是各学科都比较独立地形成了自己的学科体系、研究方法、学会和期刊。

表 1-1　工商管理学科划分

学科和期刊	师资数量
会计(accounting) *Accounting Review* *Journal of Accounting and Economics* *Journal of Accounting Research*	3 336
财务(finance) *Journal of Finance* *Journal of Financial Economics*	2 409
保险、国际商务和房地产(insurance，international business，and real estate) *Journal of Risk and Insurance* *Journal of International Business Studies* *Real Estate Economics*	584
管理科学(management science) *Management Science* *Operations Research*	752
管理(management) *Administrative Science Quarterly* *Academy of Management Journal* *Academy of Management Review* *Strategic Management Journal*	3 457
管理信息系统(management information systems) *Information Systems Research* *MIS Quarterly*	1 627
营销(marketing) *Journal of Consumer Research* *Journal of Marketing* *Journal of Marketing Research*	2 432
生产/运作管理(production/operations management) *Journal of Operations Management*	877

注：(1)师资力量是指 AACSB 认可的商学院在这一领域的教师数量
　　(2)管理包括管理学、战略、人力资源管理和组织行为

二、期刊目录

2003 年，美国《金融时报》(*Financial Times*)列出了工商管理领域的 40 份顶级期刊

① Trieschmann J S，Dennis A R，Northcraft G B. Serving multiple constituencies in business schools：M. B. A. program versus research performance. Academy of Management Journal，2000，43(6)：1305～1312.

（表 1-2）。根据这些期刊所代表的分支学科，我们也可以大体看出工商管理学所包含的学科类型。

表 1-2 工商管理领域顶级期刊名录

No.	缩写	期刊名	文章数	创刊年
1	AER	*The American Economic Review*	1 116	1886
2	AME	*Academy of Management Executive*	588	1987
3	AMJ	*Academy of Management Journal*	433	1948
4	AMR	*Academy of Management Review*	408	1976
5	AOS	*Accounting，Organizations and Society*	205	1976
6	AR	*The Accounting Review*	265	1926
7	ASQ	*Administrative Science Quarterly*	378	1956
8	CMR	*California Management Review*	182	1958
9	ECON	*Econometrica*	399	1934
10	ETP①	*Entrepreneurship Theory and Practice*		1976
11	HBR②	*Harvard Business Review*		1923
12	HRM	*Human Resource Management*	260	1962
13	IJHRM③	*International Journal of Human Resource Management*		1990
14	ISR	*Information Systems Research*	142	1990
15	JAE	*Journal of Accounting and Economics*	218	1979
16	JAP	*Journal of Applied Psychology*	595	1916
17	JAR	*Journal of Accounting Research*	218	1963
18	JASA	*Journal of the American Statistical Association*	87	1906
19	JBE	*Journal of Business Ethics*	1 190	1982
20	JBV	*Journal of Business Ventruing*	202	1985
21	JCR	*Journal of Consumer Research*	324	1974
22	JF	*Journal of Finance*	553	1946
23	JFE	*Journal of Financial Economic*	402	1933
24	JIBS	*Journal of International Business Studies*	300	1970
25	JM	*Journal of Marketing*	229	1936
26	JOM③	*Journal of Operations Management*		1980
27	JMR	*Journal of Marketing Research*	297	1936
28	JPE	*Journal of Political Economy*	299	1893

续表

No.	缩写	期刊名	文章数	创刊年
29	JSBM	*Journal of Small Business Management*	183	1963
30	LRP	*Long Range Planning*	433	1968
31	MIR③	*Management International Review*		1961
32	MISQ	*MIS Quarterly*	166	1977
33	MS	*Management Science*	726	1954
34	OBHDP	*Organizational Behavior and Human Decision Processes*	285	1966
35	OpnsRes	*Operations Research*	135	1953
36	OS	*Organization Science*	280	1990
37	RFS	*Review of Financial Studies*	250	1988
38	RJE	*The Rand Journal of Economics*	244	1970
39	SMJ	*Strategic Management Journal*	423	1980
40	SMR	*Sloan Management Review*	120	1960

①期刊收录 SSCI 数据库的年限从 2003 年开始
②SSCI 没有收录该期刊的引文
③SSCI 没有收录该期刊

（1）经济学类。其中包含三种顶尖级的经济学类期刊。排名第一的是美国经济学会主办的《美国经济评论》（*The American Economic Review*，AER）。该刊是最负盛名的综合类经济学期刊，主要发表观点创新、浅显易懂的论文，每年的 6 月号都将刊载当年诺贝尔经济学奖获得者的演讲，这也成为其具有绝对权威性的一个标志。紧跟其后的是计量经济学会主办的《经济计量学》（*Econometrica*，ECON），其主要发表数学性更强的论文。排名第三的《政治经济学》（*Journal of Political Economics*，JPE）由芝加哥大学主编，是一份有百年历史的经济类双月刊，20 世纪 80 年代以前，它一直是经济学期刊的“老大”。

（2）金融学类。财务学术期刊《金融杂志》（*Journal of Finance*，JF）、《金融经济学》（*Journal of Finance Economics*，JFE）和《金融研究评论》（*Review of Financial Studies*，RFS）是上百种财务学类国际期刊中最权威的三种期刊。

（3）会计学类。会计学术界普遍认可的三大顶级期刊《会计研究》（*Journal of Accounting Research*，JAR）、《会计评论》（*The Accounting Review*，AR）和《会计与经济学》（*Journal of Accounting and Economics*，JAE）都列于其中。它们同《会计、组织和社会》（*Accounting, Organizations and Society*，AOS）都位于 12 家最著名图书馆（美国 5 家、英国 5 家、澳大利亚 2 家）同时订购的 9 种会计类期刊列表中（截至 1996 年）。

（4）商业经营类。前身为《美国小企业期刊》（*Journal of Small Business*，1975 年创刊）的《创业：理论与实践》（*Entrepreneurship Theory and Practice*，ETP，1988 年使用现名）、《商业道德规范》（*Journal of Business Ethics*，JBE）、《商业风险》（*Journal of Business Ventruing*，JBV）、《国际工商研究期刊》（*Journal of International Business*

Studies，JIBS)，属于商业经营管理类期刊。

(5)市场营销类。其包括《市场研究期刊》(*Journal of Marketing Research*，JMR)和《顾客研究期刊》(*Journal of Consumer Research*，JCR)。

(6)组织行为学类。《组织科学》(*Organization Science*，OS)、《组织行为与决策过程》(*Organizational Behavior and Human Decision Processes*，OBHDP)、《小型企业管理期刊》(*Journal of Small Business Management*，JSBM)是与组织行为学直接相关的代表性期刊。

(7)应用心理学类。《应用心理学》(*Journal of Applied Psychology*，JAP)是与组织行为学相关的最具代表性的心理学类期刊。

(8)人力资源管理类。《人力资源管理》(*Human Resource Management*，HRM)、《国际人力资源管理杂志》(*International Journal of Human Resource Management*，IJHRM)是与组织行为学相关的人力资源管理类期刊。

(9)管理信息系统类。《管理信息系统季刊》(*MIS Quarterly*，MISQ)、《信息系统研究》(*Information Systems Research*，ISR)都列在信息管理和信息系统学科排名前19位代表期刊中。

(10)管理科学(狭义)类。《运筹学管理期刊》(*Journal of Operations Management*，JOM)、《管理科学》(*Management Science*，MS)、《运筹学研究》(*Operational Research*，OR)及《美国统计学会期刊》(*Journal of the American Statistical Association*，JASA)都属于管理科学(狭义)学科。

(11)战略管理类。《战略管理期刊》(*Strategic Management Journal*，SMJ)和《长期规划》(*Long Range Planning*，LRP)是战略管理学科的重要期刊。

(12)综合性管理类。其可以细分为理论综合性管理类和实证综合性管理类，其中，理论综合性管理类包括《美国管理学会期刊》(*Academy of Management Journal*，AMJ)、《美国管理学会评论》(*Academy of Management Review*，AMR)、《行政管理季刊》(*Administrative Science Quarterly*，ASQ)、《管理国际评论》(*Management International Review*，MIR)；实证综合性管理类包括《管理执行学报》(*Academy of Management Executive*，AME)、《哈佛商业评论》(*Harvard Business Review*，HBR)、《加利福尼亚管理评论》(*California Management Review*，CMR)、《斯隆管理评论》(*Sloan Management Review*，SMR)。

三、子学科

结合国内外各方面的研究成果和实践，综合考虑国际上的一般发展规律和我国的具体情况，我们将工商管理学科结构体系分成四个类别的多个子学科。

1. 职能管理领域(学科)

职能管理领域包括市场营销、会计、财务管理、运作管理、技术管理、人力资源管理、信息管理，在工商管理学科中这一领域的研究进行得相对比较成熟，并且工商企业都设有相关的职能部门负责这方面的工作。例如，在1955年以前，会计学长期停滞在借贷的平衡及会计准则的运用方面，而财务金融学停留在银行手续的办理方面。1955年，默顿·米勒(Merton Miller)和弗兰科·莫迪格利安尼(Franco Modigliani)共同发表了MM

理论，“革命性地改变了公司理财的理论及实践，将公司理财从一个松散的工作程序及规则，改变为股东寻求最大股本价值的精细巧妙的法则”[①]。这些领域都可以直接应用到实践中去，是各院校进行工商管理硕士(master of business administration，MBA)和在职培训的必备课程，也是工商企业必然要设立专门部门来执行的职能。同时，这些领域都有其自身的假定，有比较成熟的理论，研究也在一个比较确定的框架下进行。运作管理的发展到现在也是相对比较成熟的，其前身为生产与运作管理(operation and production management)，后来由于服务业的发展，工商企业运作的问题已经很大地超过了生产的范围，于是这一学科也发生了变化。工商企业现在一般都设有这样的部门。

相比之下，人力资源管理领域不够成熟，理论上更多地依赖学科的知识成果，而尚未能完整地建立自己的理论。在新经济的背景下它已经被提高到与工商企业前途息息相关的重要程度，在工商企业中成为重要部门。但是，人力资源管理是面向实践的学科，其理论基础较弱，这部分知识一方面来自实践的总结，另一方面来自人-机工程学(工作分析)、组织行为(最主要的)、经济学与金融财务(薪酬)等学科。因此，较少有顶尖的商学院培养人力资源管理方向的博士。

2. 基础管理领域(学科)，包括组织行为学和管理经济学

组织行为学发端于心理学，具备自己的独特方法与思维习惯。管理经济学是微观经济学在工商企业中的应用，其核心的内容仍为经济学范畴，但因其与工商企业紧密相关，故仍列于此。虽然组织行为学的成熟稍逊于管理经济学，然而这两个学科依然是被承认的“科学”。但是，工商企业中却没有这样的负责部门，因为它们是基础性的工作，每一个管理者甚至具体工作人员在工作中都要经常碰到这样的问题。

3. 综合性领域(学科)，即战略管理

库恩在 1962 年发表的其“范式”学说后的热烈讨论，催生了战略作为一个新学科的出现，学者们开始第一次定义了关于战略研究独特的范式[②]。但是关于这个领域的研究方法却依然没有一致的意见。争论的焦点是战略研究的根本基础到底在于长期的计划、内部竞争优势，还是环境分析。由于这种方法上的和理论上的局限性，越来越多的博士培养项目开始用非实证的、非线性的、主观性的范式。虽然战略无比重要，但是工商企业一般没有这样的部门，而一般是由最高管理者直接进行管理的。哈佛商学院的战略方向的博士生培养，不是以哲学博士的名义，而是以工商管理博士的名义进行的。

4. 应用领域，包括项目管理、房地产管理、电子商务、医疗管理等

实际上，上面所列举的职能管理领域、基础管理领域和综合性领域的各个学科属于应用领域。之所以单独再列出一个应用领域，是因为这些领域严格地讲不能称为学科，因为它们所应用的知识内容来自职能学科、基础学科和综合学科，并将这些领域中的知识具体应用到某一特定的领域中。同时，这些领域也是发展最快、最容易受到实践影响的领域。我们将这些学科的关系用图 1-1 来表示。

---

① 1990 年瑞典皇家科学院对诺贝尔经济学奖的赞辞。

② Schendel D E，Hofer C W. Strategic Management：A New View of Business Policy and Planning. Boston：Little Brown，1979.

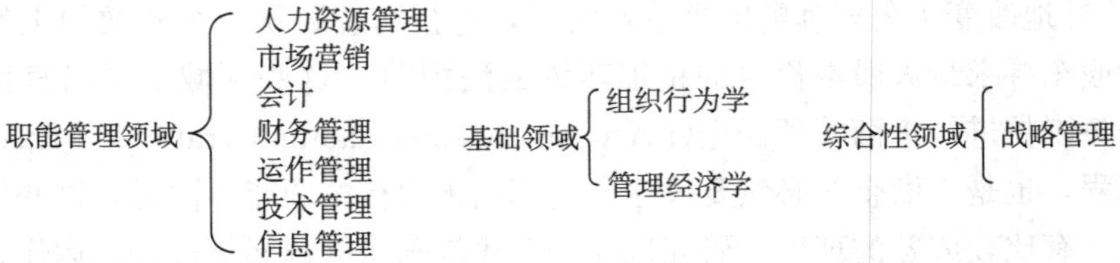

图 1-1 工商管理学科的结构体系

应用领域包括旅游管理、医疗管理、项目管理、房地产管理、电子商务、国际工商管理、风险管理、创业管理、赛事及休闲管理等。

四、学科专业

在我国，工商管理专业属于一级学科，下设会计学、财务管理、市场营销、国际商务、人力资源管理等专业。

1. 会计学

会计学是在商品生产的条件下，研究如何对再生产过程中的价值活动进行计量、记录和预测；在取得以财务信息(指标)为主的经济信息的基础上，监督、控制价值活动，促使再生产过程，不断提高经济效益的一门经济管理学科。它是人们对会计实践活动加以系统化和条理化，而形成的一套完整的会计理论和方法体系。本质上，会计是一个经济信息系统，这也是国际会计界较为一致的看法，其主要特征是将工商企业经济活动的各种数据转化为货币化的会计信息(即价值信息)。

2. 财务管理

财务管理是在一定的整体目标下，关于资产的购置(投资)、资本的融通(筹资)和经营中现金流量(营运资金)，以及利润分配的管理。财务管理是工商企业管理的一个组成部分，它是根据财经法规制度，按照财务管理的原则，组织工商企业财务活动，处理财务关系的一项经济管理工作。简单地说，财务管理是组织工商企业财务活动、处理财务关系的一项经济管理工作。

3. 市场营销

市场营销，又称为市场学、市场行销或行销学，简称“营销”，是指个人或集体通过交易其创造的产品或价值，以获得所需之物，实现双赢或多赢的过程。它包含两种含义：一种是动词理解，是指工商企业的具体活动或行为，这时称之为市场营销或市场经营；另一种是名词理解，是指研究工商企业的市场营销活动或行为的学科，这时称之为市场营销学、营销学或市场学等。

4. 国际商务

国际商务是超越了国界产生的围绕工商企业经营的事务性活动，主要是指工商企业从事国际贸易和国际投资过程中产生的跨国经营活动。国际贸易包括货物、服务和知识产权交易；国际投资，主要是指国际直接投资，包括独资、合资和合作经营。

5. 人力资源管理

人力资源管理实际上是存在内在联系的一系列实践性活动。这些活动包括环境的预测和分析、人力资源需求计划的制订、组织所需的人员配置、员工的绩效评估、员工薪酬计划、工作环境的改善、人员的培训和开发，以及建立有效的劳动关系等多个方面。相应地，人力资源管理大体上包括与这些实践活动相对应的各个领域。

6. 审计学

审计学，是研究审计产生和发展规律的学科，是对审计实践活动在理论上的概括、反映和科学总结，并用来指导审计实践活动，促进经济发展。它不仅具有很强的理论性，而且还具有实践性和技术性。其理论性主要表现为审计学探讨和研究了审计活动规律及其应用，对审计实践进行了高度概括和科学总结；其实践性主要表现为审计学可以应用于审计实践之中，指导审计工作，并有明显的经济和社会效果；其技术性主要表现为审计学吸纳了各种科学成果，为审计活动提供了各种科学技术方法和手段。

7. 资产评估

资产评估，即资产价值形态的评估，是指专门的机构或专门的评估人员，遵循法定或公允的标准和程序，运用科学的方法，以货币作为计算权益的统一尺度，对在一定时点上的资产进行评定估算的行为。

8. 物业管理

物业管理，是指受物业所有人的委托，依据物业管理委托合同，对物业的房屋建筑及其设备、市政公用设施、绿化、卫生、交通、治安和环境容貌等管理项目进行维护、修缮和整治，并向物业所有人和使用人提供综合性的有偿服务。

9. 文化产业管理

文化产业管理，简称文管，属于管理学类专业，设立于2004年。文管专业是为适应国家文化产业快速发展而设立的专业，以培养具有宽阔的文化视野和现代产业理念及经营技能的复合型文化管理人才为目标。文管专业分普通文科类和艺术类两种，授予管理学或艺术学学位。目前我国文化产业人才缺乏，文管专业有很大的发展潜力。

第四节 工商管理学科名家

我们知道工商管理学科是管理学科群下的一个二级学科群，它创生于工商企业和工商企业管理实践，而随着科学技术的飞速发展，创新的管理理念也不断涌现，深邃的管理思想澎湃激荡，茁壮的管理理论之树在管理丛林中蓬勃生长。在这一过程中，涌现出许多杰出的代表人物，也创造出许多传世之作。在这里我们分别介绍国外管理名家和国内管理名家。

一、国外管理名家

1. 弗雷德里克·泰勒

弗雷德里克·泰勒(Frederick Taylor，1856—1915年)是科学管理的创始人，被后人称为“科学管理之父”。泰勒出生于美国宾夕法尼亚的杰曼敦的一个富有的律师家庭。他没有上过大学，1878年进入美国米德维尔钢铁公司当车工，后来当了工头、车间主任、技师，1884年又被提升为总工程师。在这个过程中泰勒深感自己没有受过系统的高等教育，因而他参加了新泽西州的斯蒂文丝技术学院业余学习班的学习，于1883年毕业，并获得了该学院的机械工程学位。1890年泰勒到一家制造纸板的投资公司担任总经理，1893—

1898年从事工厂的管理咨询工作，在此期间他与怀特发明了高速工具钢并获得了专利。1901年后开始无偿地做咨询工作，不断咨询、演讲和撰写管理文章，宣传他的管理主张。1906年他担任了声誉很高的美国机械工程师主席。他既有从事科学研究和发明的才能，又有从事社会活动和领导工作的才能。他在管理方面的主要著作有1895年发表的《计件工资制》和1903年发表的《车间管理》以及1911年发表的《科学管理原理》等。

他的一生主要从事工厂内部管理问题的实践和理论研究，他做过许多科学管理的实验。通过一系列实验和管理实践，他总结了一些管理原理和方法，并加以系统化。1911年出版的《科学管理原理》一书是西方世界最早的一本科学管理著作，也是世界上第一本研究工业生产组织管理的书。他在该书中提出了一个比较完整的科学管理体系，也就是所谓的泰勒制。主要内容包括：定量作业，工作标准指导卡，实行有差别的计件工资制，科学选择“第一流工人”，提出了把管理职能和执行职能分开，指出工商企业的高层应按照例外原则进行管理和按标准操作法对工人进行训练等。

科学管理的中心人物泰勒创立了科学管理理论体系。在这一理论体系的建立中做出贡献的不仅仅是泰勒一人，而是一个群体。这一群体中较为突出的还有卡尔·乔治·巴思、亨利·劳伦斯·甘特、弗拉克·吉尔布雷斯和莉莲·吉尔布雷斯、哈林顿·埃莫森、卢埃林·库克等，他们为丰富科学管理的内容、传播科学原理做出了极其重要的贡献。

2. 亨利·法约尔

亨利·法约尔(Henry Fayol，1841—1925年)是欧洲一位杰出的经营管理思想家。他出生于法国一个资产阶级家庭，1860年国立采矿学校毕业后进入康门塔里·福亨宝特矿业公司工作。他25岁时就担任了康门塔里矿的经理。6年后，被提升为一个矿山集团的经理。1888年，当这家公司处于破产边缘时，他被任命为公司总经理。由于他的管理才能，到法约尔77岁退休时，这家公司在财务上已立于不败之地，至今仍是法国中部最大的采矿和冶金集团的一部分。

法约尔一直从事管理工作，对组织管理进行了系统的、独创的研究。1916年，他发表了《工业管理和一般管理》一书，这是他一生管理经验和管理思想的总结。他认为，他的管理理论虽然是以大企业为研究对象，但除了可应用于工商企业之外，还适用于政府、教会、慈善团体、军事组织及其他各种事业。他关于管理组织和管理过程的职能划分理论以及管理原则的归纳，对后来管理理论研究具有深远影响。所以法约尔被公认为第一位概括和阐述一般管理理论的管理学家，被后人称为“管理过程理论之父”。

3. 马克思·韦伯

马克思·韦伯(Max Weber，1864—1920年)出生于德国的一个富裕家庭，其父曾任普鲁士下院议员、帝国议会议员，其家庭有着相当广泛的社会关系。韦伯于1882年进入海德堡大学学习法律，并先后就读于柏林大学和哥丁根大学。他受过三次军事训练，1888年参与波森的军事演习，因而对德国的军事生活和组织制度有相当的了解，这对他日后建立组织理论有很大影响。1889年他开始撰写关于中世纪商业公司的博士论文，1891年在柏林大学讲授法律，1894年获得海德堡大学的教授资格，1903年开始对新教伦理方面进行研究，1905年出版了他的著作《新教伦理和资本主义精神》。在组织理论方面，除了《新教伦理和资本主义精神》外，还有《社会和经济组织理论》，他在这本书中提出了所谓的行政组织体系理论。他指出，任何组织都必须有某种形式的权力作为基础，才能实现目标。

马克思·韦伯是继卡尔·马克思之后最有影响的德国社会科学家。他是现代社会学的奠基人，其观点对社会学家和政治学家都有着深远的影响。他研究了工业化对组织结构的影响，他不仅研究组织的行政管理，而且广泛分析了社会、经济和政治的结构。在组织管理方面有关行政管理组织的观点，是他对社会和历史因素引起复杂组织的发展的研究结果，也是其社会学理论的组成部分。而且他的官僚组织理论，是适应传统封建社会向现代工业社会转变的需要而提出的，具有里程碑的意义，影响十分深远。因此，他被人们称为“组织管理之父”。

4. 乔治·埃尔顿·梅奥

乔治·埃尔顿·梅奥(George Elton Mayo，1880—1949 年)是原籍澳大利亚的美国管理学家，是早期的行为科学——人际关系学说的创始人。他出生在澳大利亚的阿德雷德，在阿德雷德大学获得逻辑和哲学硕士学位，1919 年在澳大利亚的昆士兰大学任逻辑学、伦理学和哲学讲师，他是澳大利亚的心理疗法的创始人。1922 年移居美国，1923—1926 年作为宾夕法尼亚大学的研究人员，为洛克菲勒基金会进行工业研究，1926 年任哈佛大学工商管理研究院工业研究室的副教授，以后一直在哈佛大学工作至退休。在此期间，他主持了著名的霍桑实验，敏锐地指出，霍桑实验秘密的关键因素就是“小组精神状态的一种巨大变化”。他认为，在实验室中的工人成为社会单位，对于受到实验者越来越多的关心而感到高兴，这是一个重要的原因。霍桑实验持续了 8 年多，取得了意想不到的成果。今天的行为科学成为根深叶茂的学科，都是来源于梅奥以及霍桑实验对人性的探索。1926 年，他进入哈佛大学工商管理学院专事工业研究，以后一直在哈佛大学工作直到退休。同时，他也是美国艺术与科学院院士。其著作有《工业文明的社会问题》和《工业文明的人类问题》及其他一些著作，梅奥是在管理思想史上有着特殊地位的一位管理学家。

5. 哈罗德·孔茨

哈罗德·孔茨(Harold Koontz)，美国管理学家，管理过程学派的主要代表人物之一。早年在美国耶鲁大学获博士学位，以后在美欧各国讲授管理学，并在美国、荷兰、日本等国的大公司中任咨询工作，曾担任美国管理学会会长，后来在美国加利福尼亚管理研究院任管理学的名誉教授。他从 1941 年开始陆续出版了二十几本书，发表了八九十篇论文，主要代表著作有《管理学原理》、《管理理论的丛林》、《再论管理理论的丛林》等。《管理理论的丛林》是孔茨于 1961 年 12 月发表的，在文中他指出：“在西方，只是到了本世纪，才对管理进行系统的研究。最早的一批著作都是由一些富有实际经验的管理者写出来的，如泰勒、法约尔、穆尼、阿尔文·布朗、谢尔登、厄威克等。泰勒对车间一级管理所进行的有条理的分析和法约尔从一般管理观点出发对管理经验进行的深刻总结等，到 20 世纪 60 年代初期各种管理理论已经枝节交错，簇叶蔓生，成了各种管理理论和管理学派相互盘根错节的一片丛林。”他把这一丛林划分为 6 个学派，即管理过程学派、经验学派、人类行为学派、社会系统学派、决策理论学派和数学学派。19 年后的 1980 年，针对当时有人提出管理理论是否仍处于“丛林”状态的疑问，孔茨又撰写了《再论管理理论的丛林》一文，通过对“丛林”的重新考察，孔茨发现，管理理论丛林不但存在，而且已显得更加茂密而难以通过了。管理学派已不再是 6 个，而是 11 个，它们分别是经验(或条例)学派、人际关系学派、群体行为学派、社会协作系统学派、社会技术系统学派、决策理论学派、系统学派、数学(或管理科学)学派、权变理论学派、经理角色学派、经营管理(或管理过程、管理职能)学派。

6. 切斯特·巴纳德

切斯特·巴纳德(Chester Barnard，1886—1961年)，是社会系统学派的创始人，他出生于美国的马萨诸塞州，他在1906—1909年靠哈佛大学的一笔助学金和之前打工挣来的钱读完了哈佛大学的经济学课程。后来因在研究组织和管理性质及理论方面做出的杰出贡献而得到7个名誉博士学位。巴纳德于1909年进入美国电话电报公司统计部工作，很快成为这方面的专家。在第一次世界大战时他是美国这一方面的技术顾问，1915年被提升为美国电话电报公司的商业工程师，1922年担任美国电话电报公司所属的宾夕法尼亚贝尔电话公司的副总经理助理，1926年任这个公司的总经理。1927年任规模庞大的新泽西州贝尔电话公司总经理，并多年担任这一职务。巴纳德在美国电话电报公司的职业生涯中，前10年担任参谋人员职务，以后长期担任直线人员的领导职务，这两方面的经验对他以后创立社会系统学派的理论提供了很大的帮助。

巴纳德一生著作很多，其中最具代表性的是1983年出版的《经理人员的职能》，其被管理学界称为美国管理文献之中的经典著作。以下是巴纳德的一些主要著作：《组织实践中的业务原则》(1922年)、《社会进步中的企业利益》(1929年)、《为企业服务的大学教育》(1930年)、《经理人员的能力的培养》(1925年)、《雇主和职业指导》(1936年)、《关于经济行为中的非理性》(1938年)、《关于能力理论》(1937年)、《工业关系中的高级经理人员的职责》(1939年)、《集体协作》(1940年)、《经理人员的教育》(1945年)、《伦理和现代组织》(1945年)、《工业研究组织的若干方面》(1947年)、《科学和组织》(1951年)、《企业道德的基本条件》(1955年)等。

7. 赫伯特·西蒙

赫伯特·西蒙(Herbert Simon)是决策学派的主要代表人物。他是美国的经济学家和社会学家，在管理学、组织行为学、经济学、心理学、政治学、社会学、计算机科学方面都有所造诣。他早年就读于美国芝加哥大学，于1943年获得博士学位。1949年以前在芝加哥、伯克利大学任教，1949年以后则一直在卡耐基-梅隆大学任教。他曾经来中国访问和讲学。他长期讲授计算机科学和心理学等课程，并曾从事过经济计量学研究。由于他在决策理论方面做出了巨大贡献，被授予1978年度的诺贝尔经济学奖。西蒙主要研究的是生产者的行为，特别是当代公司中的决策的组织基础和心理依据。他于20世纪50年代开始对经营管理科学产生兴趣，并对公司行为理论的研究起了重大作用。这种公司行为理论对简单的利润最大化假设提出挑战，强调了大公司复杂的内部结构，以及其目标的多重性和必须建立令人满意的而不是最优决策模型的理论框架。最后，西蒙又研究大型组织的信息处理问题，认为信息的本身及人们处理信息的能力都是有一定限度的，他为大公司的决策人员提供了决策的辅助系统。

8. 查理德·约翰逊、弗里蒙特·卡斯特、詹姆斯·罗森茨韦克

查理德·约翰逊(Richard A. Johnson)、弗里蒙特·卡斯特(Fremont E. Kast)和詹姆斯·罗森茨韦克(James E. Rosenzweig)是系统管理理论的主要代表人物，他们三人于

1963年共同撰写了《系统理论和管理》一书，比较全面地阐述了管理的系统概论。1970年卡斯特和罗森茨韦克又合作出版了《组织与管理——系统方法与权变方法》一书，进一步充实了这一理论。

卡斯特和罗森茨韦克认为，传统组织强调结构分系统和管理分系统，从而重视制定原则。人际关系学家和行为科学家则强调社会心理分系统，把注意力集中在激励、群体动力学和其他有关因素上。管理科学学派则强调技术分系统和给决策与控制过程以定量化的方法。这样，组织与管理的每个学派都各倾向于侧重特定的分系统，而不承认其他分系统的重要性。现代管理学派则把组织看做一个开放的社会技术系统，因而要研究一切主要的分系统及其相互关系。

9. 埃尔伍德·斯潘赛·伯法

埃尔伍德·斯潘赛·伯法(Elwood Spencer Buffa)是西方管理科学学派的代表人物之一，曾任教于美国加利福尼亚大学管理研究院、哈佛大学工商管理学院，代表作是《现代生产管理》(1975年)。《生产管理基础》是伯法根据《现代生产管理》改写的，简明易懂，曾被《哈佛商业评论》推荐为经理必读书目。在这本书里可以看到大量的图表和数学公式，正是这些科学的计量方法，使得管理问题的研究由定性走向定量。

因此，从20世纪50年代开始，出现了一批管理科学(运筹学)方面的教科书，如韦斯特·邱奇曼(West Churchman)、拉塞尔·阿考夫(Russell L. Ackoff)、伦纳德·阿诺夫(Leonard E. Arnoff)三人合著的《运筹学入门》，爱德华·鲍曼(Edward H. Bowman)和罗伯特·费特(Robert B. Fetter)两人合著的《生产管理分析》，塞缪尔·里奇蒙(Samuel B. Richmond)的《用于管理决策的运筹学》，以及许多关于线性规划、决策模型、培欣决策法、对策论等方面的书籍。

10. 劳伦斯和洛希

劳伦斯(P. R. Lawance)和洛希(J. W. Lorsch)被称为现代权变学说的创始者。1967年他们合写《组织和环境》一书，论述了外部环境和组织结构之间的关系，他们的基本主张如下：按照不同的形势、不同的工商企业类型、不同的目标价值，采取不同的管理方法。他们认为普遍使用的“万能主义”理论与方法是不存在的。

11. 卢桑思

卢桑思(Luthans)是权变学派的主要代表人物。他是美国尼泊拉斯加大学的教授，他在1973年发表了《权变管理理论：走出丛林的道路》的文章，1976年他又出版了《管理导论：一种权变学说》，系统地介绍了权变管理理论的观点。

卢桑思认为，权变学说是过程学说、计量学说、行为学说和系统学说等发展的结果。从20世纪50年代开始，过程学说沿着行为学说的人权管理理论和计量学派的狭义的运筹学这两条完全不同的路径发展。两者在20世纪50年代和60年代占支配地位，60年代中行为学说向组织学说的基础上前进。当过程、计量、行为、系统四种学说结合在一起时，就产生了“不同于部分总和的某种东西”，这就是管理的“权变学说”。

12. 弗莱德E. 菲德勒

菲德勒(Fred E. Fidler)早年就读于芝加哥大学，获博士学位。毕业后，留在芝加哥大学任教。1951年，移居伊利诺伊州，担任伊利诺伊州立大学心理学教授和群体效能实验室主任。1969年，菲德勒前往华盛顿大学，担任心理学和管理学教授，同时兼任荷兰阿姆斯特丹大学和比利时鲁文大学客座教授。

菲德勒是当代美国著名的心理学家和管理学家。他从1951年起进行长达15年的调查，提出了"有效领导的权变模式"。他认为任何领导形态都可能是有效的，关键在于领导者必须与环境情景相适应。菲德勒从管理心理学和实证环境分析两个方面研究了组织领导问题，提出了"权变领导理论"，使组织领导学从以往的形态学转向动态学。他的主要著作有《让工作适合管理者》(*Engineer the Job to Fit the Management*，1965年)、《领导方式与有效的管理》(*Leadership and Effective Management*，与M. M. Chemers合作，1974年)。

13. 彼得·德鲁克

彼得·德鲁克(Peter F. Drucker)是当代最著名的经验主义管理学家，他的代表作是《管理——任务、责任、实践》。德鲁克于1909年出生于奥地利首都维也纳，早年曾学过法律、经济、哲学等，1931年获得法学博士学位。为逃避纳粹德国的迫害，他于1933年去伦敦，并任银行、保险公司及其他公司的顾问，不断在报纸上发表文章。后于1937年移居美国，成为美国公民。在美国，他开始担任美国通用汽车公司、克莱斯勒汽车公司、国际商用机器公司(IBM)等大企业及一些外国公司的顾问，并于1945年创办了德鲁克管理咨询公司，自任董事长。他于1942—1949年任本宁顿学院政治教授和哲学教授，1950—1972年在纽约大学工商管理研究生院担任管理学教授，1972年以后成为纽约大学的高级教授。

他的主要著作有《经济人的目的》(1939年)、《产业人的未来》(1942年)、《公司的概念》(1946年)、《新社会》(1950年)、《管理实践》(1954年)、《美国未来的二十年》(1957年)、《明天的标志》(1959年)、《效果管理》(1964年)、《有效的管理者》(1966年)、《不连续的时代》(1969年)、《管理——任务、责任、实践》(1974年)、《动乱时代的管理》(1980年)、《创新与企业家精神》(1985年)等。

14. 亨利·明茨伯格

亨利·明茨伯格(Henry Mintzberg)是经理角色学派的创始人，他于1961年在加拿大麦吉尔大学获机械工程学士学位，1962年获乔治·威廉士大学文学学士学位，1965年获得美国麻省理工学院管理学硕士学位，1968年获得该学院斯隆管理学院博士学位。他长期在麦吉尔大学任教，现为该校管理学教授，并担任《战略管理》、《管理研究》、《一般管理、经济和工业民主》、《行政管理》、《企业战略》等杂志的编委，又是加拿大皇家学会会员。

1937年出版的《经理工作的性质》是明茨伯格的主要代表作，也是经理角色学派最早出版的经典著作。该书是以他1968年完成的博士论文《工作中的经理——由有结构的观察确定的经理的活动、角色和程序》以及其他有关的文献为基础完成的。他在该书中做了这样的说明："角色这一概念，是行为科学从舞台的术语中借用到管理学中来的，角色就是属于一定职责或地位的一套有条理的行为。……演员、经理和其他人担任的角色是事先规定好的，虽然个人可能以不同的方式来解释这些角色。"

15. 托马斯·彼得斯

托马斯·彼得斯(Thomas J. Peters)，是20世纪80～90年代美国最负盛名的管理学大师，他对美国经济情况十分熟悉，对工商企业的了解程度十分深入，无论是巨型公司还是小企业，无论是制造业还是服务业方面的管理，他都有很高的造诣。彼得斯于1942年出生于美国的巴尔的摩，在康奈尔大学分别获得化学工程学士和土木工程学士，1972年在斯坦福大学获得MBA学位，1977年获得博士学位。他在华盛顿特区担任过顾问，也在华盛顿政府工作过，1974年他加入麦肯锡公司，并于1976年成为主要的实践负责人。他和小罗伯特·沃特曼合著的《追求卓越》以及后来与南希·奥斯汀合著的《志在成功》，在20世纪80年代的美国影响是非常大的，以至于成为美国的畅销书，并且在世界管理学界都产生了巨大的影响。到了80年代后期，他的《振兴于混乱之上——管理革命的手册》同样掀起了巨大的轰动。这说明彼得斯的思想反映了美国80年代的管理思想的一个重要方面。彼得斯的管理思想基本上包括以下两个方面：一是人受到“两重性”的驱动，他既要作为集体的一员，又要突出自己；他既要成为一个队伍中的一个可靠的成员，又要通过不平凡的努力而成为队伍中的明星。二是只要人们认为某项事业从某种意义上说是伟大的，那么他们就会情愿为了这个事业而吃苦耐劳。

16. 迈克尔·波特

迈克尔·波特(Michael E. Porter)是竞争战略学说的主要代表人物，是美国哈佛的管理学家，他于1947年出生于美国密歇根州的安阿伯市，1969年毕业于普林斯顿大学，1971年获得哈佛大学MBA学位，1973年获得博士学位，同年在哈佛大学任教，并于1981年取得教授资格。迈克尔·波特提出了战略三部曲，其中对工商企业发展的战略思想影响比较大的是《竞争战略》和《竞争优势》这两本书，并已成为工商企业发展战略理论方面的经典著作。波特的竞争战略理论体系是非常完整的，他首先对工商企业竞争最基本的因素即行业结构进行深入的分析，提出三种基本的竞争战略，分别是成本竞争战略、标新立异战略和目标集聚战略，其次运用一种独特的分析工具即价值链来实施这些战略。这一套完整的竞争战略思想在美国得到了广泛的应用，也为20世纪80年代工商企业竞争方面提供了有力的思想武器，现成为竞争战略方面的经典的管理理论。

17. 约翰·科特

约翰·科特(John Kotter)是领导学说的主要代表人物，是美国哈佛大学商学院有影响的管理学者。他于1947年出生于美国的圣地亚哥，1968年在麻省理工学院获得电气工程学士学位，1970年在麻省理工学院斯隆管理学院读研究生，1972年在哈佛大学获得哲学博士学位。科特用了20年时间对在哈佛商学院学习过MBA的企业家们进行了跟踪调查，分析得出了许多令人耳目一新的启示，对进入20世纪80年代的管理思想发展有着相当的影响。他的主要著作有《一种变革的力量：领导与管理》(1982年)、《企业文化与绩效》(1992年)、《新规则——如何在今天的企业界取得成功》(1995年)。科特指出：“主导当今社会的是无数综合企业组织，培养发展足够的领导兼管理型的人员帮助这些企业是一个巨大的挑战，是我们必须迎接的挑战。”

18. 查尔斯·汉迪

查尔斯·汉迪(Charles Handy)，1932年出生于爱尔兰，是欧洲最伟大的管理思想大师。英国《金融时报》称他是欧洲屈指可数的“管理哲学家”，并把他评为仅次于彼得·德鲁克的管理大师。如果说彼得·德鲁克是“现代管理学之父”，那么查尔斯·汉迪就是当之无愧的“管理哲学之父”。

查尔斯·汉迪在英国上完大学后，在东南亚和伦敦的壳牌公司工作，并担任高级管理人员。后进入美国麻省理工学院斯隆管理学院学习，开始对组织管理及其运作原理产生了兴趣。

1967 年查尔斯·汉迪返回英国创办了英国首家管理研究生院——伦敦商学院，并成为该学院的全职教授。他以“组织与个人的关系”、“未来工作形态”的新观念而闻名于世，成为继彼得·德鲁克之后在世界上拥有读者最多的管理学权威。

从 1976 年出版《通晓组织》一书开始到目前为止，查尔斯·汉迪已经出版了十几部在大西洋两岸乃至全世界都颇有影响的著作。这些著作包括《管理之神》、《非理性的年代》、《觉醒的年代》、《变动的年代》、《疯狂世纪》、《组织寓言》、《空雨衣》、《突破常规》等。查尔斯·汉迪管理思想的一大特色，就是注重不同管理文化的有机融合，他自己称之为“文化合宜论”。以文化带动管理，以管理发展文化，组织与个体并重，利润与道义共存，这些是非常富有现实指导意义的。

19. 彼得·圣吉

彼得·圣吉(Peter Senge)是学习型组织理论的主要代表人物。他于 1947 年出生于美国的芝加哥，1970 年毕业于斯坦福大学，获航空及太空工程学士学位，同年，进入麻省理工学院斯隆管理学院读研究生，师从著名的系统动力学的创始人杰伊·弗莱斯特(Jay Forrester)教授，1978 年获博士学位。在此后的十余年时间里，他同一群工作伙伴及企业界人士一起，孜孜不倦地致力于将系统动力学与组织学习、创造原理、认知科学、群体深度对话与模拟演练游戏融合起来，最终发展出一种人类梦寐以求的组织蓝图——学习型组织。实际上，这就是圣吉在 1990 年出版的名著《第五项修炼》中重点阐述的思想。《第五项修炼》出版后，立即掀起了全球的学习革命。从荷兰、新加坡政府，到 AT&T、英特尔、福特汽车等顶尖工商企业，均纷纷奉行五项修炼，期望能脱胎换骨，再创高峰。为表彰其开拓管理新典范的卓越贡献，世界企业协会(World Business Academy)于 1992 年授予该书最高荣誉奖，即开拓奖(Pathfinder Award)，圣吉本人也于同年被美国《商业周刊》(*Business Week*)推崇为当代最杰出的新管理大师之一。为指导工商企业构建学习型组织的具体实践，圣吉会同六十多位作者又出版了《第五项修炼》的续篇：《第五项修炼Ⅱ：实践篇》。该书共分为两部分，一是思考、演练与超越；二是共创学习新经验。在该书中，圣吉把焦点从观点转变转向具体实践，描绘了组织学习的各种方法和工具、故事和省思、指导方针、练习和参考资料等。该书曾被《财富》(*Fortune*)杂志、《哈佛商业评论》专文介绍，并荣登美国商业周刊全美财经企管书籍十大畅销书排行榜。除此之外，圣吉还曾发表多篇论文，如《领导学习型组织》(1998 年)、《领导者与学习者的社会》(1997 年)等阐述他的学习型组织理论，使其成为一名名副其实的学习型组织先生。他现在是麻省理工学院斯隆管理学院组织学习中心的主任，同时也是管理顾问及培训创新协会的创建合伙人。

20. 格雷·哈默尔

格雷·哈默尔(Gary Hamel)是伦敦商学院的教授，执教战略与国际管理。他的工作基地是加利佛尼亚的伍德塞德。他既是全球多家公司高级经理的顾问，这些公司包括 Motorala、Aleoa、Xokia、EDS、DowChemleal 等；又是一家全球性战略咨询公司——Strategy 的主席，该公司致力于帮助客户首先进入未来。他还是《战略管理杂志》(*Strategic Management Journal*)编辑委员会的成员。在 20 世纪 90 年代，当工商企业战略遭到人们的质疑时，他作为战略领域的教授，并没有随波逐流，而是一改过去研究问题的程序化、缺乏前瞻性等弊端，重新发明出面向新时代的战略，提出工商企业核心能力理论，并取得很大的成功。自 1989 年起，他与普拉哈拉德(C. K. Prahalad)合作，撰写出许多具有开创性的研究论文和著作。其中，较具代表性的论文有《战略意图》(1989 年)、《企业核心能力》(1990 年)、《企业创造力与市场拓展营销》(1991 年)、《与核心能力竞争》(1992 年)、《作为扩张与杠杆的战略》(1993 年)、《企业的核心竞争力》(1994 年)；较具代表性的著作有《以竞争力为基础的竞争》(1994 年)、《为未来而竞争》(1995 年)等。他发表在《哈佛商业评论》上的两篇论文——《战略意图》(1989 年)、《与核心能力竞争》(1992 年)赢得了享有盛誉的麦肯锡(McKinsey)奖。另一篇题为《企业核心能力》(1990 年)的论文成为《哈佛商业评论》史上重印册数最多的文章之一。另外，格雷·哈默尔还独自或与他人合作完成多篇论文或著作，如《战略是一种革命》(1997 年)、《以能力为基础的竞争》(与艾米·海耐合著，1994 年)等。《经济学家》杂志称他为“世界上一流的战略大师”。

21. 普拉哈拉德

普拉哈拉德是商业管理教授，密歇根大学工商管理研究生院合作战略与国际商业教授。同时，他也是 Kodak、AT&T、Philips、Cargill、Motorala、Marriott 等著名公司的咨询顾问。自 20 世纪 90 年代起，他与格雷·哈默尔一起，提出工商企业核心能力理论，开创了战略研究的新视角，取得了巨大的成功。同时，他还撰写了《成长的战略》(1997 年)、《经理的博弈》(1997 年)、《公司帝国主义的终结》(1998 年)、《让员工参与决策》(1998 年)等多篇论文，并与伊维斯·多兹(Yives Doz)合作，完成了《跨国公司的使命：平衡本地的需求与全球观点》(1987 年)的著作，该书是论述跨国公司的开创性论著。

22. 迈克尔·哈默

迈克尔·哈默(Michael Hammer)博士被世界公认为再造概念和流程中心概念的创始人，这些概念已真正地重塑了现代商业世界。哈默博士原是麻省理工学院计算机科学教授，后来成为一家成功的咨询公司以及几家高科技企业创始人和董事。在 20 世纪 80 年代初的几年时间里，他开始注意到一些公司在没有改变其经营领域的前提下，通过部分或全部的根本性变革，极大地改善了企业的经营业绩。那时，他正致力于帮助自己的客户寻找一种能在日益激烈的市场竞争环境中生存以至繁荣的技巧。于是，他开始重新审视企业现有的职能部门，并按工作流程进行重新设计。在工作中，哈默发现，在多数情况下，流程的改变总是伴随组织形态与特征的根本变革，这使他意识到一些公司之所以取得戏剧性的成效，部分原因在于其抛弃了原有的一切。从此，他决定进行进一步的研究。他想知道为什么选择根本性改变而不选择痛苦相对较少的其他变革方式的工商企业能获得较大的改善；这种做法是否具有普遍意义；究竟是什么在起作用；为什么能起作用。在他所研究的工商企业中，那些通过根本性变革取得成功的工商企业，通常采用相同的工具和技巧，即公司员工完成的许多任务与满足消费者需求并没有什么关系，而仅仅是满足组织的内部需求而已。通过对许多公司的实证考察，哈默逐渐地分辨出哪些模式可导向成功，哪些模式则不能，也弄清了一系列实现根本性改变成功的操作步骤，最终于1990年在《哈佛商业评论》第7/8期上发表了题为《再造：不是自动化，而是重新开始》的论文，提出了再造的主张。尽管在哈默以前有人提出过这一思想，但哈默是用"reengineering"一词命名工商企业再造思想和实践的第一人。自此以后，哈默出版了许多与工商企业再造有关的著作，如《再造企业：工商管理革命的宣言》(与钱匹合著，1993年)、《再造革命》(与斯坦顿合著，1995年)、《超越再造：以流程为中心的组织怎样改变我们的生活》(1996年)。他也撰写了许多此类的论文，如《新组织之魂》(1997年)、《管理结束以后》(1997年)等。迈克尔·哈默被《商业周刊》评为20世纪90年代最杰出的管理科学思想家之一，被《纽约时报》(*The New York Times*)评为美国最抢手的演说者之一，被《时代》(*Times*)杂志评为美国最具影响力的25人之一。

23. 詹姆斯·钱匹

詹姆斯·钱匹(James A. Champy)是佩罗特系统公司咨询团主席，在工商企业再造、组织变迁等管理领域具有很高的知名度。他曾与迈克尔·哈默共事多年，共同完成了《再造企业：工商管理革命的宣言》(1993年)一书。除此之外，他还独自撰写了《管理再造》(1995年)，该书被《商业周刊》列为1995年最佳管理书籍之一。1996年，他与尼廷·诺赫里亚(Nitin Nhorai)合编了一本《哈佛商业评论》中有关变革的论文集，书名为"勇往直前"。他自己也写了大量相关领域的研究论文，如《有备无患——为组织变迁作准备》(1997年)等。

24. 安妮·布鲁金

安妮·布鲁金(Annie Brooking)是英国布鲁纳尔大学计算机科学专业的博士后，现在是一家高科技领域领先的咨询公司——技术交易公司的创始人和总经理。早年，她主要从事学术研究工作，曾在索斯班克和布鲁纳尔大学任教，后来，开始投身于实践领域。她担任过太阳微系统公司和美国象征公司的经理。在象征公司，她领导销售小组，曾取得过数亿美元战略同盟的谈判业绩。她有广泛的国际咨询经验，客户中既有新兴公司，也有拥有数亿美元资产的大公司。咨询内容既有管理问题，也有技术问题。她在布鲁塞尔的欧洲经济共同体担任高级信息处理顾问达12年之久。安妮·布鲁金是较早从事智力资本研究的少数几个人员之一。1983年，她就为欧洲经济共同体的斯普里特工程设计了第一个成功的高级信息处理工程——知识库系统设计方案，创建并领导了欧洲第一个工业人工智能研究与咨询团体——英国的"知识系统中心"。她与人合著过两本关于人工智能方面的著作，且发表了多篇有关人工智能和创造问题的论文。1996年，她独自完成的《第三资源：智力资本及其管理》一书出版，使其在智力资本领域具有很高的知名度，并成为智力资本理论的主要代表人物之一。

25. 乔尔·布利克与戴维·厄恩斯特

乔尔·布利克(Joel Bleeke)毕业于西北大学凯洛格商学院，获财政理科硕士学位后，就读于西北大学法学院，获法学博士学位。他既是对外关系委员会、经济俱乐部和芝加哥大学俱乐部的成员，又是麦肯锡公司芝加哥分公司的高级董事。在管理方面，尤其是协作与竞争领域有很高的造诣，已在《金融时报》、《哈佛商业评论》、《麦肯锡季刊》、《华尔街日报》、《总裁杂志》等发表论文30余篇。戴维·厄恩斯特(David Ernst)毕业于特福茨大学，先后获得经济学学士和硕士学位，是埃文斯经济学会的创始人，并任其副总裁，还一直供职于大通计量经济学研究厅和亚洲基金会。现在厄恩斯特是麦肯锡公司华盛顿特区分公司的咨询专家，他在跨国公司、收购和取消管制领域工作，在《哈佛商业评论》、《麦肯锡季刊》和《金融时报》上发表多篇论文。作为麦肯锡公司的咨询专家，最近几年，乔尔·布利克与戴维·厄恩斯特根据自己亲身的咨询经验，对国际合作与竞争问题展开了研究，并取得了一些研究成果，如“损人利己时代的结束”、“在跨国联营中取胜的途径”、“跨国购并的成功”、“跨国购并的新形式”及“新开放市场的战略选择”等。他们认为，“未来的公司同变形虫极为相似，这个单细胞的水生动物是地球上最古老的生命形式之一。它通过可渗透的身体外壁直接从环境中吸取养分。这些外壁把生物本身与外界隔开，但允许体内的物质大量向外流动，同时让外界的物质大量进入体内。这个生物不停地改变形体，随环境一起吐纳，但一直保持着自身的完整性和与众不同的特征”。未来的公司也必须如此，今后要想成为全球式的工商企业而不仅仅是“大”企业，必须把这种渗透力作为其最高的价值之一。这就为竞争合作理论奠定了基础。

26. 汉克·威廉斯

汉克·威廉斯(Hank Williams)是从事曲线网络研究的专家和管理顾问，其主要工作是帮助机构提高雇员个人和团队的业务，其中包括提高业绩、改善组织、培训雇员等，他们的业务范围既有英国本土的公司，也有著名的跨国公司。自 20 世纪 80 年代以来，汉克·威廉斯一直从事推动团队的工作，帮助他们组建并解决难题，也曾密切配合一些公司提高管理者领导团队的能力，为此，他结识了几百位经理，接触到他们面对的无数难题，这为其以后的研究工作打下了坚实的基础。汉克·威廉斯也有过亲身的管理经验，他曾在彼得·弗莱明负责的佩林研究所和休斯韦特研究小组工作过，还曾参与过地方政府和志愿者的组织活动，这些经历对其个人的成长和日后从事管理与研究工作起了很大的作用。汉克·威廉斯的主要著作有《人员管理》(1996 年)和《团队管理》(1996 年)。

27. 乔恩·卡曾巴赫与道格拉斯·史密斯

乔恩·卡曾巴赫(Jon R. Katzenbahe)在著名的麦肯锡公司工作了 30 多年，自 20 世纪 80 年代中期以来，一直领导着麦肯锡公司在世界范围内组织业绩和挑战的实践，曾为几十位不同改革环境下的工商企业领导人提供过咨询和帮助。道格拉斯·史密斯(Douglas K. Smith)是关于组织业绩和变革的一位重要评论员，也是麦肯锡公司从前的一位咨询人员。他们是较早针对团队管理问题进行系统研究的代表人物，1993 年，就写出了著名的《团队的智慧》一书。在该书中，他们强调，没有团队，我们就无法迎接未来的各种挑战，无法做好从向客户提供全面的高质量服务到创新的各项工作。这是一本基于大量真人真事写成的书，卡曾巴赫和史密斯同 30 家公司中的 50 多个团队中的数百人交谈过，以揭示出各种团队业绩不同水平之间的差异，揭示出团队在什么地方怎样才能工作得最好，怎样才能提高他们的效率等。他们的研究为团队管理理论的建立打下了基础。此外，他们还共同撰写了《团队管理》(1998 年)等论文。近年来，麦肯锡公司成立了一个协作组，研究为什么有些公司能够实施改革与发展，达到更高的业绩水平，而其他大多数工商企业则陷入困境。协作组通过大量的研究工作，得出一个惊人的结论：成败的关键并不在于高级管理人员，而在于一批中层的新型管理者。要成功地进行改革，工商企业的所有人员必须学习新的技能和行为。为此，卡曾巴赫与他的协作组专门撰写了一本《改革领导人》的书，以描述生活在一线的中层领导人对这一切是怎样做到的。史密斯也与人合作写过两本书，即《非洲过去的资源和对未来的探索：施乐公司是怎样被创造出来的》以及《第一部个人电脑是如何被忽视的》，还曾独立发表过《领导的追随职责》(1998 年)等论文。他的一套组织设计原则被《财富》杂志称为“未来 50 年的模式”。

28. 拉比尔·巴塞

拉比尔·巴塞(Raghbir Basi)出生于印度，曾在印度的旁泽普邦大学接受 AA 教育，后来先后就读于不列颠哥伦比亚大学(The University of British Columbia)、哈佛大学(Harvard University)和美国康奈尔大学(Cornel University)，分别获学士、硕士和博士学位。在他的职业生涯中，他担任过一些不同的管理职务，包括肯特州立大学和平中心的创始人、董事以及阿拉斯加太平洋大学(Alaska Pacific University)的教务长，也曾为印度和沙特阿拉伯的一些政府机构以及北美各类工商企业做过咨询工作，还曾在纽约大学(New York University)、社会调研学院(the New School for Social Research)和肯特州立大学(Kent State University)等处执教。现在，巴塞博士是美国阿拉斯加太平洋大学的管理学教授和国际关系学院的客座教授。事实上，当巴塞博士还是一名研究生的时候，就对学校里讲授的和书本中阐述的管理理论深感不安，他总觉得那些管理理论同自己关于人类事务管理的直觉不一致。在后来的管理实践中，他也曾尝试过将所学到的管理理论用于管理实践，但却失败了。这使他对特定的管理方法的有效性依赖于当地的组织文化和社会信仰的想法深信不疑。通过对数以百计的不同文化背景及不同组织层次的管理者的观察研究，巴塞博士确信角色和情境、管理方式及在位者的个性特征应该较好地配合，在其他条件相同的情况下，正是这种特定职位情境下的个人管理行为关系导致了其效率的不同。他认为，这对世界所有文化类型中的所有管理层次都是一条真理。实质上，这就是情境管理理论的核心。作为一位国际知名学者，巴塞博士撰写了许多与情境管理理论相关的著作和论文，其中比较典型的就是凝结着他 40 多年教学、管理和研究心得的《情境管理：全球新视角》。

29. 艾里亚胡·高德拉特

艾里亚胡·高德拉特(Eliyahu Goldratt)是艾弗拉汉姆 Y. 高德拉特研究所(Avrahaam Y. Goldrdtt Institute)的奠基人，在新的工商企业管理哲学和体系发展方面享有很高的国际声誉。高德拉特在太尔·艾韦弗大学(Tel Aviv University)获自然科学学士学位，在巴-艾兰大学(Bar-Ilan University)获得自然科学硕士学位和哲学博士学位。现在，他是一位颇受众多世界最大公司推崇的教育家，常为自然科学杂志和商业刊物撰稿。他所提出的、具有革命性的局限理论(Theory of Confines，TOC)已被数百家公司用来确定核心问题、构建具体的解决方案并设计出有效的实施计划。他的主要著作有《赛跑》(与罗伯特 E. 福克斯合著，1986 年)、《干草堆综合症：从数据之海中筛选信息》(1990 年)、《局限理论及其应用方法》(1990 年)、《目标：一个不断改进的过程》(与杰夫考科斯合著，1992 年)、《这不是运气》(2001 年)等。

30. 沃伦·本尼斯

沃伦·本尼斯(Warren Bennis)是南加州大学著名的企业管理学教授。他的名字，相对于其他人而言，更有资格成为同时代的领导体制研究的同义语，他是肯尼迪、约翰逊、卡特和里根四位美国总统的顾问。从20世纪50年代开始，他就从事领导制度的艺术与实践方面的研究，在60年代中期，就出版了关于“官僚制度即将死去”方面的书，指出需要建立“适应性的、迅速变换的同期体制”。他的一生可谓丰富多彩，在麻省理工学院斯隆管理学院接受教育，先后任辛辛那提大学的校长、设于布法罗的纽约州立大学的院长和执行副校长。现在，本尼斯是世界上许多公司和政府的顾问。近十几年来，他先后出版了多本与领导有关的书籍，如《领导人：谈判的战略》(与伯特·纳努斯合著，1986年)、《学习领导：一本关于成为领导人的工作记录》(与詹·高登史密斯合著，1994年)、《一个被创造的生命：对领导体制和变化的反应》(1994年)、《组织能力：创造性合作的秘密》(1996年)等。同时，他还撰写了《成为领袖的领袖》(1997年)、《如何做一个伟大集体中的领导》(1998年)等学术论文。

31. 弗雷德蒙德·马利克

弗雷德蒙德·马利克(Fredmund Malik)教授出生在奥地利，曾就读于奥地利因斯布鲁克大学和瑞士圣加仑大学，获商业管理博士学位。他是欧洲管理重镇圣加仑大学的教授，维也纳经济大学的客座教授。

弗雷德蒙德·马利克是富有实践经验的欧洲管理学专家，在德语国家被誉为“管理和教育大师”。其学术理论在世界范围内都有极大影响。他著述颇丰，在管理的实用领域也有极大的成就。

他主张管理对于人类社会就像基因对于生物生存能力一样重要，并从生物学、逻辑学的视角，以仿生学的原理，对社会组织结构及其管理提出了一系列重要的理论，在管理学界产生了重大的学术影响。马利克教授不仅是管理学方面的大师，而且还积极地从事管理方面的实践，并取得卓越成绩，成为多家知名公司的董事会、监事会成员。马利克教授不仅长期从事管理学的研究与实践，还热心于把管理学的理论运用于人才培养方面，因此，他又是管理学方面著名的教育家。弗雷德蒙德·马利克教授的管理著作极为丰硕，其中《管理成就生活》一书自2000年首次出版以来，一直位列畅销书榜，被评为欧洲十大畅销管理书籍，至今已再版3次重印20多次，并被翻译成12种语言。1993年，弗雷德蒙德·马利克教授开始出版《马利克论管理——每月通信集》，在德语国家，它很快成为经济、政治和社会各界阅读最广泛的出版物之一。除此以外，他还定期为《德国商报》、《金钱》和《趋势》等报刊撰写管理文章。

32. 阿尔弗雷德·斯隆

阿尔弗雷德·斯隆(Alfred P. Sloan，1875—1966年)，美国企业家，是一位传奇式领袖，被誉为第一位成功的职业经理人，是通用汽车公司的第八任总裁，任期长达25年，斯隆是在管理与商业模式上创新的代表人物。美国《商业周刊》75周年时，斯隆获选为过去75年来最伟大的创新者之一。

斯隆于1963年出版的自传《我在通用汽车的岁月》堪称管理学的一个里程碑，此书30余年间多次重印，至今仍新版不绝。该书记录了斯隆是怎样谋划战略同时筹措粮草，既主动出击市场又精整组织和鼓舞士气的。

斯隆的制胜利器在于：首先，他的前瞻理念，认识到大公司的管理必须是集中协调下的分散经营。其次，他的立足于人性的管理哲学。斯隆长于沟通，把自己的想法、策略、运作方向不断向各层经理灌输宣传，力求赢得共识。他善于激励员工，也常能身体力行，率先垂范。例如，通用汽车的退休金和工保等制度和基金的建立均领先于行业和全国，经理人员红利分享制度也能切实地得到贯彻。这样自下而上，他都能争取到精诚协同、尽心尽力的合作。与当年的老福特不断地对员工发出抱怨“我雇佣的不就是你的一双手吗”，意即工人们不必有自己的头脑和感情，只需听命出力就行了，形成了鲜明的对比。

33. 杰克·韦尔奇

杰克·韦尔奇(Jack Welch)于 1935 年 11 月 19 日出生于马萨诸塞州塞勒姆市。1960 年，加入通用电气塑胶事业部；1981 年 4 月，成为通用电气历史上最年轻的董事长和首席执行官(chief executive officer，CEO)。从入主通用电气起，在短短 20 年间，他将一个弥漫着官僚主义气息的公司，打造成一个充满朝气、富有生机的工商企业巨头。在他的领导下，通用电气的市值由他上任时的 130 亿美元一度上升到了 4 800 亿美元。他于 2001 年 9 月退休，被誉为“最受尊敬的 CEO”、“全球第一 CEO”、“美国当代最成功、最伟大的企业家”。如今，通用电气旗下已有 12 个事业部成为其各自市场上的领先者，有 9 个事业部入选《财富》500 强。韦尔奇带领通用电气，从一家制造业巨头转变为以服务业和电子商务为导向的工商企业巨人，使百年历史的通用电气成为真正的业界领袖级工商企业。

所有的人都说，创业难，守业更难，但杰克·韦尔奇改变了这个说法，他创造了奇迹，将通用这个“百年老店”经营得重放光彩，而他的贡献也远不止通用一家公司。他所倡导和实行的管理的革命，重新弘扬了为股东创造价值这一工商企业经营的根本原则，扭转了第二次世界大战以来国际大企业普遍福利化的倾向，使工商企业获得了真正的动力；他创造了一个最有益于人才成长的文化，造就的不仅是一代企业家，更造就了一种积极向上的精神，今天的通用已经成为赫赫有名的“经理人摇篮”、“商界的西点军校”，全球《财富》500 强中有超过 1/3 的 CEO 都是从通用走出去的；他的管理经验被越来越多的人所采纳，几乎成为现代工商企业的一种典范模式。

人们对他顶礼膜拜，对他无比崇敬，但这个优秀的老人却在 2001 年事业的巅峰选择退隐。但是，他的精神还在公司继续发挥作用，他所努力创造出的企业文化还在通用及其他工商企业中产生更深远、更悠久的作用。正如沃特·迪斯尼公司董事长兼 CEO 迈克尔·埃斯特所说：“杰克不仅仅是一个商业巨子，还是一个有心灵、有灵魂、有头脑的巨人。”

34. 大前研一

大前研一(Ohmae Kenichi)，日本著名管理学家、经济评论家，国际著名企业策略家及经济评论家，日本早稻田大学应用化学系毕业，东京工业大学核工硕士、麻省理工学院核工博士，著作有《无国界世界》、《全球舞台大未来》等。1970—1972 年，任职日立制作所核能开发部工程师。1972 年始，任职于麦肯锡顾问公司，1979 年升任为该公司日本分公司总经理，1981 年担任该公司董事，1995 年离职。其后曾先后担任斯坦福大学客座教授、大前协会董事、创业家学校创办人。

大前研一的张扬和口无遮拦，不仅让中国人觉得奇怪和惊讶，就在日本甚或整个亚洲也都是绝无仅有！他是一个喜欢说大话的人，宁可夸张、夸大，也不会谦虚，总体而言缺少客观性，具有强烈的性格。《金融时报》这样描述大前研一："坦率无忌型名人非常稀缺的国度里的一个名人。当绝大部分日本人还在小心翼翼不敢冒犯别人时，大前研一却是生硬率直，有时还单刀直入般的粗鲁……他还是日本仅有的一位极为成功的管理学宗师。"

大前研一专长于跨国企业的市场策略、海外投资、组织系统及经营方针的规划。常受邀于亚洲各国，从事国家重大投资开发计划的评估。除了著名的《战略家的思想》、《无国界世界》外，大前研一著作中有名气的，还有《日本商业：障碍和机会》(*Japan Business: Obstacles and Opportunities*)、《三位一体的力量：环球竞争将要到来的形态》(*Triad Power: The Coming Shape of Global Competition*)、《超越国界》(*Beyond National Borders*)、《民族国家的尽头》(*The End of the Nation State*)、《看不见的新大陆——新经济的四大战略原则》(*The Invisible Continent—Four Strategic Imperatives of the New Economy*)等。

35. 稻盛和夫

稻盛和夫(Inamori Kazuo)于1932年出生于日本鹿儿岛，鹿儿岛大学工学部毕业。27岁创办京都陶瓷株式会社(现名京瓷，Kyocera)，52岁创办第二电电(英文缩写为DDI，是日本大电信公司KDDI的前身之一，目前在日本为仅次于NTT的第二大通信公司)，这两家公司又都在他的有生之年进入世界500强，两大事业皆以惊人的速度成长。

压电流绝缘体的"松风工业"。1959年，在京都设立京都陶瓷公司(现为"京瓷")，起初员工仅有28人。10年后，公司在日本的股票市场上市交易。公司依靠着在新型陶瓷材料领域的先进技术，逐渐成长为全球大公司。1984年，稻盛和夫设立电信公司"第二电电"。

稻盛和夫名下产业集团的销售总额达1兆2 000亿日元。1984年，设立财团法人稻盛财团，并创设了京都奖。此外，还创立了以培养年轻一代经营人士为宗旨的"盛和塾"。其广为人知的经营管理手法被称为"阿米巴式经营法"。稻盛和夫与日本民主党关系密切，是热心的民主党支持者。2008年9月21日小泽再度当选民主党代表时，稻盛和夫作为嘉宾参加了有关仪式。2007年，在日本Sunmark出版社主办的庆祝稻盛和夫的《活法》一书中提出的人生方程式，给我们一个新的角度，诠释积极工作对人生成就的巨大推动作用，在日本销售突破50万册的时候，小泽一郎专程出席。稻盛和夫是著名的中日友好人士，2009年中国举行国庆60周年阅兵庆典时，稻盛和夫受邀在观礼台就座。1997年退休后，稻盛和夫在京都某寺院出家修行。

在日本四大"经营之圣"(另三位分别是松下公司的创始人松下幸之助、索尼公司的创始人盛田昭夫、本田公司的创始人本田宗一郎)中，他是年龄最小而被尊为"圣"的。

值得说明的是，在对工商管理问题的研究与探索过程中，涌现出的代表人物是如此之多，以至于我们根本无法一一介绍。除上面提到的以外，还有许多著名的管理学家也在不断探求管理的发展问题，限于篇幅，在此不再赘述。

二、国内管理名家

1. 周三多

周三多，现任南京大学商学院企业管理系教授、博士生导师，享受政府特殊津贴，曾任南京大学国际商学院首任院长、全国 MBA 教育指导委员会第一届委员、全国 MBA 入学考试研究中心主任等职。他在创建南京大学商学院的过程中做出了最突出的贡献，在他的带领下，实现了南京大学商学院的快速崛起，并发展成全国著名的商学院；由他推动的南京大学与哥伦比亚大学 MBA 合办项目，开启了我国管理学中外合作办学的先河；由他推动的"南京大学新加坡 MBA 班"，开创了中国大学到境外办班的先例；由他领衔的 MBA 入学考试研究机构攻克了我国 MBA 发展瓶颈，疏通了前进道路上的"堰塞湖"；由他领衔编著的《管理学》成为印数数百万、被全国 300 多所高校广为采用的典范教材。他试着用国外管理学的框架去搭建中国化的管理学内容，而且周三多的《管理学》用了很大的篇幅去解释理论，在书中首创性地提出了"管理的基本原理——系统原理、责任原理、效益原理、人本原理"，并详细地进行了论述。同时，这一思想贯彻于《管理学》全书，建立了颇具特色的结构体系。这一创见受到了国内同行的普遍赞同，也是本书历经 10 年长期畅销不衰的重要原因之一。他为我国工商管理学科的建立和发展做出了卓越的贡献，为政界、企业界、学术界培养了一大批出类拔萃的人才。

2. 赵曙明

赵曙明，南京大学商学院名誉院长、教授、博士生导师，兼任澳门科技大学研究生院院长、亚太人力资源研究协会主席、澳门特别行政区政府人力资源开发委员会委员、江苏省人力资源学会会长、江苏省企业管理协会会长、企业家协会副会长。1977 年毕业于南京大学英文专业；1981 年留学美国，1983 年获教育学硕士学位；1987 年再度赴美攻读博士学位，1990 年获美国加州克莱蒙特研究生大学高等教育与人力资源管理学博士学位；1990—1991 年在佛罗里达大西洋大学商学院从事人力资源管理博士后研究。

在人力资源管理及工商企业跨国经营的研究方面颇有造诣，出版了《人力资源管理研究》(管理科学文库)、《跨国公司人力资源管理》、《中国企业人力资源战略管理》等 20 余本著作，撰写了 180 多篇论文，他是最早将西方人力资源管理理论引进到中国，并将西方人力资源理论与中国实践相结合的学者之一。他多次主持国家自然科学基金、教育部科研基金项目，深入中国工商企业进行了大量的调查研究，提出了一系列适合中国工商企业人力资源管理的理论。

3. 席酉民

席酉民，西交利物浦大学执行校长(2008 年至今)，英国利物浦大学副校长(2008 年至今)，西安交通大学管理学教授(1992 年至今)，陕西 MBA 学院常务副院长(1996 年至今)；曾任西安交通大学党委常委、副校长(1998—2009 年)，西安交通大学航空航天学院院长，西安交通大学城市学院创立院长(2004—2009 年)。主要从事战略管理及政策分析、决策与决策支持系统、管理行为与企业理论等领域的研究和教学，于 1987 年创立了和谐理论，并将其扩展成和谐管理理论。

现兼任国务院学位委员会管理科学与工程学科评议组召集人、教育部工商管理教育指导委员会主任委员、全国 MBA 教育指导委员会委员、国家自然科学基金委员会管理学部咨询委员会委员、中国管理现代化研究会副理事长、中国企业现代化研究会副会长、中国系统工程学会常务理事长、苏州市人大常委、《管理学家》(实践版)(学术版)主编以及多家学术期刊编委等。

4. 陈春花

陈春花，华南理工大学工商管理学院教授、博士生导师，新华都商学院教授，新加坡国立大学管理学院组织与人力资源管理教授，广州市政府决策咨询专家。出版专著和教材20多部，在核心期刊发表论文100多篇。其代表作《领先之道》被国内各行业领袖们誉为中国的《基业常青》；专著《高成长企业组织与文化创新》、《企业文化塑造》、《争夺价值链》、《科研团队管理》和主编的《管理沟通》、《企业文化管理》、《中国行政组织文化》等教材广受读者好评。陈春花教授出任《北大商业评论》副主编及广州市政府决策咨询专家，同时担任南京大学外聘教授、厦门大学客座教授、新加坡国立大学现代管理课程客座教授、澳洲国立大学国际管理课程客座教授等职务。曾先后出任山东六和集团总裁，康佳集团、科龙集团、TCL集团、美的家电、顺德信用合作社、南方航空、广东电信、南方电网、深圳航空等著名企业的高级管理顾问。

2004年出版了《领先之道》，在历经多年实践和调研的基础上得出了我国工商企业的领先模型，诺贝尔经济学奖得主迈克尔·斯宾塞博士倾力推荐。随后出版《争夺价值链》、《高成长企业的组织与文化创新》、《中国管理10大解析》、《中国营销思考》等多部工商企业管理专著，2007年的《超越竞争》被誉为年度最佳畅销书，2008年继续推出新作《中国企业的下一个机会：成为价值型企业》，其研究为我国工商企业的发展做出了积极的贡献。另外，发表百余篇论文，曾主编多部MBA教材并获得诸多奖项。2006年推出了自己的散文集作品《掬水月在手》。

5. 陈荣秋

陈荣秋，华中科技大学教授、博士生导师，原华中科技大学管理学院院长。1967年毕业于清华大学动力机械系热力发电专业，1981年毕业于清华大学经济管理学院管理工程系，是国内第一批获得管理工程硕士学位的研究生。陈荣秋教授先后担任国家自然科学基金委员会管理科学部第一、二届咨询委员会委员，第六、七、九、十届学科评审组成员，国家高技术863/CIMS主题“CIMS基础理论与方法”专题专家、“集成化管理与决策信息系统”专题专家，国家教育部本科管理类专业教学指导委员会委员，全国工商管理硕士教育指导委员会委员，“中国科学技术指标研究会”第二届理事会副理事长，中国运筹学会排序专业委员会副主任，《管理科学学报》第一、二届编辑委员会委员，《管理科学文库》编委。华中科技大学校务委员会副主席，华中科技大学校学术委员会副主任，华中科技大学校学位委员会委员。

陈荣秋教授长期从事计算机辅助生产管理和管理学理论的教学和研究，主要为硕士研究生和博士研究生讲授“生产管理学”、“现代生产管理理论与方法”、“排序理论与方法”等课程，为MBA讲授“领导学”和“策略管理”。迄今为止，共培养硕士生和博士生200余人。陈荣秋教授研究领域主要涉及生产作业排序、计算机集成制造系统和现代生产管理技术(敏捷制造等)三个方面。他主持过5项国家高技术863/CIMS研究课题的研究任务和2项开发课题的任务，以及4项国家自然科学基金课题、2项教育部博士点基金课题和多项横向课题的研究工作。一些课题的研究成果已达到国际先进水平。由于在863项目研究中成绩突出，于1993年被自动化领域专家委员会授予先进个人奖。由于在企业范围集成制造的应用和发展中的领导作用和优异成绩，他在1999年成为国际计算机和自动化系统学会/制造工程师协会授予的“1999大学领先奖”获得者之一。目前陈荣秋教授正在主持国家自然科学基金重点项目“基于时间竞争的运作管理新技术和新方法研究”。陈荣秋教授编著了国内第一本关于排序的专著——《排序的理论与方法》。该书被国内同行多次引用，得到国内著名生产管理专家的高度评价，对推动我国排序研究起到了重要作用。陈荣秋教授还编著了面向21世纪课程教材及九五国家级重点教材《生产与运作管理》，该书在国内产生了重要影响。迄今为止，陈荣秋教授在国内外重要期刊和会刊上发表论文200余篇。

6. 蔡洪滨

蔡洪滨，斯坦福大学经济学博士，发起并组织了留美中国金融学会并担任首任会长，是《经济学与金融年刊》(*Annals of Economics and Finance*)、《经济分析与策略期刊》(*B. E. Journals in Economic Analysis and Policies*)和《理论经济学期刊》(*B. E. Journals in Theoretical Economics*)的编委，同时为30多家学术期刊(包括经济学所有顶尖学术期刊)及美国国家科学基金、加拿大社会人文研究委员会和中国香港研究资助委员会做匿名审稿人，被美国30多所大学邀请作学术报告，于2006年担任北京大学光华管理学院应用经济系主任。2010年12月，当选北京大学光华管理学院院长。

蔡洪滨老师长期致力于博弈论、企业理论、公司金融和新政治经济学等领域的研究，研究兴趣非常广泛。他的研究成果在理论上有很多创新，得到了国际同行的认可。他已在国际顶尖经济和金融学术刊物，如《美国经济评论》、《金融经济学期刊》等刊物上发表了10余篇文章。他对经济学研究持续的投入，正体现出一名学者对追求知识的热情和执著。

7. 芮明杰

芮明杰，主要研究企业发展、公司理论、产业经济学、管理创新。现任复旦大学管理学院产业经济学系主任，校学术委员会委员，校学位评定委员会委员，管理学院学位评定委员会主席，企业管理、产业经济专业教授、博士生导师，国家重点学科产业经济学学科带头人，复旦大学工商管理博士后流动站站长，并兼任中国工业经济研究开发促进会副理事长，中国企业管理研究会常务理事，并受聘成为多家股份公司的独立董事。

芮明杰先生多次受中央组织部、科学技术部邀请为国家级科研院校的院长培训班讲课，受到高度评价，应中共上海市委邀请，在中共上海市委常委学习会上以《关于国有资产监督管理委员会的定位与职能》的报告，赢得市委领导的称赞和肯定，被认为是与会专家中报告最佳者。芮明杰先生还曾先后获得过全国高校人文社会科学优秀成果管理学一等奖、上海市哲学社会科学优秀成果一等奖等荣誉称号。代表性著作：《现代企业持续发展理论与策略》、《新经济、新企业、新管理》、《浦东新区高科技产业竞争力研究》、《公司核心竞争力形成过程中的组织学习方式研究》等。代表性论文：《高技术企业知识创新模式研究——对野中郁次郎知识创造模型的修正与扩展》。所教课程：“中国经济分析”、“产业经济学”、“宏观经济学”、“现代企业理论”、“现代市场学专题”、“现代管理理论”。

8. 张瑞敏

张瑞敏，全球享有盛誉的著名企业家，创建了全球白色家电第一品牌海尔，现任海尔集团董事局主席兼CEO。因其对管理模式的不断创新而受到国内外管理界的关注和赞誉。世界一流战略大师加里·哈默评价张瑞敏为互联网时代CEO的代表。张瑞敏连续当选中共第十六届、十七届、十八届中央委员会候补委员。

1984年，张瑞敏临危受命，出任海尔的前身、濒临倒闭的青岛电冰箱总厂厂长，拉开了海尔创业的序幕。在28年的创业发展历程中，张瑞敏以创新的企业家精神和顺应时代潮流的超前战略决策带领海尔从一个亏空147万元的集体小厂发展成为全球营业额1 631亿元(2012年)的全球化企业。据消费市场权威调查机构欧睿国际(Euromonitor)统计，海尔已连续四年蝉联全球白色家电第一品牌；2012年，美国波士顿管理咨询公司评选的2012年度"全球最具创新力企业50强"中，海尔排名第八，是唯一进入前十的来自中国的企业。

张瑞敏认为，没有成功的企业，只有时代的企业，所谓成功只不过是踏上了时代的节拍。创业28年来，张瑞敏始终以用户为中心推动企业持续健康发展，在每一个不同的发展阶段，都抓住时代机遇进行战略创新。分别实施过品牌战略、多元化战略、国际化战略、互联网战略等。海尔持续创新不断壮大的过程中，张瑞敏确立的以创新为核心价值观的企业文化发挥了重要作用。在管理实践中，张瑞敏将中国传统文化精髓与西方现代管理思想融会贯通，"兼收并蓄、创新发展、自成一家"，从"日事日毕、日清日高"的日清管理模式(overall every control and clear，OEC)，到每个人都面向市场的"市场链"管理，张瑞敏在管理领域的不断创新赢得了全球管理界的关注和高度评价。在带领海尔持续健康发展的同时，张瑞敏始终高度重视企业社会责任的践行，积极投身教育、慈善等社会公益事业，真情回馈社会，致力于环境友好，谋求可持续发展。张瑞敏以其创造全球化海尔品牌和创新管理模式的卓著成就赢得了世界性的广泛赞誉。

9. 曾仕强

曾仕强，中国式管理大师，全球华人中国式管理第一人，被称为"中国式管理之父"，现任中国台湾智慧大学校长、中国台湾交通大学教授、中国台湾兴国管理学院校长。曾仕强学历：英国牛津大学管理哲学荣誉博士、英国莱斯特大学管理哲学博士、美国杜鲁门大学行政管理硕士、中国台湾师范大学教育学学士。著有《胡雪岩的启示》、《易经的奥秘》、《家庭教育》、《孙子兵法与人力自动化》等。2010年11月15日，"2010第五届中国作家富豪榜"重磅发布，曾仕强以780万元的版税收入，荣登作家富豪榜第5名，引发广泛关注。

现任于易学企业管理咨询有限公司首席顾问。曾仕强教授曾在中央电视台"百家讲坛"主讲《我读经典之易经与人生》和《胡雪岩的启示》。2009年10月7日至12日，他携新作《易经的奥秘》重登百家讲坛。他得到中国风水协会主席陈帅佛的高度评价。陈帅佛认为曾仕强校长开创的中国式管理，对咨询业观念的影响是根本性的；曾仕强教授的大师风范，对咨询业行为模式的影响是革命性的；曾仕强教授的演讲风格，对咨询业表达水平的影响是颠覆性的；大智若愚、厚积薄发、化腐朽为神奇是曾仕强教授的三大风格，曾仕强是少数可称为大师级的人物之一，是咨询业当之无愧的风云人物。中国台湾生产力中心调查显示，曾仕强是最受企业界人士欢迎的十大名嘴之一，曾应邀在新加坡、马来西亚、印尼、泰国、中国香港、中国大陆演讲工商企业管理，在中国台湾主讲千次以上。

10. 王育琨

王育琨，著名管理专家和并购专家，清华大学长三角研究院中国企业家思想研究中心主任，全球并购研究中心学术委员，山东大学经济管理学院、南京航空航天大学经济管理学院特聘教授，多家企业集团顾问。曾任国务院发展研究中心研究员、世界银行顾问、知名企业集团副总裁。著有《传递梦想：奥巴马给世人的200个忠告》、《解放企业人的心灵》等畅销书。

2009年，王育琨一系列公开课和内训“信心之旅”、“危机时期经营管理的本真”、“心智的力量”、“地头力训练营”等，得到诸多企业人士的高度赞同。“地头力”正在成为中国工商企业危机中的焦点词汇。十几年做工商企业的经历，给了他一种“以心比心”的研究方式，“常无欲以观其妙，常有欲以观其徼”。他深谙“不悟自心不知企业家之心”，成为从个人修为证悟研究工商企业经营管理的第一人。他首创“开发地头力——经营管理本真”的新理论，已经获得中国一线企业家和国外管理大师的高度认同。日本管理大师河田信认为，“地头力是世界节性语言，是东方兴起与西方衰落的根本”。

王育琨现为《经理人》、《数字商业时代》、《商务周刊》、《亚布力视点》、《绿公司》、《商界评论》、《上海证券报》、《广州日报》、《济南时报》等多家媒体专栏作家。管理博客点击量每年400万次，成为企业人观点碰撞交流的重要平台。

第二章

工商管理学科演进

第一节　工业革命：管理的问题与发展

一、工业化前的管理

在历史的长河中，工业化是较近时期出现的一种现象。在后来被人们称之为工业革命的时期，人类在动力、运输、通信和技术等方面取得了突飞猛进的发展。在工业化前，组织主要是家庭、部落、教会、军队和国家，有些人的确从事小规模的经济活动，但是其规模与工业革命后所出现的情况是无法相比的。不过，在指挥军事战役、处理家庭事务、治国施政和教会活动中仍有进行管理的必要性。我们正是在这些组织中看到了最早期的管理思想。在研究工业化之前管理中经常会出现下列两种看法：一是对管理职能持较狭隘的见地；二是社会上盛行的各种文化观点对商业持轻视态度。本节将研究早期文明中初始的管理尝试。

1. 中国

已知的最古老的军事著作是中国将军孙子(大约公元前6世纪)的著作。他在著作中谈到把军队分成小单位，在军官中划分军阶，以及利用铜锣、旗帜和烟火联络。他主张在战斗前要深思熟虑和周密计划：“多算胜，少算不胜。”前线指挥官和后方参谋之间的关系问题至少在2 500年前就已经存在了。孙子也为指挥者提供了战略决策的原则：故用兵之法，十则围之，五则攻之，倍则分之，敌则能战之，少则能逃之，不若则能避之①。

如果将“兵”替换为“市场”，将“敌”替换为“竞争者”，我们就可以看清现代管理策略的历史基础了。

孔子(公元前552—前479年)流芳百世主要是因为他从事的道德教育，其次才是由于他提倡按才能提升官员的制度。在孔子时代，最受人尊敬的目标是在朝廷当官，商人的社会地位仅比囚犯高一点。争夺朝廷官职的斗争十分激励，孔子主张让通过实践证明有德才兼备的人担任官职。汉朝(公元前206年至公元220年)按孔子的主张开始实行文官考试，

---

① 克拉维尔 J. 孙子兵法．纽约：德拉科特出版社，1983：16.

用任人唯贤的办法挑选官员，后来演变为根据考核(成绩评定)提升官员。

在孔子之前很久，中国的官僚机构早在公元前一千年就发展成为一个分等级层次的体制。孔子哲学的确同当时的法家主张有矛盾。法家试图通过法制，利用奖惩的办法保证任务的完成，而孔子则主张培养和提高人民的道德品质，以实现合作①。形式主义者和博爱主义者之间、制度和个人之间的斗争由来何等长久！此外，其他的证据表明，中国人早在公元元年前就已通晓劳动分工和组织的部门化。刻在一只碗上的文字表明，它是一家官办工厂制造的，在这家工厂，各个工匠之间的劳动者有着高度的专业化分工。这家工厂分为三个部门，即会计、安全与生产。从这样的人工制品中我们能够了解到古老的管理实践。

2. 埃及

埃及人修建了许多灌溉系统，作为利用尼罗河每年的洪水进行灌溉的附属工程。他们修建金字塔和运河的工程技术是不可思议的奇迹，远远超过了希腊人和罗马人。采矿和大多数工程项目都是由国家垄断的，因而需要有一个广泛的官僚机构来管理国家事务。劳动力的来源是自由人和奴隶。强大的文化传统迫使自由人从事职业活动，而其他劳动问题则靠镣铐去解决。

有证据表明，埃及人是知道管理者所能监督的人数的限度的。从发掘出来的奴仆雕像中发现：每个监督者大约管理 10 名奴仆。他们的衣着是不同的。监督者穿的是短裙或长袍，而奴仆穿的衣服则需要表明他们干的行业和职业②。在管理跨度方面"以十为限"的规律是埃及的实践做法，我们下面将看到埃及人的这种做法对希伯来人产生的影响。

3. 希伯来人

《旧约全书》是一部有关领导一个民族征服一块土地的故事的著作。希伯来人的伟大领袖既拥有宗教大权也掌管世俗权力，亚伯拉罕(大约公元前 1900 年)、若瑟(大约公元前 1750 年)、摩西(大约公元前 1300 年)和大卫(大约公元前 1000 年)等就是如此。然而，我们在《圣经》中看到的管理思想的种子很可能是埃及人播下的。若瑟被出卖为奴仆后升任为宰相，并取得了宝贵的管理经验。摩西被监禁在埃及期间观察到了埃及"以十为限"的规则。因此，摩西在建立一个比较有秩序的部族管理的组织结构的同时也在管理上运用了"例外原则"。在《圣经》里还可以发现另外一些关于管理的忠告："不先商议，所谋无效；谋士众多，所谋乃成。"有关控制的忠告是"参与者多，严守秘密"。在古代各民族中，都可以发现诸如领导、代表制、管理范围、计划和组织等管理实践。

4. 希腊

古希腊是欧洲文明的摇篮，它的规章制度、艺术、语言、戏剧和文学是我们人类文化的一个重要组成部分，但是，希腊的经济哲学是反商业的，贸易和商业被认为有损于希腊理想的尊严。

苏格拉底(公元前 469—前 399 年)认为，公众事业的管理技术和私人事业的管理技术是相通的，区别仅在于量的不同……没有人的作用，两者都无法进行……懂得如何雇佣人者，便能成为私人事务及公共事务的成功指挥者；而不懂得如何雇佣人者，则会在指挥两

---

① 哈恩，沃特豪斯．孔子论人与组织．管理学院杂志，1972，15(3)：358.

② 皮特里 W M F. 古埃及的社会生活．伦敦：康斯特布尔有限公司，1924：21～22.

者时犯错误。亚里士多德(公元前384—前322年)在他的《政治学》中提出了有关管理和组织的许多见解。例如，①论劳动的专业化；②论部门分工；③论权力集中化、分散化及代表制；④论协作；⑤论领导。亚里士多德在他的著作《形而上学》中提出了通过感觉和推理可以了解现实的论点。亚里士多德摒弃了神秘主义，从而成为科学方法之父，并且为文艺复兴和理性时代奠定了思想基础。这种科学的探索精神最终会为科学管理奠定基础。

另一位希腊人色诺芬(大约公元前370年)曾经根据自己亲自经营和管理庄园的实践经验写成《家庭管理》(又称《经济论》)一书。这是古希腊流传下来的专门论述经济问题的第一部著作。这部著作在管理思想上的主要贡献在于论述了劳动分工的优越性：……在有些地方(工厂)，一个人甚至仅仅靠缝鞋谋生，另一个人靠剪鞋样，而另一个人靠缝鞋帮，与此同时，还有一个人不干上述任何一样活计，而是把各个部分缝在一起，他们都能谋生。这就是说，一个人专心致志做一种高度专业化的工作，那么他肯定能把工作做得最好[①]。

5. 罗马

罗马是在节俭中诞生的，它征服了腐化堕落的古希腊文化。为了生产军队用的武器，生产向世界市场出售的陶器，以及后来为生产出口用的纺织品，罗马人发展了一种类似工厂的体制，并且用建立公路体系的办法以保障军事调动和商品分配。罗马国家第一个采取类似现代股份制公司的形式向公众出售股票，以便履行为支持战争而签订的政府合同。另外，在罗马帝国建立过程中罗马人具有了集权、分权到再集权的实践经验。在这个过程的不同阶段，罗马人建立了相应的管理机构和政治体制。罗马自公元前510年左右成立了共和国。共和国由百人团会议从贵族中选举执政官2人，协商处理国家政治事务。执政官有随从12人，肩荷棒一束，中插战斧，象征国家最高长官的权力，这种棒被称为“法西斯”，这也是“法西斯”一词的来源，意大利法西斯党也源于此。元老院由氏族长和退任执政官组成，有决定内外政策亦即审查和批准法案之权，并监督执政官，这些对后来国家管理机构与政治体制影响很大。

罗马人在长期的军事生涯中具备了遵守纪律的品格，又具备了以分工和权力层次为基础的管理职能设计能力。正因为如此，罗马帝国才能在它所处的历史时期势不可挡，所向披靡。正如雷恩所说：“罗马人也是具备遵守秩序的天赋，而军事独裁政府以铁腕手段统治着整个帝国。”

6. 封建主义与中世纪

文艺复兴时期的作家创造了“中世纪”这个词，用来说明从罗马帝国的衰亡到文艺复兴这段时间中发生的事情。在罗马帝国后期，奴隶制在经济上已经变得不合算了，因为养活奴隶的开支大，而奴隶对劳动已经没有任何热情了。奴隶制的废除不是道德进化的结果，而是经济变革的结果。事实证明，雇佣自由人当佃农对土地占有者来说更为合算，因为养活他们的开支较少。而为了不挨饿，一种原始的但是却很有效的激励制度便产生了。在罗马帝国衰亡后，大庄园的出现和政治上的动荡，引起了经济、政治和社会上的混乱，它为封建主义制度的出现创造了成熟的条件。封建主义作为一种文化制度，从公元600年一直延续到公元1500年。封建主义的基础是农奴，他们是自由人，但是他们比以前的奴隶更

---

① 克莱姆所 F. 西方技术史. 纽约：查尔斯·斯克里布纳父子公司，1959：28.

依赖于主人。封建制度紧紧地把人束缚在土地上，它规定了严格的阶级界线，创立了一直到工业革命才结束的土地贵族统治时代。它使得教育完全处于停顿状态，使贫穷和无知成为群众的特征，并且在改革时代来临之前完全扼杀了人类的进步。因此，并不奇怪一些历史学家把这个时期称为“黑暗时期”。

7. 商业的复兴

封建主义使十字军诞生，而反过来它又由于十字军而死亡。十字军刺激了商业的发展，因为它开辟了新的贸易通道，使处于封建主义的欧洲接触到了中东文化，并且认识到了中东文化比他们的优越。这种文化对比的结果削弱了欧洲的宗教约束，使欧洲的生活更加世俗化。人们对探索发生了兴趣，在封建主义的土地上出现了新的贸易和商业精神。新市场和新思想的出现、城镇的兴起、新的中产阶级的萌芽、货币和信贷证券更为自由的流通，以及政治秩序的恢复等都对文艺复兴和宗教改革运动创造了条件。

城市：生产力的发展使手工业和农业的分离成为必然。“专门化实际上是一个规模经济学的问题，它的确有赖于需求的集中，但市场只是可以使需求集中的办法之一。”这样在交通要道、关隘、渡口及城堡或教堂附近，逐渐兴起集市。许多行商成为坐商，手工业商业聚居其地，因此，便出现了商业和手工业日趋活跃的城市。

行会：中古城市手工业者按照各行业结成的联盟。行会最早于10世纪出现在意大利，以后在10～12世纪相继出现于法国、英国和德国。行会是城市手工业者保障自身利益的行业内部组织，它具有现代管理的某些雏形：首先，行会规定了一套等级制度，并与此相适应地产生了一套人事等级，即“行东—帮工—学徒”。学徒从师期满，在行东的作坊中做一段时间的帮工，有了一定的积蓄和经验后，就有可能升到行东，这一做法可以称之为现代技术等级制度的源头。其次，行会对产品质量做了具体的规定，如严格禁止偷换原料、伪造产品等，这同样可被认为是质量管理的最早尝试。最后，行会也同样可以看成是最早的行业垄断组织，它限制了外来手工业者的竞争，最大限度地利用本行业所在城市的市场。

商业：“新世纪的起点是商业的专门化。”商业的复兴对欧洲发展历史产生了决定性的影响，也扩大了人们的视野。商人在整个经济生活中扮演了十分重要的角色：他们根据日常商业活动的需要，购进原料，然后承包给手工业者或家庭去加工，然后再由商人收回，并支付给手工业者或家庭一定的报酬(加工费或工资)。但由于贸易的发展，日常需要的扩大，家庭的生产远远不能适应经济发展的需要，于是商人将几个家庭生产单位集中起来，集中资本、集中生产、集中销售，这样就导致了工厂制度的产生。商业繁荣的影响不止于此，它还进一步导致了较为复杂的商业组织的建立、银行的产生与核算技术的发展。

8. 文化的新生

促使旧的文化制度摇摇欲坠的新事物，是由三种最终将导致产生工业革命以及人类新文化的力量组成的。这些力量为新的工业时代奠定了文化基础。而这个时代使人们在分配资源的经济安排中、社会关系中以及政治机构中摆脱了屈从的地位而获得新的自由。对古代文艺的复兴以及对推理和科学产生新的兴趣，集中体现了文艺复兴的特色，而且通过新教改革运动以及后来的新教伦理打破了古老的神学对人们的束缚。自由伦理通过制宪政府在人民和国家的关系上提出新的概念，反映了铁板一块的政府形式和代表制政府以及试图保护个人权力之间的一场悠久的斗争。市场伦理提出了市场经济的主张，宁愿支持重商主义的地主贵族的挑战。这三种“伦理”或者说文化行动的标准在改变对人民、对工作和对利润的文化价值准则的实践中相互作用。

文化的新生为工业化创造了先决条件，因而也确立了建立一个如何合理地、正式地和系统地进行管理的知识体系的需要。市场经济的出现和发展要求管理者发挥更大的创造性，要求他们更多地了解如何才能用最好的方法管理组织。面对着具有竞争性的、变化着的环境，管理者必须发展建立起一整套有关如何充分利用资源的知识体系。现代管理思想的出现必须以合理的决策方式为基础，组织不能再靠少数人的荒诞幻想来管理了。这个变化不是突然发生的，而是随着文化的变化，经过长时间的演变才出现的。

二、工业革命对管理产生的影响

进入18世纪后，由于重商主义的作用，商业贸易成为当时英国的主要经济活动，国家与民众的主要经济收入来自商业贸易。工业的进步和贸易的发展彼此联系在一起，它们相互影响、相互促进。也正是商业的发展，促进了英国城市的建立，并引发了轰轰烈烈的工业革命。可以说，没有商业活动走在前头，工业的进步几乎没有可能，也就不会发生工业革命，而现代的管理思想也不可能出现。

1. 工业革命的产生

工业革命的产生是与纺织业的发展、圈地运动和蒸汽机的发明紧密联系在一起的。英国的纺织工业是工业革命的源头。而毛纺业的发展，引发了圈地运动，改变了土地所有制，原有的自然经济遭到严重破坏，从而一举摧毁了小农经济和小生产自给自足的生产方式。这不仅为大工业的产生扫除了传统习惯的阻力，而且圈地运动使得许多的人失去了自己的家园，成为无业人员，为资本主义工业的生产提供了大量而丰富的劳动力资源。而蒸汽机的发明，为工业革命的爆发点燃了导火线，并成为工业革命的推进器。瓦特也因这项发明而在英国亦即在整个人类闻名世界的伟人中占有地位。

就这样，坚冰已经打破，道路已经开通，蒸汽机很快被用于非常广泛的工业领域，在冶金工业中，在面粉厂，在沙厂中……蒸汽机的广泛应用，推动了一切工业部门的机械化，工厂纷纷建立起来。蒸汽机是人类生产史上的一次飞跃，它使生产摆脱了人力和自然条件的限制，世人的能力首次得以延伸，这是生产力的一次大解放，是使得工厂制度得以确立的基础。人们将蒸汽机引发的工业革命进入时代称之为蒸汽时代。

综上所述，英国工业革命的过程基本上包括了三个方面：纺织机等机器是工具上的革命；蒸汽机是动力上的革命；工厂制度是生产组织方式上的革命。这三个革命按时间来说隶属于同一个时代，并且在商业贸易的带动下相互补充、相互促进、相互推动，使得英国工业革命得以爆发。正如恩格斯所说：“分工、动力，特别是蒸汽机的利用，机器的应用，这就是从18世纪中叶起工业用来摇撼旧世界基础的三大伟大的杠杆。”

2. 工厂制度对管理所提出的客观要求

历史学家阿若德·托因比说过：“对于摧毁旧英国，建立一个新英国并促使全世界走向工业化起到最大作用的是两个人，一个是亚当·斯密，另一个是詹姆斯·瓦特。是斯密促使了经济思想的革命，是瓦特促使了蒸汽机的革命。”

当今世界基本承认这么一个观点：推动世界经济发展的两个轮子一个是科技，另一个是管理。瓦特技术革命的成功和当时的科学发展是分不开的，牛顿力学的建立以及热力学第一定律和第二定律的发现，才使得工业革命具有了比较坚实的技术基础。而对于推动经济发展的管理这一个轮子来说，客观现实对管理提出了许多新的要求，为促进管理思想的发展提供了土壤。当时经济、工业的飞速发展对社会产生了巨大的震荡，管理理论和实践势必要面对社会发展过程中所引发的新问题并试图解决这些问题。

第一，由于大企业的建立，老板和工人之间形成了相互对垒的态势。在早期的工厂制度下，管理的特点是采用军队式的严密组织，并且大量地使用童工。资本家在解决了资本和设备之后，就必须面对劳动力问题。因为熟练工人严重缺乏，所以工厂最初由极不相称的、既无经验又无技术也没受过集体劳动训练的各种人员组成，因此，资本家必须对其进行严格的教育和训练，特别是要使之遵守纪律，把他们改变成一个肉体机器，像机器一样劳作。工头通过罚款、解雇，有时甚至是残酷的鞭打来强制工人服从。工人受到了非人的待遇，他们就通过破坏机器来抗议、罢工。尽管采取严厉的监督手段，但在不断发展的罢工和破坏机器面前，老板不得不反思工商企业管理中存在的各种问题。

第二，管理人才的极度缺乏。从一个农业国在极短时间内变成一个工业国，社会无法提供大量符合要求的管理者。首先，当时没有有关的如何进行工商企业管理的知识体系，在培训管理者时传授的主要是本企业的生产技术、原料的来源和特性等，使其只能在本行业中工作；其次，没有共同的管理原则，对一位管理者应如何行动没有普遍的统一的要求；最后，更没有管理理论对管理实践的指导。这样就造成了基层的管理者只能用简单强制的方法对待工人，实施管理，这样又进一步增强了劳资关系的恶化。

第三，随着经济的发展，对技术的要求越来越高，进而要求工人的技能也相应提高。但是当时工人的来源基本上是农民和手工业者，他们没有受过教育，很难积极地掌握较高级的技术，所以熟练工人奇缺。资本家就根据以往的经验，采取积极劝诱（“胡萝卜”）方法、消极制裁（“大棒子”）方法以及力图建立一种“工人精神风气”的方法，以使工人就范。

另外，对工业企业的管理问题、效率问题、控制问题、指挥问题，更为重要的是企业中的人员管理等问题，这一系列随着工业革命而带来的问题，不得不使当时的人们对此进行深入的思考，因而产生了一些早期的较为系统的管理思想。这些管理思想闪烁出的火花在管理思想的发展历史中起着承上启下的作用，为科学管理时代的到来做着充分的准备。

第二节 管理学进入科学管理时代

一、秒表科学——科学管理的出现与传播

1. 科学管理理论的出现

科学管理理论的创始人是“科学管理之父”——弗雷德里克·泰勒。他主要研究如何提高单个工人的生产率。

19 世纪末至 20 世纪初，科学技术和社会经济都发生了巨大变化，这对工商企业管理提出了新的要求，也为创造管理理论提供了有利条件。泰勒参加工作后注意到工人们常常“磨洋工”(soldiering)，他们不是尽可能地努力工作，而是蓄意拖延工作进展。毕竟，他

们没有动力要工作得更快或更有效率。另外，泰勒还发现由于雇主在工人提高生产后就降低计件单价，也造成工人不愿多做工作，实行“有组织的偷懒”，生产效率难以进一步提高。根据自己的经验，泰勒认为，谋求提高生产率、生产出较多的产品是完全可能实现的，关键在于要确定一个工作日的合理工作量。从这一点出发，泰勒于1880年在米德维尔钢铁公司的一个车间进行了搬运铁块实验、铁砂和煤炭的铲掘实验及金属切削实验，他手持一个秒表，按分钟测量工作任务，这意味着工人可以准确地知道雇主对他们的期望产量，而管理者也可以准确地知道应该生产多少。这也意味着，可以制定出更准确的计件工资率，以实行可靠的奖励和惩罚措施。通过上述一系列实验和长期的管理实践，他总结了一些管理原理和方法，并将它们系统化，形成了“科学管理”。

管理理论的观点如下：①管理科学的根本目的是谋求最高工作效率。泰勒认为，最高的工作效率是工厂主和工人共同达到富裕的基础。②达到最高工作效率的重要手段，是用科学的管理方法代替旧的经验管理。③实施科学管理的核心问题，是要求管理者和工人双方在精神上和思想上来一个彻底变革。

根据以上观点，泰勒提出了以下的管理制度：①对工人提出科学的操作方法，以便合理利用工时，提高工效。②在工资制度上实行差别计件制。③对工人进行科学的选择、培训和提高。④制定科学的工艺规程，并用文件形式固定下来以利于推广。⑤使管理和劳动分离，把管理工作称为计划职能，工人的劳动称为执行职能。

科学管理最明显的局限性是认为工人是“经济人”。科学管理重视物质技术因素，忽视人及社会因素。它将工人看成是机器的附属品，是提高劳动生产效率的工具，因此，在生产过程中强调严格的服从，没有看到工人的主观能动性及心理社会因素在生产中的作用，认为人们只看重经济利益，根本没有责任心和进取心。对工人的错误认识，必然导致科学管理理论在实践中的局限性。

科学管理理论的产生对于管理学的形成与发展起到了以下作用：①它冲破了百年来沿袭下来的传统的落后的经验管理方法，将科学引进了管理领域，并且创立了一套具体的科学管理方法来代替单凭个人经验进行作业和管理的旧方法。②由于采用了科学的管理方法和科学的操作程序，生产效率提高了两三倍，推动了生产的发展，适应了资本主义经济在这个时期的发展的需要。③由于管理职能与执行职能的分离，企业中开始有一些人专门从事管理工作，这就使管理理论的创立和发展有了实践基础。

与泰勒同时代的人，如吉尔布雷斯夫妇和甘特等，也为科学管理做出了贡献。美国工程师弗兰克·吉尔布雷斯及其夫人莉莲·吉尔布雷斯在动作研究和工作简化方面做出了突出贡献。起初弗兰克·吉尔布雷斯在建筑行业中研究用哪种姿势砌砖省力、舒适、有效率，通过试验得出一套标准的砌砖方法，这套方法使砌砖的效率提高200%以上。后来吉尔布雷斯夫妇又在其他行业中进行动作研究，并把工人操作时手的动作分解为17种基本动作。他们的研究步骤如下：①通过拍摄相片来记录工人的操作动作；②分析哪些动作是合理的、应该保留的，哪些动作是多余的、可以省掉的，哪些动作需要加快速度，哪些动作应该改变次序；③制定标准的操作程序。与泰勒相比，吉尔布雷斯夫妇的动作研究更加细致、广泛。

美国管理学家、机械工程师甘特是泰勒在米德维尔钢铁公司和伯利恒钢铁公司的重要合作者。他最重要的贡献是创造了"甘特图"，这是一种用线条表示的计划图。这种图现在常被用来编制进度计划。甘特的另一贡献是提出了"计件奖励工资制"，即对于超额完成定额的工人，除了支付给他日工资，超额部分以计件方式发给他奖金；对于完不成定额的工人，工厂只支付他日工资。这种制度优于泰勒的"差别计件工资制"，因为这种工资制可使工人感到收入有保证，劳动积极性因而提高。这说明，工资收入有保证也是一种工作动力。

2. 科学管理的实践应用

科学管理理论并不是脱离实际的，其几乎所有管理原理、原则和方法，都是经过自己亲自试验和认真研究所提出的。它的内容里所涉及的方面都是以前各种管理理论的总结，与所有管理理论一样，都是为了提高生产效率，但它是最成功的。它坚持了竞争原则和以人为本原则。竞争原则体现为给每一个生产过程中的动作建立一个评价标准，并以此作为对工人奖惩的标准，使每个工人都必须达到一个标准并不断超越这个标准，而且超过越多越好。于是，随着标准的不断提高，工人的进取心就永不会停止，生产效率必然也跟着提高；以人为本原则体现为这个理论是适用于每个人的，它不是空泛的教条，是实实在在的，是以工人在实际工作中的较高水平为衡量标准的，因此，既可使工人不断进取，又不会让他们认为标准太高或太低。以人为本是科学发展的一个趋势，呆板或愚昧最终会被淘汰。

科学管理理论很明显地是一个综合概念。它不仅仅是一种思想，一种观念，也是一种具体的操作规程，是对具体操作的指导。首先，以工作的每个元素的科学划分方法代替陈旧的经验管理工作法；其次，员工选拔、培训和开发的科学方法代替先前实行的那种自己选择工作和想怎样就怎样的训练做法；再次，与工人经常沟通以保证其所做的全部工作与科学管理原理相一致；最后，管理者与工人应有基本平等的工作和责任范围。管理者将担负起恰当的责任，而过去，几乎所有的工作和大部分责任都压在了工人身上。

20世纪以来，科学管理在美国和欧洲大受欢迎。90多年来，科学管理思想仍然发挥着巨大的作用。当然，泰勒的科学管理理论也有其一定的局限性，如研究的范围比较小，内容比较窄，侧重于生产作业管理。另外，泰勒对于现代工商企业的经营管理、市场、营销、财务等都没有涉及。更为重要的是，他对人性假设的局限性，即认为人仅仅是一种经济人，这无疑限制了泰勒的视野和高度。泰勒的科学管理理论有效解决了车间生产效益的问题，未能解决工商企业如何经营与管理的问题。但这些也正是需要泰勒之后的管理大师们创建新的管理理论来加以补充的地方。

二、发现组织——行政管理理论的出现

在泰勒与他的追随者们逐渐把科学管理理论塑造成形的同时，欧洲古典组织——行政管理理论的奠基者、开创者亨利·法约尔和马克思·韦伯也在形成他们的理论。

我们前面提到，科学管理主要的管理贡献是在作业管理方面，但同时，对组织管理也有重要贡献，如把计划职能和执行职能分开，实行职能工长制。在这个领域中，古典组织理论比科学管理理论有了更全面、更深入的拓展和理论总结。

开创者之一的法约尔是一位工程师，他通过自己的管理实践及对管理过程的研究创立

了第一个行政管理理论。马克思·韦伯是一位典型的学者，是经济学家更是社会学家，他为官僚集权组织建立了一个非常完美的模型，从而创立了全新的组织理论。

（一）法约尔的一般管理理论

1. 工商企业活动类别

法约尔认为，工商企业从事的一切活动可以分为六类：①技术活动(生产、制造、加工)；②商业活动(购买、销售、交换)；③财务活动(资金的筹集、运用和控制)；④会计活动(财产清点、资产负债表、成本核算、统计)；⑤安全活动(维护设备和保护员工的安全)；⑥管理活动(计划、组织、指挥、协调和控制)。

不论企业大小、复杂还是简单，这六种活动(或者说基本职能)总是存在的。法约尔开宗明义地将工商企业的共性摆出来，然后指出前五种活动都不负责制订企业的总经营计划，不负责建立社会组织，以及协调各方面的力量和行动，而这些至为重要的职能应属于管理。管理本身又由计划、组织、指挥、协调和控制五种要素组成。其关系如图 2-1 所示。

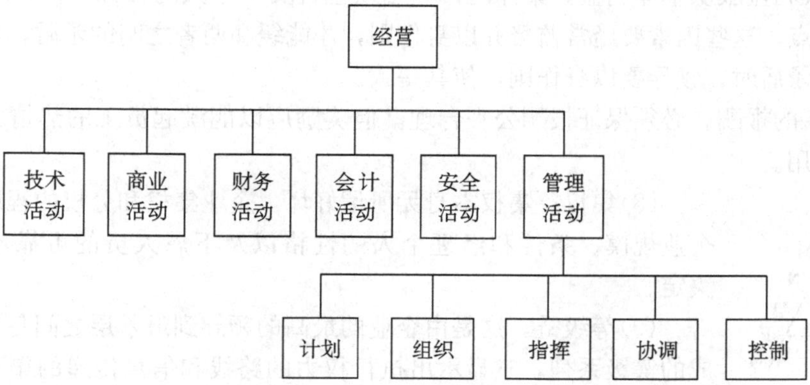

图 2-1　经营和管理要素图

2. 管理的要素

对于管理，法约尔下了一个明确的定义：管理就是实行计划、组织、指挥、协调和控制。

(1)计划，就是探索未来，制订行动计划。

(2)组织，就是建立企业的物质和社会的双重结构，为企业的经营提供所必需的原料、设备、资本、人员。

(3)指挥，就是使每一个人都履行其所负的职责，充分发挥其作用，从而使整个组织运转起来。

(4)协调，就是统一和调和企业各部门以及各个员工的活动，指导他们走向一个共同的目标。

(5)控制，核实情况的发展是否同既定的计划、规章、下达的命令相符，以便及时发现错误，采取措施，加以纠正。

3. 管理的一般原则

法约尔十分重视管理原则的系统化。他根据自己长期的管理经验，提炼出 14 项管理原则，作为管理教育的内容和工商企业管理的指导方针。他认为，如何使这些原则灵活地适用于各种环境和特殊情况，要依靠管理者的“艺术”。这 14 种原则如下：

(1)分工。分工的目的是提高效率。法约尔认为，分工不仅限于技术工作，也适用于管理工作，其结果是职能的专业化和权力的分散化。

(2)权力与责任。权力与责任是互为因果的，因为有权力必定就有责任，权力与责任应相一致。同时，法约尔还区分了管理者的职位权力和个人权力，前者来自个人的职位高低，后者由个人品德、智慧等个人特性决定。

(3)纪律。没有纪律，企业就难以发展。建立和维护纪律的最好方法，一是各级要有好的领导；二是企业与员工之间的协议要尽可能明确和公正；三是实行制裁要公正。

(4)统一指挥。这条原则与泰勒的职能正好相反。法约尔认为一个员工的任何行动，都只能接受一个上级的命令。

(5)统一领导。凡具有统一目标的全部活动，只能有一个领导人和一套计划。不要把统一领导与统一指挥相混淆。

(6)个人利益服从整体利益。集体的目标必须包含员工个人的目标。但每个人都不免有私心和缺点。这些因素要经常监督并以身作则，才能缓和两者之间的矛盾，使其一致起来。当两者矛盾时，领导要以身作则，使其一致。

(7)员工的报酬。必须保证报酬公平合理。但奖励应以能激起员工的热情为限，否则将会起副作用。

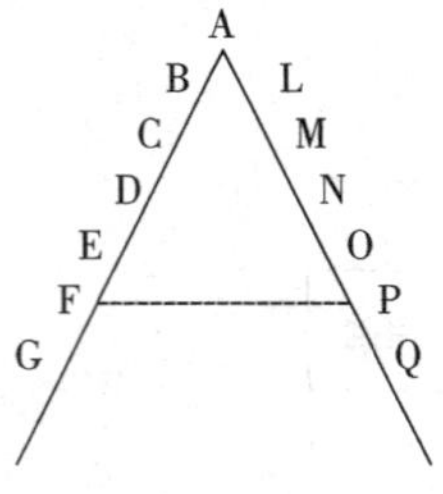

图 2-2 跳板原则

(8)集权。集权本身无所谓好坏。企业集权和分权的程度，应根据企业规模、条件和经理个人的性格以及下属人员的可靠性等因素来决定。

(9)等级链。这是由企业的最高的领导到最基层之间各级领导人组成的等级系列，它显示出执行权力的路线和信息传递的渠道。但是为了克服由于指挥的统一性原则而产生的信息传递的延误，法约尔设计了一种“跳板”(图 2-2)。

在一个等级制度表现为 G—A—Q 双梯形式的企业，便没有 F 与 P 发生联系，按常规需先从 F 到 A，再到下一点 P，这之间每一级都需要停顿，然后，顺着原路，一般是返回出发点。如果通过“天桥”(跳板)直接从 F 到 P，那就简单、迅速和可靠多了。如果 F 的领导 E 和 P 的领导 O 允许他们各自的下属直接联系，等级原则就得到捍卫。法约尔认为，各级人员都应养成使用这种最短通路的习惯。后来人们称这种方式为法约尔跳板。

(10)秩序。其是指人与物各得其所。职位要适合于员工，员工要适合于职位。

(11)公平。法约尔把公平解释为亲切、友好和公正。用这样的态度对待已经建立的规则，对待员工，可以鼓励员工忠诚地履行他们的职责。

(12)人员稳定。长期工作的员工能提高技能和组织效率。如果人事不断变动，工作将不能良好地完成。

(13)首创精神。这是事业壮大的源泉，要激发和支持人员发挥其创造性。

(14)集体精神。法约尔说：“分裂敌人的力量是聪明的，但分裂自己的队伍是对企业的严重犯罪。”他认为企业内部应保持团结与和谐的氛围。

（二）韦伯的行政组织理论

1. 理想的行政组织

韦伯认为，理想的行政组织是通过职务和职位来管理的，而不是通过传统的世袭地位来管理。要使得行政组织发挥作用，管理应以知识为依据进行控制，管理者应有胜任工作的能力，应该依据客观事实而不是凭主观意志来领导。韦伯的“理想”组织模式具有以下一些特点。

(1)确定的目标。任何机构组织都应有明确的目标，机构是根据明文规定的规章制度组成的，并具有确定的组织目标。人员的一切活动，都必须遵守一定的程序，其目的是实现组织的目标。

(2)明确的分工。组织为了达到目标，把实现目标的全部活动都一一进行划分，然后落实到组织中的每个成员。每个职位的权力和义务都有明文规定。

(3)等级原则。各个职位是按照职权的等级原则组织起来的，形成一个指挥体系或阶层体系。这是一种按照职位高低层层控制、井然有序、权责分明的组织体系。

(4)正式的规章和制度。组织是根据明文规定的规章制度组成的，规章制度不变更，组织结构也固定不变。组织中的任何一个成员必须严格遵守组织中的规则、纪律和办事程序。

(5)非人格化。非人格化是指在人员关系上，组织成员之间的关系仅仅是一种指挥和服从的关系，不受个人情感的影响，而是由职位所赋予的权力来决定个人之间的关系不能影响到工作，这就是非人格化的关系。

(6)人员的任用、升迁与工资。人员的任用通过公开的考试，有严格的选择标准。人员的升迁和工资也有明文规定和严格的考核制度。它的应用也是非人格化的，不因人而异。

(7)管理权与所有权分离。组织的管理者应是职业化的专业人员而不是他所管理的组织的所有者，他们领取固定的工资并在组织中追求他们职业生涯的成就。

2. 权力的类型

韦伯认为，有三种权力能被社会接受。

(1)合理的法定的权力(rational legal authority)。它是以“合法性”为依据的。对这种权力的服从是由于依法建立的一套等级制度，如一个企业、国家机构、军事单位或其他组织。这是对确认的职务或职位的权力的服从。

(2)传统的权力(traditional authority)。它是以古老传统的不可侵犯性和执行这种权力的人的地位的正统性为依据的。对这种权力的服从是对拥有这种不可侵犯的权力地位的个人的服从。

(3)超凡魅力的权力(charismatic authority)。这种权力是以对个人的崇拜为基础的，被崇拜者具有超凡的魅力。

韦伯认为，任何组织都必须有某种形式的权力为基础，假如缺少某种形式的权力，组织就不能实现其目标。只有权力才能变混乱为秩序。企业必须以理性的法律权力为基础。

3. 理想的行政组织的管理制度

韦伯认为，管理就意味着以知识和事实为依据来进行控制。“领导者应在能力上胜任，应该依据事实而不是随意地来领导。”只有这个组织的最高领导由于占有、被选或被指定而接任权力职位，才能真正发挥其领导作用，每一个官员都应按下列准则被任命和行使职能，这些准则包括：①他们在人身上是自由的，只是在与人身无关的官方职责方面从属于上级的权力。②他们按明确规定的职务等级系列组织起来。③每一职务都有明确规定的法律意义上的职权范围。④根据契约受命，即原则上建立在自由选择之上。⑤候选人是以技术条件为依据来挑选的，在最合乎理性的情况下，他们是通过考试获得的、通过证书确认的专业业务资格，他们是被任命而不是被选举的。⑥他们有固定的薪金作为报酬，绝大多数有权享受养老金，雇佣当局只有在某些情况下(特别在私营组织中)才有权对这些官员解雇，但这些官员则始终有辞职的自由。工资等级基本上是按等级系列中的级别来确定的。此外，还根据“身份地位”的原则。⑦这个职务是任职者唯一的，或至少是主要的工作。⑧它成为一种职业，存在着一种按年资或成就或两者兼而有之的升迁制度。升迁由上级的判断来决定。⑨工作中官员完全同“行政管理物资分开”，并且不能滥用其职权。⑩他在行使职务时受到严格而系统的纪律的约束和控制。

韦伯认为，在所有的领域里(国家、教会、军队、政党、经济企业、利益集团、协会、基金会等)，“现代的”团体形式的发展一般是与官僚体制的行政管理的发展和不断增强相一致的。尽管有形形色色的表面上看来是对立的机构，会议制的利益代表机构也好，议会的委员会也好，苏维埃也好，名誉官员或陪审员也好，或者不管什么机构也好，所有持续的工作都是由官员们在办公机关里完成的。我们的整个日常生活都纳入这个框架之内。人们只能在行政管理的“官僚体制化”和“外行化”之间进行选择，而官僚体制化的行政管理优越性的强大手段是专业知识，这是它所固有的特别合理的基本性质。

三、关于人的探索——管理心理学的创生与成熟

管理心理学(management psychology)，也可称为组织管理心理学或行为管理学，是一门研究组织中人的行为与心理活动规律的综合性科学。它是应用管理学、行为学、心理学、社会学、生理学、伦理学、人类学等学科的原理，来研究组织管理中具体的社会心理现象，以及个体、群体、领导、组织中的心理活动、人际关系和人的积极性的一门边缘科学。管理心理学以组织中的人作为特定的研究对象，重点在于对共同经营管理目标的人的系统的研究，以提高效率，在一定的成本控制条件下，最大限度地调动人们的积极性和创造性。当今的管理心理学都是以人本思想为前提的。它有助于调动人的积极性、改善组织结构和领导绩效，提高工作生活质量，建立健康文明的人际关系，达到提高管理水平和发展生产的目的。

对管理心理学的研究，是从 19 世纪末 20 世纪初开始的。1959 年美国心理学家海尔(M. Haire)提出把工业心理学划分为人事心理学、人类工程学和工业社会心理学，他的观点得到学术界的公认。工业社会心理学就是我们现在所说的管理心理学。管理心理学是生产斗争的产物，是阶级斗争的产物，也是科学试验的产物。

管理心理学的理论与管理如下。

(一)人性假设理论与管理

人性问题是管理心理学的重要研究领域，因为制定什么样的管理制度，采用什么样的

管理方法，建立什么样的组织结构，都与如何看待人性问题有关。美国著名管理心理学家，麻省理工学院教授麦格雷戈(D. Mcgregor)对管理中的人性假设问题进行过深入的研究，在他看来："每一个管理决策或每一项管理措施的背后，都必然有某些关于人性本质及人性行为的假设。"

麦格雷戈有关人性的假设，概括起来包括如下三方面内容：一是管理的理论与管理者的观念是第一位的，而管理的政策与具体措施是第二位的，不能本末倒置，也不能简单混同。二是强调在管理中要着重开发人力资源，发掘人的潜在力量。麦格雷戈认为："须知一项事业的管理方式，往往决定管理阶层对所属人员的潜在力量的认知，及对如何开发这份潜在力量的认知。"三是管理者采用哪种理论假定要看具体情况，但是所持理论的观点要旗帜鲜明。在他看来，管理者对控制人力资源所持的各项理论假设，是工商企业的整体特性的决定因素，而且还是今后若干代理人的素质的决定因素。因此，管理界应检讨他们所持的假设，并使他们的假设明确化。惟其如此，才能开启走向未来的大门。

（二）人性假设的 X 理论与 Y 理论

1. 人性假设的 X 理论

麦克雷戈用 X 理论这一名称归纳了历史上控制导向的传统观点。其人性假设的基本点如下：大多数人生来懒惰，总想少干一点工作；一般人都没有什么雄心，不喜欢负责任，宁可被别人指挥；多数人的个人目标都是与组织的目标相矛盾的，必须用强制、惩罚的办法，才能迫使他们为达到组织的目标而工作；多数人干工作都是为了满足基本的生理需要和安全需要，因此，只有金钱和地位才能鼓励他们努力工作。人大致可以分为两类，多数人都是符合于上述设想的人，另一类是能够自己鼓励自己、能够克制感情冲动的人，这些人应负起管理的责任。

对人性假设的 X 理论，麦克雷戈既有肯定的一面，同时也有保留态度。他认为，"这是一种平凡大众的基本假定，说得如此坦白露骨。事实上，所谓人类价值的观念，仅仅是口头上的歌颂。所谓严父主义，虽是一句不合潮流的语言，但究其实，绝不是一句已经衰亡的管理哲学"。但是，他又认为，"我们在产业界和其他许多地方，却能看到更多显而易见的现象，与这项人类本质的看法不符"。

2. 人性假设的 Y 理论

Y 理论是将个人目标与组织目标融合的观点。被麦格雷戈称为 Y 理论的人性假设是指：人在工作中消耗体力和智力是极其自然的事，就像游戏和休息一样；促使人朝向组织的目标而努力，外力的控制和惩罚的威胁并非唯一的方法，人为了达到其本身已经承诺的目标，自然会实行自我监督和自我控制；人对目标的承诺，是为了目标达成后得到的报酬，这种报酬的项目很多，其中最重要的是自我需要和自我实现的满足；只要情况适当，一般人不但能学会承担责任，而且能学会争取责任；以高度的想象力和创造力来解决组织中的问题的能力，不是少数人独有的能力，而是大多数人都拥有的能力；在现代工商企业中，常人的智慧潜能仅有一部分被利用，大部分都未被开发。

Y 理论的各项人性假设，是对传统的管理思想和行为习惯的挑战。麦克雷戈认为，与 X 理论比起来，Y 理论的假设与社会科学上既有的各项知识更一致，是一种更具挑战性的新思想。但同时他又指出，Y 理论的各项假定是否正确，毕竟尚未完全证实。而且在他看来，将Y理论的假定落到实处，绝不是一件容易的事情。

3. 人性假设的超Y理论

鉴于X理论和Y理论的局限与不足，摩尔斯(J. Morse)和洛斯奇(W. Lorsch)提出了超Y理论。这一理论对人性的假设如下：人们到组织中工作的需要和动机是多种多样的，但主要的需要是取得胜任感。胜任感是指组织成员成功地掌握了周围的世界，其中包括所面对的任务而积累起来的满意感；取得胜任感的动机尽管人人都有，但不同的人可用不同的方式来实现，这取决于这种需要与其他需要之间的相互作用；组织目标与个人目标的一致易于导致胜任感，而胜任感即使实现了也仍会有激励作用；所有人都需要感到胜任，但由于人的个体差异的存在，因而用什么样的方式取得胜任感是不同的。

（三）人性假设的"经济人"、"社会人"、"自我实现人"和"复杂人"理论

在西方管理心理学研究中，另一种较有影响的人性假设理论是雪恩(H. Schein)提出的四种与管理有关的人性假设，即"经济人"、"社会人"、"自我实现人"和"复杂人"的假设。雪恩是当代著名管理心理学家，曾在哈佛大学获心理学博士学位，现任麻省理工学院斯隆管理学院的组织研究学会主席，管理与组织心理学教授。他在《组织心理学》一书中详细阐述的四种人性假设，展现了西方管理界对人性看法的发展历程。

1. "经济人"假设

"经济人"假设，又称"实利人"假设，这种假设起源于享乐主义哲学和亚当·斯密(Adam Smith)关于劳动交换的经济学理论，是早期管理思想的体现。这一假设认为，人的行为动机源于经济诱因，在于追求自身利益最大化。在工商企业中，人的行为的主要目的是追求自身的利益，工作的动机是为了获得经济报酬。资本家为了获取最大的利润才开设工厂，而工人则是为了获得经济报酬才来工作，只要劳资双方共同努力，大家都可得到好处。

"经济人"假设包括如下基本观点：员工基本上都是受经济性刺激物激励的，不管是什么事，只要向他们提供最大的经济利益，他们就会去干；由于经济刺激在组织的控制之下，所以员工在组织中的地位是被动的，他们的行为是受组织控制的；感情是非理性的，必须加以防犯，否则会干扰人们对自己利益的理性的权衡；组织能够而且必须按照能中和并控制住人们感情的方式来设计，特别是那些无法预计的品质。

2. "社会人"假设

"社会人"假设，又称"社交人"假设，这种假设认为，人的最大需要是社会性需要，人在组织中的社交动机，如想被自己的同事接受和喜爱等，远比对经济性刺激物的需要的动机更加强烈。只有满足人的社会性需要，才能有最大的激励作用。

"社会人"假设可概括为如下几点：社交需要是人类行为的基本激励因素，而人际关系则是形成人们身份感的基本因素；从工业革命中延续过来的机械化，使工作丧失了许多内在的意义，这些丧失的意义现在必须从工作中的社交关系里寻找回来；与管理部门所采用的奖酬和控制的反应比起来，员工更容易对同级同事所组成的群体的社交因素做出反应；员工对管理部门的反应能达到什么程度，取决于管理者对下级的归属需要、被人接受的需要以及身份感的需要能满足到什么程度。

3.“自我实现人”假设

“自我实现人”的概念是由美国心理学家马斯洛提出的。雪恩在总结了马斯洛、阿吉里斯、麦克雷戈等的理论后，提出了“自我实现人”假设，并认为这种假设与麦克雷戈的Y理论假设是一致的。

“自我实现人”假设的基本内容如下：当人们的最基本需要得到满足时，就会转而致力于较高层次的需要，寻求自身潜能的发挥和自我价值的实现；一般人都是勤奋的，他们会自主地培养自己的专长和能力，并以较大的灵活性去适应环境；人主要还是靠自己来激励和控制自己的，外部的刺激和控制可能会使人降低到较不成熟的状态去；现代工业条件下，一般人的潜力只利用了一部分，如果给予适当的机会，员工们会自愿地把他们的个人目标与组织的目标结合为一体。

4.“复杂人”假设

雪恩在20世纪60年代末至70年代的调查研究中发现，人不只是单纯的“经济人”，也不是完全的“社会人”，更不可能是纯粹的“自我实现人”，而应该是因时、因地、因各种情况而具有不同需要和采取不同反应方式的“复杂人”。

“复杂人”假设的基本内容如下：人的需要是多种多样的，而且这些需要随着人的发展和生活条件的变化而发生改变，每个人的需要都各不相同，需要的层次也因人而异；人在同一时间内有各种需要和动机，它们会发生相互作用并结合为统一的整体，形成错综复杂的动机模式。例如，两个人都想得到高额奖金，但他们的动机可能很不相同。一个可能是要改善家庭的生活条件，另一个可能把高额奖金看成是达到技术熟练的标志；人在组织中的工作和生活条件是不断变化的，因此，会不断产生新的需要和动机。这就是说，在人生活的某一特定时期，动机模式的形成是内部需要和外界环境相互作用的结果；一个人在不同单位或同一单位的不同部门工作，会产生不同的需要。

第三节　管理学进入社会人时代

刚性的科学管理并没有达到预期的效率提高的程度，人们发现工作条件及人际关系等人性化的因素对提高效率有很大的影响，于是从20世纪20～30年代的梅奥实验开始，大批行为学家走进管理领域。

一、霍桑试验

（一）霍桑试验的过程

霍桑试验是从1924年至1933年在美国芝加哥郊外的西方电器公司的霍桑工厂进行的。霍桑工厂有较完善的福利措施和良好的保障制度，但是工人们仍有很强的不满情绪，生产效率很低。为了探明原因，1924年11月，美国国家研究委员会组织了一个包括多方面专家的研究小组进驻霍桑工厂，开始进行试验。当时，许多管理学家和学者认为工作环境的物质条件同工人的健康及生产率之间有明确的因果关系。因此，霍桑试验是根据工人对给予的工作条件做出相应的反应的假设进行的，其目的是研究工作环境的物质条件与产量的关系，以发现提高劳动生产率的途径。

1. 照明试验

照明试验的目的是研究照明情况对生产效率的影响。专家们选择了两个工作小组，一个为试验组，一个为控制组。试验组照明度不断变化，控制组照明始终不变。通过这个试验，专家组发现照明度的改变不是效率变化的决定性因素，而另有其他因素在起作用。于是他们决定进行第二阶段的试验。梅奥就是在第二阶段才进行试验的。

2. 继电器装配工小组实验

这一阶段的试验花费了约六年时间。专家们选择了六名女工，把她们安置在继电器装配试验室工作。在试验过程中，研究小组分期改变工作条件。开始时增加休息次数，延长休息时间，缩短工作时间，供应午餐和茶点，实行五天工作制等；接着又逐渐取消这些待遇，恢复原来的工作条件。结果是，无论工作条件如何变化，生产量都是增加的而且工人的劳动积极性有所提高。

梅奥等分析了这两次试验的结果后认为，生产效率的提高不在于上述工作条件的变化，而在于实验小组的精神方面的变化。在试验室里没有高压的监督，试验计划事先争得了工人的同意，工人与管理者之间的关系融洽，参加试验者已形成一个有组织的社会集体。这一切大大改变了工人的工作态度，其效果远远超过工作的物质条件的改变。

3. 大规模访谈

在试验的第三阶段，研究小组花了两年的时间对两万多名员工进行访问交流。访谈的目的是了解工人对工作、工作环境、监工、公司和使他们烦恼的任何问题的看法以及这些看法如何影响生产效率。访谈最重要的发现是，影响生产效率的最重要因素是工作中发展起来的人际关系，而不是待遇及工作环境。研究小组还了解到，每个人工作效率的高低，不仅取决于他们自身的情况，而且还与他们所在小组中的其他同事有关，任何一个人的工作效率都要受到他的同事们的影响。这一结论非常重要。为了进一步进行系统的研究，研究小组决定进行第四阶段的试验。

4. 电话线圈装配工试验

这次试验选了 14 名线圈装配工在一间单独的观察室中进行。这 14 人分成三组，相互之间在工作上有高度的联系。工资报酬是按小组刺激计划计算的，以小组的总产量为基础付酬给每个工人，强调他们在工作中要协作。

通过试验，研究者注意到工人们对于“合理的日工作量”有明确的概念，而这个合理的日工作量低于管理当局拟定的产量标准。他们就依据自己制定的这个非正式的产量标准，并运用团体的压力使每个工人遵守这个标准，而工人们都避免挫伤感情并采取各种手段来维持自己在这个非正式团体中的地位。在非正式团体中还有一些不成文的规范，如你不应该干活过多；你不应该干活太少；你不应该向监工报告任何有损于同伴的事；干事不要太认真，你若是个检查员，也不应该像一个检查员那样来行事；不要总想着当头。

（二）霍桑试验的结论

梅奥等分析了在霍桑试验中获得的大量第一手资料，得出以下结论。

1. 员工是“社会人”而不是“经济人”

从亚当·斯密到科学管理学派，都把人看做追求最大经济利益而进行活动的“经济人”。梅奥等则认为人不能单独存在，工人是“社会人”，影响人们生产积极性的因素，除了物质方面的因素以外，还有社会和心理方面的，如他们追求人与人之间的友谊、安全感、归属感、受人尊敬等，他们需要归属于某个群体。

2. 工商企业中存在着非正式组织

所谓正式组织就是具有一定的目标，并且有规章、制度、政策等规定各成员之间的相互关系和职责范围。非正式组织(informal organization)就是成员在共同工作过程中，由于有共同的情感和爱好而形成的非正式团体。这些团体有自然形成的不成文的规范和惯例，其成员必须遵守。这种非正式组织对于员工的行为的决定极为重要，它是影响生产效率的重要因素，领导者要诱导非正式组织向健康的方向发展。

3. 应提高员工的满足度

提高生产效率的主要途径是提高工人的满足度，员工的满足度越高，其士气就越高，从而生产效率就越高。

二、从个体行为到组织行为

从第二次世界大战结束至 20 世纪 60 年代，全球经济经历了一个繁荣时期，美国跃居为世界最富裕的国家。这个时期的管理学科特点是注重人的心理研究，与以前不同的是，这种心理研究更多地与组织联系在一起。20 世纪 60 年代初莱维特为强调社会心理学，尤其是群体心理学在企业界日益显著的作用，在一篇文章中首先提出"组织心理学"这个名称。此后不久，美国心理协会第 14 分会将工业心理学分会改名为工业和组织心理分会，其目的也是要承担起比个体差异测定更广泛的组织问题研究。随着这一学科从个体到群体再到组织研究的演变，其研究机构也发生了变化，从原来各大学的心理学系转入管理学院系，特别是这些学院的研究生部，在研究的过程中，这些学院的教师队伍又吸收了社会心理学家、社会学家和人类学家，从这批人中产生出来的研究项目，开始取名为"组织行为学"。至此，组织行为学作为一门学科公开问世。

组织行为学(organizational behavioral science)是研究在组织中以及组织与环境相互作用中，人们从事工作的心理活动和行为的反应规律性的科学。组织行为学综合运用了心理学、社会学、文化人类学、生理学、生物学、经济学、政治学等学科有关人的行为的知识与理论，来研究一定组织中的人的行为规律。行为科学时期的组织行为学理论，尤以激励理论为重，这里包含伦西斯・利克特(Rensis Likert)的支持关系理论(support relation theory)(1961 年)、马斯洛的需求层次理论(hierarchy of needs theory)(1954 年)、弗雷德里克・赫茨伯格(Fredrick Herzberg)的双因素理论(two factor theory)(1959 年)和克瑞斯・阿吉里斯(Chris Argyris)的组织学习理论。

1. 支持关系理论

支持关系理论是由美国心理学家、行为科学家伦西斯・利克特提出的一种工商企业领导方式理论。这一理论是利克特和他的同事对以生产为中心的领导方式和以人为中心的领导方式进行比较研究后所得出的成果，它集中体现于利克特所著的《管理的新模式》和《人群组织：管理和价值》两本著作，在书中他对工商企业的管理模式发表了独特的见解，并提出了支持关系理论。该理论认为支持关系是双向的。领导者要考虑下属员工的处境、想法和希望，帮助员工努力实现其目标，使员工从中认识到自己的价值和重要性。领导者对员工的这种支持能激发下属员工对领导采取合作、信任的态度，支持领导者的工作。

2. 需求层次理论

需求层次理论，亦称“基本需求层次理论”，是行为科学的理论之一，是由美国心理学家亚伯拉罕·马斯洛于1943年在《人类激励理论》论文中所提出的。该理论将需求分为五种，分别为生理上的需求、安全上的需求、情感和归属的需求、尊重的需求、自我实现的需求。五种需求像阶梯一样从低到高，按层次逐级递升，但这样的次序不是完全固定的，而是可以变化的，也有种种例外情况。需求层次理论有两个基本出发点，一是人人都有需要，某层需要获得满足后，另一层需要才出现；二是在多种需要未获满足前，首先满足迫切需要，该需要满足后，后面的需要才显示出其激励作用。另外两种需要是求知需要和审美需要。这两种需要未被列入他的需求层次排列中，他认为这二者应居于尊重的需求与自我实现的需求之间。在该论文中他还讨论了需求层次理论的价值与应用等。

3. 双因素理论

双因素理论，又叫激励保健理论(motivator-hygiene theory)，是美国的行为科学家弗雷德里克·赫茨伯格提出来的。保健因素包括公司政策、管理措施、监督、人际关系、物质工作条件、工资、福利等。当这些因素恶化到人们认为可以接受的水平以下时，就会产生对工作的不满意。但是，当人们认为这些因素很好时，它只是消除了不满意，并不会导致积极的态度。那些能带来积极态度、满意和激励作用的因素就叫做“激励因素”，这是那些能满足个人自我实现需要的因素，其包括成就、赏识、挑战性的工作、增加的工作责任，以及成长和发展的机会。如果这些因素具备了，就能对人们产生更大的激励。从这个意义出发，赫茨伯格认为管理当局应该认识到保健因素是必需的，不过它一旦使不满意中和以后，就不能产生更积极的效果。只有“激励因素”才能使人们有更好的工作成绩。

4. 组织学习理论

阿吉里斯的组织学习理论与他的行动科学理论是密切相关的。组织学习理论的提出，是阿吉里斯对于组织变革问题的一种继续思考和研究的结果。阿吉里斯认为组织学习是所有组织都应该培养的一种技能。在《组织学习》中，他强调：“优秀的组织总是在学习如何能更好地检测并纠正组织中存在的错误。组织学习越有效，组织就越能够不断创新并发现创新的障碍所在。这里所指的错误就是指计划与实际执行之间的差距，错误可能出现在技术、管理、人员等各个方面。”

综上所述，这个时期的确是行为科学大放异彩的时代，作为延续泰勒科学管理思想的运筹学、决策科学在20世纪60年代逐渐淹没在行为科学的大潮中。人力资源管理在这个时代兴起，从人的需求、动机，到激励，再到工作满意、工作态度研究，在这个时期得到了充分的发展，心理学家发挥着巨大作用，与工作有关的人格分析、心理测试都是当时的管理学研究主题，其中心理计量学发挥了重要作用。研究工商企业中的群体、组织，已经成为当时的主流方向，大批社会学家、社会心理学家，还有经济学家也参与其中开展研究。总之，20世纪50～60年代，管理行为学家的研究从倾向于个体研究拓展到侧重于群体、组织行为的研究。

三、从组织中的人到人的组织

美国20世纪50年代的富裕和安全，使得公司在60年代得到迅速的发展和壮大，由于德鲁克所激发的“目标管理”似乎使公司的未来可以得到预见，战略管理得到了发展，但同时很快遭到了失败的打击。萧条的经济，动乱的社会，这是美国在20世纪70年代给世界留下的深刻印象。

20世纪60年代中期，工业社会的秩序已经主宰了人们的生产和生活，系统科学的方法在一段时间内几乎成为了组织研究的支配性方法。1966年，丹尼尔·卡兹(Daniel Katz)和罗伯特·卡恩(Robert Kahn)将系统论首次引入组织研究中，随后系统论一直是最有解释力的工具，此时组织被看做一个系统，要对组织组成的部分、部分间相互依赖的本质、连接并协调各部分的基本过程，以及组织的目标做出解释。最重要的是，系统论使人们认识到组织是一个开放的系统，它总是处于一定的环境之中，并与其保持互动。卡斯特和罗森茨韦格(J. E. Rosenzweg)认为，对组织的投入主要来源于环境，因此，对组织的研究首先应从环境入手，由此环境便成了组织研究的一个重要议题。对于工商企业而言，环境是指所有和企业发生社会经济关系的组织，无论是供应商，还是竞争对手，还是与之相关的社会制度、经济、文化、法律都可视为环境，不同的环境对组织会有不同的要求。劳伦斯和洛奇认为不同的环境对组织有不同的要求，特别是那些技术不确定和技术变化极快的环境，都蕴涵着权变理论的思想。直到1973年，加尔布雷斯(K. J. Gablariht)出版了《设计复杂组织》一书，提出“信息加工模型”，权变理论正式诞生。书中有三个命题，针对管理理论的“不存在所谓‘最好的’组织形式”、针对经济学的“任何组织方式都不具有同样的有效性”、针对权变理论本身的“最好的组织方式总是依据组织和环境的关系来确定的”被认为是权变理论的经典命题。这种不确定性的权变理论影响极其广泛。

在“权变理论”和“目标管理理论”基础上，战略管理理论开始出现并迅速发展。20世纪60年代初，美国管理学家钱德勒出版了《战略与结构》(1962年)一书，书中对战略的定义、环境、战略与组织结构间的关系进行了创新性的分析，认为企业只能在一定的客观环境条件下才能得以生存和发展。所以企业要适应环境的变化，在分析环境的基础上制定战略、目标，以及与之相适应的组织结构，以便实现企业发展战略，从而构成了环境—战略—组织相互关联的战略发展思想。哈佛商学院的安德鲁斯教授于1965年出版了《公司战略论》一书，提出了工商企业战略问题，阐述了战略制定与实施的实际问题，他的著名的SWOT模型分析方法至今仍是人们进行战略分析的有力工具。组织行为学仍然关注与工作满意、工作态度、工作绩效方面有关的研究，只是也在一定程度上受到了权变思想的影响。

这种变革实际也是对顶层管理的职责进行重新界定的一部分。实施这种变革，是因为我们有必要用建立在“目标—过程—员工”基础之上的领导哲学去取代已经过时的“策略—结构—制度”学说。这种从“体制驱使”到“面向个人的管理”的转化，具有中枢轴心的意义，因为只有这样才能使顶层管理者扩大自己的作用。正如我们所探讨的那样：他们必须从“确定策略”转变为“建立公司目标”，并从“确定机构框架”转变到“改进组织的工作程序”。

创立“人的组织”并不意味着剥夺这一组织的所有正式的制度、政策和工作程序。不过，它确实要求管理顶层重新修正这些东西，好让他们有助于抓住“人”这个环节进行管理。这种修正的作用主要体现在以下几个方面：①通过培养和部署关键人员来影响企业的发展方向，从而达到减少对策略计划体制的依赖；②通过促进个人价值观的发展和增进员工间的相互交流来鼓励自我监督，从而减轻控制机制给企业带来的负担；③通过与那些掌握了重要信息和专门技能的人进行个人交流，从而大大减少自己对信息系统的依赖。

这种变革废除了“策略—结构—体制”学说的核心信条，即要求管理者通过控制个性特征把风险减小到最低程度。今天，顶层管理者们意识到人们技能上的差异多样性和人的精神的不可预言性使得主动性、创造性和创业精神成为提供发展的可能。公司领导人最基本的任务是通过公司的个性化来重新获得那宝贵的“人所特有的属性”。为此，他们必须采用一种建立在目标、工作流程和员工结构基础上的新型管理哲学。

四、从过程管理到战略管理

安索夫所精心设计的战略管理的确威力很大，它使得管理成为一种正式的职业，大量经理人应运而生，所有人都在关注研究大企业的结构与未来的发展，“巨无霸”式的大企业成为人们追逐的理想。可是随着企业规模的扩大，在环境因素也越来越复杂多变的情况下，这种将战略理解成以分析为导向的决策方法很快就使管理者感到了力所不从，寻求新的管理理念和方法变得极为迫切。20 世纪 70 年代中期的美国遭受了严重的石油危机，进入 80 年代以后，世界经济从第二次世界大战以后的短缺进入过剩，顾客需求从标准化进入个性化，同时第三产业崛起，在发达国家替代了第二产业成为国民经济的主推动力。早先管理大师们屡试不爽的管理方法开始落伍，甚至不再适用。技术进步和跨国公司的发展使得对管理专业人士的需求暴涨，MBA 取代了福特的黑色汽车成为大批量需求的“产品”。1979 年，美国国家广播公司以“如果日本能，我们为什么不能?”为题的节目，主要是针对美国工商企业的日渐衰落而制作的。哈佛商学院的海斯(R. Hayes)和阿伯纳斯(B. Abemathy)，随后发表了颇具影响的《我们应对经济衰退的方式》(1980 年)一文。该文写道，15 年前，商家竞争的是价格，现在是质量，而将来则会是设计。他对刻板单调的商业活动分析进行了批评，称其全然无视人们对产品和服务所投入的情感因素。产品、服务或购买过程的质量现在已经发生了革命性的变化——对客户来说，这一因素在重要性上已经远远超过了价格因素，这种变化应引起足够的重视，利用非价格因素完善购物过程，利用非价格因素培养忠诚客户是可以实现的。

人们对组织行为学、人性研究的热情似乎又重新注入管理之中。大公司的发展，出现大量的管理者，专业的决策制定本是他们的专职，可事实上，他们却为了一些琐碎的事情疲于奔命。1974 年的一项研究显示，75%的工人不喜欢他们的工作，但由于失业预期却使他们心力交瘁且倍感痛苦。组织行为学家们就此开展有关工作的研究，试图寻找更好的方式，尤其对工作投入、工作满足、员工激励、角色突出、工作设计及领导方式的研究更为突出。

以汉南的《组织生态学》为代表，创立了组织种群生态学理论，它的出现，可以被看做是对组织中心主义(即强调决策分析)的回应，对组织作为一个群体的强调凸现了一些过去被组织理论学家们忽略的问题。例如，就组织的变迁而言，我们通常看到的是变迁的结果，一些组织代替另一些组织，而不是组织本身的适应与变迁。种群生态学所努力的方向就是探讨组织的适应与变迁过程，因而强调了竞争的类型和方式、竞争战略的差异、针对环境的选择性等。

由西蒙创立的组织行为的决策过程理论，由于心理学家的介入得到了突破性的发展，并成为一个专门的方法领域。战略管理已经形成为一个专门的研究领域，并发展为一门学科，先前研究组织与环境的学者逐渐成为战略管理专家。对战略管理做出杰出贡献的是波特，他分别于1980年和1985年出版了两部影响空前的著作《战略管理》和《竞争优势》，提出了SCP(structure-conduct-performance)范式和最著名的五种竞争力框架模型，这对今后这个领域的发展起到了至关重要的作用。总之，这是一个组织行为学和组织理论并重的年代，重要的是管理学从继承法约尔的过程管理开始向战略管理拓展，由安索夫的计划战略向波特的竞争战略发展。

至此，管理学研究的主要框架已经日趋完整。我们可以清晰地看出，管理学的主要载体就是组织，与组织直接相关的两个学科是组织行为学和组织理论，前者关注的重点是组织中人的行为、态度和绩效，后者关心的是组织的设计和组织的结构。将组织及其环境综合考虑的学科是战略管理。这就相应地形成了管理学的三大支柱理论，即组织行为理论、组织理论和战略管理理论。

第四节 管理学进入现代

20世纪80年代以后，尤其是90年代以后，知识经济悄然到来，全球经济一体化趋势增强，消费者需求呈个性化特征，市场竞争日益激烈，人们的可持续发展意识提高，人才需求取代资金与资源的需求，社会文化作用力度加大，企业工作方式发生变化，员工有了新的需求，管理手段不断更新，从而促使三四十年代形成的企业组织及其管理越来越不能适应新的、竞争日益激烈的环境，管理学界提出要在工商企业管理的制度、流程、组织、文化等各个方面进行全面创新。美国工商企业从20世纪80年代起开始了大规模的“企业重组革命”，日本工商企业也于90年代开始进行所谓的“第二次管理革命”。“唯一不变的是变化”，这是20世纪80年代后管理界的基调语言。由波特提出的“竞争优势”战略得到进一步发展，逐渐形成了以资源、能力为基础的战略思想，而这种思想的核心便是实施组织的知识管理(knowledge management，KM)，由此，管理学经历了从20世纪80年代到21世纪初的“从组织变革到知识管理”的拓展。

一、从职能组织到变革组织

在组织发展理论基础上，组织变革已成为组织理论研究的主要议题。这个领域的研究建立在劳伦斯和洛奇有关“结构取决于环境”的权变理论基础上并逐渐发展起来。随后建立起来的三个以社会学为基础的组织结构理论，即汉南(Hannan)和弗瑞曼(Freeman)的种群生态理论、迈耶尔(J. W. Meyer)和罗万(B. Rowan)的制度理论、帕弗尔(J. Pfeffer)和沙兰西克(G. R. Salancik)的资源依赖理论，都认为环境是组织结构的主要决定力量，而不是管理者主导了组织结构的变革。罗萨贝斯·坎特(Rosabeth Kanter)在《公司中的男性与女性》(1977年)一文中，深入研究了工商企业内部的运作，她将工商企业视为意在改造个人，使之成为追求集体目标的小社会。哈姆布雷克(D. C. Hambrek)和马森(P. A. Maosn)提出了"高层梯队理论"(upper eehelons theory)，激发很多研究者将该理论应用到高层管理团队的异质性与组织产出关系的研究中。

组织变革成为组织理论的主导，并与组织战略关系日益密切。随着科学技术的发展，全球经济一体化的步伐越来越快，国际国内的政治经济环境变化多端，工商企业内部条件也随之发生变化，原有的组织结构再也无法适应环境的变化，所以"扁平化组织结构"、"网络组织结构"、"无边界组织"、"组织联盟"、"变色龙组织"、"虚拟组织"等大量有关组织的新名词在这个时代涌现出来，其中"企业再造理论"是这个时代最为时髦的词汇。值得注意的是，这些新式组织结构名词的提出无一不是与组织的生死存亡联系在一起的，即它更侧重于从战略的角度研究组织的结构、组织的流程。组织行为研究更趋于组织文化、组织承诺、工作设计的研究。坎特是这个时代比较瞩目的学者，她的《公司中的男性与女性》(1977年)一文在这个时代得到了强烈的认可，这被克雷纳誉为"人本的回归"。随着跨国公司的快速发展，组织冲突的实质体现为文化冲突，而组织文化是组织良性运作的润滑剂。组织成员的期望与实际情况的差异会导致组织的变革，由此，研究组织承诺和工作设计也成为这个时代组织行为学者研究的热点。战略管理经历了以环境为基奠的经典战略管理理论，以产业(结构)分析为基础的竞争理论也日趋成熟，以核心竞争力为基础的能力战略理论逐渐形成。钱德勒于1962年以"组织结构要适应环境的变化"这一基本论断奠定了经典战略管理学的基础，随后产生了安索夫的"战略设计"理论，并曾经创造了一段辉煌的历史。由于环境变化复杂多端，"战略设计"越来越无法适应工商企业的发展而继续创造成功，波特借鉴产业经济学理论创造了以产业(结构)分析为基础的竞争理论，使战略管理理论走出困境，掀起了新一轮高潮。在此基础上，更为深刻的以核心竞争力为基础的能力战略理论已经开始逐渐兴起。

现代组织，尤其是工商企业组织都是开放的社会技术系统，组织的运行即是与多重环境发生动态的相互影响的过程。每个组织都有一个多层次、多因素、复杂多变的背景，组织想要维持和发展，必须不断调整与完善自身的结构和功能，提高在变化的背景下生存、维持和发展的灵活性和适应能力，即不断地对组织进行变革。工商企业和组织不是孤立存在的封闭性组织，它是与周围环境有着密切联系的开放性系统。客观环境在不断变化，工商企业和组织需要不断变革才能适应新的情况和要求。组织变革的目标，主要在于实现组织结构的完善、组织功能的优化和组织成员满意度的提高。

总之，在这个时期，本已建立完好的职能组织开始塌陷，战略组织开始兴起。

二、从组织管理到知识管理

20世纪90年代以后，不少通过多元化经营形成的大产业开始出现问题，多元化的热潮也开始消退。随着全球经济一体化进程的加速，工商企业经营环境的不确定性日益增大，产业边界日益模糊，产业结构的稳定性日益下降，工商企业的竞争优势越来越难以持续。沃纳菲尔特(Wernerfelt)的《企业资源基础论》(1984年)提出资源基础论，他把工商企业看成是有形资产与无形资产的集合体，其核心思想是工商企业的成功和竞争力来源于工商企业独特资源与在特定的竞争环境中这些资源的配置方式，用资源与能力的差异解释工商企业自身优势与效益的不同。1990年普拉哈拉德和哈默的《企业核心竞争力》一文更突出地表明战略从强调工商企业环境、产业的战略向强调自身资源、能力的战略的转化。

组织进化理论成为组织理论的重心，其中强调了知识、知识员工的管理，强调了“整合”和“创新”。制度理论和组织经济学理论发挥了巨大作用，其中交易费用理论、产权安排、委托代理理论成为对组织制度环境研究的重要理论支撑，因而形成了组织理论研究的契约分析的一个分支；而有关组织认同、组织文化及领导理论形成了有关组织理论非契约分析分支的理论支撑。

继以产业(市场)结构分析为基础的竞争战略之后的以资源、知识为基础的核心竞争力战略理论已经形成。该理论存在的基本假设是，假定工商企业具有不同资源(这里的资源包括知识、技术等)，形成了独特的能力，资源不能在企业间自由流动，对属于某工商企业特有的资源，其他工商企业无法得到或复制，企业利用这些资源的独特方式是企业形成竞争优势、实现战略管理的基础。战略管理的关键就在于培养和发展组织的核心竞争力。所谓的“核心竞争力”就是组织中的积累性学识，特别是关于如何协调不同的生产技能和有机结合多种技术流的学识。

学习理论成为培养组织核心竞争力的重要基础。普拉哈拉德和哈默把核心竞争力定为组织中的累积性学识，特别是关于怎样协调各种生产技能和整合各种技术的学识。他们指出工商企业的竞争优势来源于能够比竞争者以更低成本和更快速度去构建核心竞争力的能力。工商企业的核心竞争力能够不断创新出新产品，为企业提供进入广阔市场的机会，由于核心竞争力是个人技术和生产技能的复杂的结合体，竞争者是很难模仿的。因此，核心竞争力成为竞争优势的根源，而学习成为培养核心竞争力的根本途径。

为工商企业创造竞争优势和持续竞争优势关键就是利用企业所拥有的知识，对企业进行知识管理。知识管理是公司的一个正式、规范的流程，通过这个流程首先推断公司所拥有的何种信息能够对公司其他人有所裨益，然后设法使公司上下能够方便地获得该信息。在实践中不同的组织机构采用不同的知识管理模式，但通常都包括以下步骤：创建最佳实践的信息库；在公司客户服务人员和产品制造人员之间建立信息沟通网络；建立正式的流程以保证在项目执行过程中所获得的经验教训能够传授给执行相似任务的同事。

三、管理学当前的理论前沿

(一)组织能力理论

组织能力(organizational capacity)：对于工商企业来说，组织能力是指开展组织工作的能力，是公司在与竞争对手投入相同的情况下，具有以更高的生产效率或更高的质量，将其各种要素投入转化为产品或服务的能力。组织能力包括工商企业所拥有的一组反映效率和效果的能力，这些能力可以体现在公司从产品开发到营销再到生产的任何活动中。精心培养的组织能力可以成为竞争优势的一个来源。

组织能力就是工商企业竞争力的DNA(deoxyribonucleic acid，脱氧核糖核酸)，它有以下几个特质：①它是独特的，每一家企业都有不同的组织能力；②不同的组织能力，也将局限或强化企业在不同层面的表现；③组织能力既然可称为企业的DNA，它自然是源于企业的内部。

迪士尼乐园的DNA在于它服务顾客的能力；而丰田本身几乎就是品质的代名词。没有一家工商企业能够拥有所有的特长，每家工商企业都有不同的DNA，只要这些DNA够独特、比对手更强，它就能在市场上取得一定的地位。但是这些DNA是如何建构出来的？组成这些DNA的元素是什么？为什么3M能够有源源不绝的创新能力？它是可能被复制的吗？

建构或改造工商企业的DNA(组织能力)，需要同时在以下三个方面进行调整。

(1)员工的心态(employee mindset)：牵涉到员工愿不愿做的问题、如何调整他们的态度、如何培养企业的文化等。

(2)员工的能力(employee competence)：有时员工即使有意愿配合，却可能并不具备足够的能力，这时企业就应该从提供训练、提升能力着手。

(3)员工的管理(employee governance)：即使员工有意愿也有能力朝企业的目标迈进，但相对地，企业的基础架构、流程及组织结构，却让员工的努力打折甚至看不出效果，最后也会让他们失去动力。

简言之，建构工商企业的组织能力，要靠上述三方面的相互配合，缺一不可，少了任何一个构面，都将会使所有的努力功败垂成。

(二)竞争优势与创新

竞争优势(competitive advantage)是一种特质。竞争力大或强的才有优势，那么这种优势就是独特的，否则它就不可能有更大或更强的竞争力。一般地说，只要竞争者在某些方面具有某种特质，它就具有某种竞争优势。因此，也可以说，竞争力是一种综合能力，而竞争优势只是某些方面的独特表现。之所以称之为独特或特质，就是因为其不同于别的竞争者。例如，某工商企业的创新能力比别的工商企业强，那么它的新产品开发就快就准；某工商企业的品牌有独特的魅力，能吸引更多的顾客，那么它就更容易开拓市场或扩大销售；等等。所以，竞争优势是某种不同于别的竞争对手的独特品质，这种品质难以观察和测量，但在竞争中能够比较明显地表现出来，也可以说会脱颖而出。竞争优势是在竞争中培育出来的，也是在日常工作中积累起来的，不过需要用心和智慧，而不是随意或自然就可拥有的，简单地说就是修炼的结果。

根据波特的竞争优势模型，竞争性战略采取进攻性或防守性行动，为企业谋求在行业内的防御地位，从而成功应对各种竞争力量，并为企业赢得超额投资回报(return on investment)。波特认为这种行业水准之上的绩效表现就是工商企业可持续的竞争优势的基础。

一般认为，竞争优势主要来自四个方面：一是产品成本和质量；二是企业拥有的特殊资产和专门知识；三是通过设置障碍来阻止竞争对手进入；四是借助更多的资源或者更大的投入在市场上挤垮竞争对手。

竞争优势基本战略类型：①成本领先战略(Cost Leadership)；②差异化战略(Differentiation)；③通过扩大或收缩这两项战略，则形成第三个竞争优势战略——聚焦集中战略(Focus)。

(三)文化多样性与组织行为

1. 组织文化

广义的组织文化是指工商企业在建设和发展中形成的物质文明和精神文明的总和，包括组织管理中的硬件和软件，外显文化和内隐文化两部分。

狭义的组织文化是指组织在长期的生存和发展中所形成的为组织所特有的、且为组织多数成员共同遵循的最高目标价值标准、基本信念和行为规范等的总和及其在组织中的反映。

具体地说，组织文化(organizational culture)是组织全体成员共同接受的价值观念、行为准则、团队意识、思维方式、工作作风、心理预期和团体归属感等群体意识的总称。

2. 组织行为

组织行为(organization behavior)是指组织的内部要素的相互作用以及组织与外部环境在相互作用过程中所形成的行动和作为。

组织行为的特点如下：①组织行为是整体行为，不是组织成员的单独个人行为；②组织行为的动机是根据这个组织建立的宗旨产生的，带有明确的目的性；③组织行为的效果具有两重性；④组织行为是全体组织成员共同活动的行为；⑤组织行为是通过组织成员的个体行为来实现的，反过来又影响成员的个体行为。

组织行为的种类如下：①微观组织行为。微观组织行为是指组织内的某一个体或群体的行为。它包括：个体行为，如态度、能力、人格、动机、压力、认知、学习等；人际行为，如沟通、领导、谈判等；群体行为，如群体决策、工作团队等；群际行为，如冲突、权力、政治活动等。②宏观组织行为。宏观组织行为是指所有组织成员作为一个整体活动时表现出的行为，如组织结构、组织文化、组织变革、组织发展、组织学习等。③正向组织行为。正向组织行为，是指组织成员表现出的一切利于组织目标实现的行为，如尽职尽责、遵守规章制度等。作为正向组织行为的一种特例，组织公民行为是指组织成员主动、自发、自愿地为组织的成功而付出额外努力的行为，如不计报酬加班、帮助同事完成任务、为公司成长献计献策等。组织管理者必须注意奖励、鼓励、保护正向组织行为，使其持续发生。④反向组织行为。反向组织行为是指组织成员表现出的所有阻碍组织目标实现的行为，如缺勤、偷窃、暴力、迟到、吸毒、欺骗等。组织管理者必须采取各种有效的惩戒措施抑制、消除或减少反向组织行为。

(四)组织知识管理

组织知识管理(organizational knowledge management)，是指把知识(信息)作为最重要的资源，把知识和知识活动作为企业的财富和核心，对信息的获取和传播、知识的学习和运用、知识的创新、知识的交换，以及企业内部知识的共享和共享的结构、知识水平的提高进行管理，发挥员工和集体的智慧，在知识创新中谋求生存和发展。组织知识管理和个人知识管理是相辅相成的。组织知识管理可以对个人知识管理提供帮助，而个人知识管理也可以对组织知识管理有所裨益。

组织知识管理的特点及要求如下：①成本高。知识管理必须要以大量的资金和人才投入为前提。②高度市场化。知识管理强调应用性和实用化，针对市场所需而构建知识管理内容。③需要企业员工间相互信任。进行知识管理的工商企业要在内部实现知识共享与创新，需要员工必须积极协作、充分信任，营造良好的环境，在保守企业秘密的前提下促进企业内部知识互动。④需要人员和技术的高度耦合。知识管理在拥有先进技术设备的基础上，需要充分发挥人的主观能动性，使人和技术有机地结合起来，进行有效的开发、创新，才能产出最大效益。

组织知识管理的构成如下。

1. 组织学习

要有效进行知识管理，必然会涉及学习。换言之，个人与组织一方面必须学习如何进行知识管理；另一方面则应该继续学习，以延展知识的层面与深度。

2. 组织记忆

组织记忆(公司内存)，是指在组织中建立知识库，以储存组织所累积的知识及其他知识资产，并促使这些知识资产增进知识密集的工作历程的效能与效率。

3. 持续转化个人知识为组织知识

组织若要有效进行知识管理，则需先充分掌握并汇集组织人员的知识，进而将之转化成为组织知识。

4. 发展组织创造知识的能力

所谓“组织知识创造”，是指组织整体创造新知，将新知传播至整个组织，并且将之融入组织产品，服务于系统的能力。组织在组织知识创造过程中所扮演的角色是提供适合的情境，以利于团体活动以及个人层次的知识累积。

5. 建立知识管理团队

组织知识管理的推动需要有专门人员，因此，有必要在组织中建立知识管理团队，以负责知识管理在组织中的运作。知识管理是一种群策群力的过程，尚需要全体组织成员的积极参与，方能竟其功，进而收其成效。

6. 促进实践社群的知识活动与互动

知识经常是由非正式、自行组成的实务人员网络所增进与生产的。管理知识的首要工作并不在于科技的改变，而在于社群(社区)的发展。

（五）组织创新与绩效

1. 工商企业组织创新

工商企业组织创新(enterprise organizational innovation)，是指随着生产的不断发展而产生的新的企业组织形式，如股份制、股份合作制、基金会制等。换句话说，就是改变工商企业原有的财产组织形式或法律形式使其更适合经济发展和技术进步。

工商企业组织创新是通过调整优化管理要素人、财、物、时间、信息等资源的配置结构，提高现有管理要素的效能来实现的。作为工商企业的组织创新，可以有新的产权制、新的用工制、新的管理机制，公司兼并和战略重组，对公司重要人员实行聘任制和选举制，对企业人员进行调整与分流等。

组织创新的方向就是要建立现代企业制度，真正做到“产权清晰、权责明确、政企分开、管理科学”。工商企业的组织创新，要考虑企业的经营发展战略，要对未来的经营方向、经营目标、经营活动进行系统筹划；要不断优化各项生产要素组合，开发人力资源；在注重实物管理的同时，应加强价值形态管理，注重资产经营、资本金的积累；等等。

组织创新的主要内容就是要全面系统地解决工商企业组织结构与运行以及工商企业间组

织联系方面所存在的问题，使之适应企业发展的需要，具体内容包括工商企业组织的职能结构、管理体制、机构设置、横向协调、运行机制和跨企业组织联系六个方面的变革与创新。

2. 组织绩效

组织绩效(organizational performance)，是指组织在某一时期内组织任务完成的数量、质量、效率及盈利情况。组织绩效的实现应在个人绩效实现的基础上，但是个人绩效的实现并不一定保证组织是有绩效的。如果组织的绩效按一定的逻辑关系被层层分解到每一个工作岗位以及每一个人的时候，只要每一个人达到了组织的要求，组织的绩效就实现了。

组织绩效评价是管理者运用一定的指标体系对组织的整体运营效果做出的概性评价。通过有效的评价可以揭示组织的运营能力、偿债能力、盈利能力和对社会的贡献，为管理者和利益相关者提供相关信息，为改善组织绩效指明方向。

组织绩效的评价需要选用一定的指标，指标作为衡量组织绩效的标准，其本身必须体现对组织管理的综合要求。从组织的发展过程来看，一个系统、有序的评价反馈系统对组织的生存和发展起着至关重要的作用。然而，困难的是，从不同的角度评价组织绩效会产生不同的标准。

(六)团队学习

团队学习(team learning)，是指一个单位的集体性学习，它是学习型组织进行学习的基本组成单位，便于单位成员之间的互相学习、互相交流、互相启发、共同进步。团队学习是发展团体成员整体力量与实现共同目标能力的过程。团队学习对组织与个体来说是双赢的选择，也是双赢的结果。

团队学习具有两个特征，即团队目标一致与知识共享。

个人目标与团队目标一致，是团队学习的基本要件。实际运作中个人目标是无法否定和抹杀的，但个人目标如果最大限度地与团队目标一致，则会推进团队学习的进程。另外，知识共享实质上是内部交易的过程。只有通过知识共享，才能互通有无，共同提高。如果没有知识共享，团队学习只能是一句空话。

团队学习可以促进个人成长。由于个体间差异的存在，每个人都可以发现自身的比较优势。团队学习可以有效发挥队员个人的比较优势，来达到团队内部的互助。同时，通过团队学习能使团队智慧融入个人化理念中，以不断适应新形势下开展业务的工作需要。可以免费享用别人的工作技巧和有效方法，更可以展示自己的理解和独特设想，接受别人的启发和灵感。

团队学习有利于提高团队核心竞争力。团队核心竞争力不仅仅是个人的核心竞争力的简单累加。为了促进团队核心竞争力矢量叠加，必须开展团队学习，提倡知识共享。同时，团队中人人都可以找到个人核心竞争力发展的支撑点，崇尚互信和无缝配合的一种氛围。

(七)企业增长理论

约翰霍普金斯大学(Johns Hopkins University)教授安蒂思・潘罗斯(Edith Penrose)于1959年出版的《企业增长理论》一书，是一部继承了熊彼特传统，从经济学角度通过研究工商企业内部动态活动来分析工商企业行为的经济学著作。

潘罗斯认为，工商企业是一个管理组织，同时也是人力、物力资源的集合，工商企业内部的资源是其成长的动力。潘罗斯通过建构企业资源—企业能力—企业成长的分析框架，揭示了工商企业成长的内在动力。潘罗斯在《企业增长理论》中提出了一个深刻的问题，在工商企业的本性中，是否存在着什么内在的力量既促进企业的增长而又必然限制着企业增长的速度？这个问题本身及其回答就是对新古典经济均衡论的颠覆。

潘罗斯认为，工商企业的生产活动受制于企业家可以发现和利用的“生产性机会”(the productive opportunity)，所以企业增长理论(firm growing theory)实质上是对变化中的工商企业生产性机会的考察。生产性机会可分为主观的和客观的。客观的生产性机会受到工商企业能够做到什么的限制，而主观的生产机会却是一个工商企业认为能够做到什么的问题。关键的问题在于什么因素决定着企业家关于工商企业能做什么和不能做什么的想法，什么因素决定着“主观的”生产性机会的性质和限度。因此，企业增长理论的目的在于确定是什么重要因素在扩展工商企业的生产性机会并推动这种机会随着企业运营的时间变化而系统地变化。正是在这个问题上，潘罗斯把工商企业所拥有的资源看做关键变量：“……一个企业的‘预期’(expectations)，即它诠释所处环境的方式，既是企业家个人素质也是企业内部运营和资源的函数。”

潘罗斯是西方经济学思想史上第一个强调工商企业内部知识创造是企业增长源泉的经济学家。潘罗斯把知识分为两类，即客观的和经验的。客观的知识独立于个人或团体之外，可以通过书籍、蓝图和语言向任何人传播。经验却无法通过这些途径来传播：“它引起个人的变化——经常是微妙的变化，而且无法与个人分开。”同时，工商企业是一个超过个人简单集合的实体：“它是一个有一起工作之经验的个人的集合，因为只有这样才能发展‘团队合作’。”因此，管理经验会产生内在于企业的知识。工商企业运营的经验所获得的知识增加会创造出许多生产性服务，如果企业不增长，新增的服务就不会得到利用。所以这些服务提供了扩张的内部诱因。

（八）核心竞争力理论

工商企业的核心竞争力就是企业的决策力，它包括把握全局、审时度势的判断力，大胆突破、敢于竞争的创新力，博采众长、开拓进取的文化力，保证质量、诚实守信的亲和力。

核心竞争力的内容构成如下。

1. 具备创新的技术

工商企业是否具备创新技术往往对其发展有着决定性作用。技术创新，它要求实现的是产品的功能性、独特性以及超越行业平均水平的尖端性。这种优势的技术，会为企业带来超过普通企业的客户关注度以及市场广泛度。

2. 具备创新能力的人才

即便是在信息时代，各种智能化设备的出现大大降低了对人力资源的要求，但是具备创新能力的人才依旧是这个时代不可多得的财富。因为创新技术，最终也必须由有创造才能的人才来完成开发设计。所以，在一个工商企业中，创新人才始终是一个企业能否引领行业潮流最重要的因素，是企业构建核心竞争力的必要条件。

3. 优秀的企业文化

企业文化，同样属于抽象意识的范畴，与一些生产要素相比，企业文化的价值往往很难被评判，尽管如此，在现代化的工商企业制度中，企业文化的地位却是被普遍认可和尊重的。这是因为，一个工商企业的文化内涵，影响着企业的管理工作、人才队伍建设的水平等较为具体的方面。当前，一个工商企业是否具备优秀的文化，已经不再是企业内部员工重视的问题，越来越多的消费者在选择产品时，会考虑到企业的文化。这是因为，一个有着优秀文化内涵的工商企业，它会在社会责任承担、质量安全等方面获得消费者的信任，这是工商企业建设重要的软实力。

4．品牌影响力

品牌是市场竞争加剧的产物，越来越多的工商企业重视品牌战略的打造。在商品高度趋同的今天，消费者已经很难从使用价值的层面来判断究竟哪一种产品是满足自己需要的，使用价值已经成为一种较低层次的需求。品牌是一个企业的产品区别于其他企业产品的重要标志，它也是表示企业文化、价值、特色的符号。在现代社会，品牌影响力意味着财富的积聚程度，拥有广泛影响力、口碑良好的品牌对企业的发展有着至关重要的作用。品牌的建立是一条漫长积累的道路，但是毁灭品牌却是朝夕之间的事，所以，品牌影响力的打造，需要企业长期的坚持。

（九）人本管理

以人为本的管理，简称人本管理。人本管理思想产生于西方20世纪30年代，真正将其有效运用于工商企业管理，是在20世纪六七十年代。可以说人本管理思想是现代工商企业管理思想、管理理念的革命。我国企业界已开始接受这一先进理念，并将其运用于管理实践。

1．人的管理第一

工商企业管理，从管理对象上看，分为人、物及信息，于是工商企业管理就具有了社会属性和自然属性两种特质。企业的营利性目的是通过对人的管理，进而支配物质资源的配置来达到的。基于这种考虑，工商企业管理就必然是也应该是人本管理，以及对人本管理的演绎和具体化。

2．以激励为主要方式

激励是指管理者针对下属的需要，采取外部诱因进行刺激，并使之内化为按照管理要求自觉行动的过程。激励是一个领导行为的过程，它主要是激发人的动机，使人产生一种内在动力，朝着所期望的目标前进的活动过程。

3．建立和谐的人际关系

人们在一定的社会中生产、生活，就必然要同其他人结成一定的关系，不同的人际关系会引起不同的情感体验。人际关系，会影响到组织的凝聚力、工作效率、人的身心健康和个体行为。

实行人本管理，就是为了建立没有矛盾和冲突的人际和谐，达成企业成员之间的目标一致性，以实现企业成员之间的目标相容性，以形成目标期望的相容从而建立和维持和谐关系。

4．积极开发人力资源

人力资源开发是组织和个人发展的过程，其重点是提高人的能力，核心是开发人的潜能，所以说，人力资源开发是一个系统工程，它贯穿于人力资源发展过程的始终。

工商企业从事生产经营活动，需要具备两个基本的条件：一是占有资金；二是拥有掌握专业技能从事管理和操作的人员。两者之间，人的因素更为重要。人力资源的核心问题，是开发人的智力，提高劳动者的素质。所以说，制定和实施人才战略，是工商企业实现发展战略的客观要求。

5. 培育和发挥团队精神

能否培育团队精神，把企业建成一个战斗力很强的集体，受许多因素的影响，需要有系统配套的措施。

(1)明确合理的经营目标。我们要有导向明确、科学合理的目标，而且必须把目标进行分解，使每一个部门、每一个人都知道自己承担的责任和应做出的贡献，与企业总目标紧密结合在一起。

(2)增强领导者自身的影响力。领导是组织的核心，一个富有魅力和威望的领导者，自然会把全体员工紧紧团结在自己的周围。

(3)建立系统科学的管理制度，以使管理工作和人的行为制度化、规范化、程序化，这是生产经营活动协调、有序、高效运行的重要保证。

(4)良好的沟通和协调。沟通主要是指通过信息和思想上的交流达到认识上的一致，协调是指取得行动的一致。

(5)强化激励，形成利益共同体，即通过有效的物质激励体系，形成一种荣辱与共、休戚相关的企业命运共同体。

(6)引导全体员工参与管理。这样企业能够做到吸引每一个员工都能够直接参与各种管理活动，使全体员工不仅贡献劳动，而且还贡献智慧，直接为企业发展出谋划策。

第五节　工商管理学科在中国的发展历程

中国工商管理学科引入和研究起步较晚。20 世纪 80 年代初，中国期刊出现对西方“工商管理学院”、“工商管理学校”的介绍，90 年代初出现“工商管理学科”概念。虽然中国对工商管理学科理论的研究起步较晚，但发展迅速。改革开放的 30 多年是中国工商管理学科快速发展的重要阶段，在引进西方先进管理理论和经验的基础上，结合中国国情，发展了适合中国现阶段的工商管理理论。

一、工商管理学科的研究现状

改革开放以来，在建设社会主义市场经济体制目标下，中国的工商管理学科取得了长足的进步，一大批高水平的学术论文和专著相继面世，对深化中国工商管理学科的理论和实践研究及其传播起到了积极的促进作用。中国工商管理学科的发展已经取得不错的成绩。

第一，学科发展的组织和资源基础有所改善。1991 年中国开始设立工商管理硕士教育；1997 年国务院学位委员会在修订研究生学位体系时单独设立了“管理学”门类，并设立了“工商管理”二级学科；2000 年，国家自然科学基金委员会管理科学部设立了工商管理学科组。这些举措构成了中国工商管理学科发展的里程碑，经过一段时间的运行，积累了一定的经验，使工商管理学科在 21 世纪得到迅速发展。

第二，工商管理学部分分支学科取得了比较好的学术产出，总体学科布局初具雏形。较之 10 年前的萌芽状态而言，经过国家自然科学基金委员会的持续资助，工商管理学研究的整体布局已初步形成，各分支学科的研究水平均不同程度地取得了提高，初步形成了一支稳定的研究队伍；有些分支学科已经具有了比较坚实的研究基础，如工商企业运作管理，长期以来关注的学者比较多，学术成果的产出也很丰富，如果持续地获得科学基金资助，其研究水平就有可能在未来5～10年内达到国际前沿水平。

第三，中国工商管理学者具备研究中国问题的“本土”优势。所有工商管理活动都是“情境”依赖的。中国处在经济体制转轨的特殊时期，期间出现了种种独特的管理现象，是别的国家很少或从未出现的，这将为学者们的研究提供绝佳的素材。虽然很多国外学者对中国管理问题产生了浓厚的兴趣，但中国的学者谙熟本土文化、历史和体制，如果能辅以规范化的研究方法，将不仅在发展具有本土意义的管理知识方面，也会在发展全球管理知识体系方面做出原创性的贡献。

与其他管理学科所面临的困境类似，目前中国工商管理学的研究现状存在的问题是研究方法不容乐观，与国际工商管理研究前沿水平还存在距离。主要表现为对工商管理理论和方法的研究动力不足，缺少自主创新；学科研究的纵向深度不够，缺乏学科交叉研究。学科基础研究薄弱，缺乏准确而翔实的基础资料和案例积累；学科发展的支撑环境不足，中国工商管理学科的研究队伍主要是高等院校的学术团体以及个人。当前，制约中国工商管理学发展的主要因素有以下几点。

第一，中国的工商管理学科发展历史较短，缺乏学术积淀。与国外工商管理学近百年的研究发展历史相比，中国的工商管理学还非常年轻，原创性的理论成果不足，缺乏深厚的学术积淀，这在一定时期内依然是制约中国工商管理学发展的重要历史性因素。

第二，与发达国家强大的研究力量和协调的队伍构成相比，中国工商管理学的研究力量相对比较薄弱。国内的管理咨询公司主要以解决管理实践中某些具体问题为任务，很少对相关的基础性科学研究给予资源投入；由于总体经济发展水平和体制约束，民间研究团体的力量也比较单薄；高校的学者队伍虽然近几年吸纳了不少新鲜血液，学术骨干力量也正在成长，但是基于体制上的原因，他们在走出校门亲赴工商企业以获取实践经验方面还存在明显的障碍，从而使学者们的理论研究与实践的结合不够紧密。

第三，学科的研究规范体系尚需进一步完善。在研究方法上，目前尚未完全形成规范研究的浓厚气氛，大部分研究依然单纯采用“思辨”的方法，没有更多地综合采用实证、实验、演绎等科学方法。大胆假设有余，小心求证不足，造成了研究结论推敲不足，无法或较难与国际学术界接轨；在研究的思维模式上，部分研究者受中国的传统文化影响，片面地倾向于“整体”思维，往往偏好于进行“概念的制造和整合”、“理论框架的建立”等空泛的研究，这种大而空的研究习惯，严重影响了工商管理科研水平的提高；在学术评价标准上，高校的管理体制还存在弊端，教师业绩考核方式的不当也引发了一些短视功利行为和学术浮躁情绪，造成学术界陷入低水平竞争的怪圈。

第四，学术界对研究对象的边界共识度不够。中国当前还处在经济体制转轨的阵痛期，各项制度和法律正在不断完善以适应市场经济的需求，而全球经济一体化的趋势正在加剧，工商企业微观组织活动的环境在不断变化，造成了工商管理学科研究所依据的某些基本前提模糊不清，研究对象的边界共识度不强，从而加大了研究难度。

第五，基础性工作尚需完善。部分学者和管理者对学科基础设施建设与基础性工作的重要性认识不足，基础设施建设投入不够，导致研究型数据库、案例库的缺乏，限制了研究水平的提高；体制方面的限制，由于缺乏实现知识共享和交流的平台，现有的不少数据和信息被分割封闭在不同的部门内部，甚至被当做“寻租”的工具，专家学者却难以获得；另外，信息系统和技术以及统计体系与方法本身的薄弱也在一定程度上造成了这种基础资料落后的状况。

二、工商管理学科的演进趋势

1. 普通工商管理学科的演进

普通工商管理学(或称为工商管理学概论)是整个工商管理学科的基点或核心，其地位类似于语言科学中的普通语言学、心理科学中的普通心理学。探讨工商管理活动的一般性问题，如工商管理活动的特征和职能、类型和过程、目的和手段、方法和原则、实施体制和机构等。中国出版了多部《工商管理学》教材，许多高等学校开设了面向各类工商管理类专业的管理学课程。20 世纪 60 年代国内出版了第一批工商企业管理学教科书，1963 年中国人民大学工业经济系李铁城编写出版的《工业企业管理纲要》及中国科学院的工业经济研究所马洪等编写的《中国社会主义国营工业企业管理》等是我国最早的工商企业管理学的代表作。通过中国国家图书馆馆藏目录检索，以“工商管理学”为检索项，共检索到 102 条记录，中国最早出现的工商管理学图书是在 1983 年，本土文章第一次出现是在 1987 年。这些图书大多只涉及经济管理或工商企业管理，远未涵盖工商管理活动的各个领域，还不是真正意义的普通工商管理学。工商管理科学作为一个包含众多学科的学科门类，必须有一个联系各门分支学科、边缘分支学科的交汇点，普通工商管理学就是这个交汇点。中国的工商管理学工作者应当通力合作，从工商管理、经济管理、行政管理、教育管理、科学技术管理等各个角度向普通工商管理学这个交汇点收敛、聚焦，为创建和发展具有中国特色的普通工商管理学做出应有的贡献。

2. 适合中国国情的本土化演进

现代工商管理学科起源于西方，但工商管理学科这些年在中国的发展过程就是西方工商管理学在中国社会全面渗透的过程。中西方管理思想的相互融合与渗透，是中国工商管理学科的一种重要演进方式，并且这种演进还将继续深化。只有将西方现代管理学理论与中国传统的管理学思想相融合，才能够建立和发展起具有中国特色的现代工商管理理论。通过中西方管理思想的相互融合与渗透，思考适合中国国情的工商管理理论工具，是未来中国工商管理学科需要深入探讨的课题。事实上，国际学术交流正在逐渐将中西方工商管理的隔阂消融。这种中西式演进的最终结果是消除中西方工商管理理论的界限，中西方工商管理学思想将有机地融为一体，共同为企业发展和社会进步服务。改革开放以来，中国的 GDP 保持持续快速增长，工商企业的数量、质量和管理实践发展迅速，“中国式”的工商管理问题及其有特色的经验得到了丰富的积累，同时也引起了国际上的高度关注；另外，过去 20 多年对国外先进管理科学理论的学习、引进和消化，也使得中国管理学专家对现代工商管理知识体系拥有了更加深刻的认识。为了更好地促进工商管理学科的发展，应当充分发挥中国工商企业独特的管理实践问题的资源优势，抓准问题，深入研究，将发展富有中国特色的工商管理理论作为学科发展的战略目标之一，使用科学的方法总结中国工商管理实践的成功案例，使这些具有本土特色问题的研究在国际舞台上富有独创性和竞争力。这样做一方面将有助于解决中国改革开放中出现的难题，另一方面将会把中国工商管理学科的发展推向国际前沿。

3. 工商管理学科体系自身的边缘渗透与分化

对管理实践发展的社会需要是工商管理学发展的根本动力。从理论上讲，工商管理学的现有分支学科、边缘学科都有可能进一步分化，建立下一层次甚至更狭义层次的分支学科。工商管理学发展的一个重要特征就是工商管理学分支的发展。由于社会经济活动正在面临巨大的结构变革，管理工作将要解决许多全新的课题，如知识经济时代对知识资本、智力资本的管理，信息共享体系的建设与管理，人力资本管理的创新，学习型组织、战略联盟、虚拟企业等新型组织形式的管理，在更为复杂的社会经济环境中对组织适应性的管理等，都将形成一些新兴的工商管理学分支，繁荣年轻的工商管理学。

工商管理学科的研究者有着不完全相同的学科、专业背景，来自不同的社会实践领域，从而为工商管理学科体系的发散式发展提供了方便条件。工商管理学科的发散式发展，意味着工商管理学科将渐次扩展研究范围，其分支学科、边缘分支学科还将不断增多，在现有分支学科、边缘分支学科尚未充分覆盖的地方，都有可能成为新学科的生长点。

4. 工商管理学与相关学科的渗透与融合

工商管理学科本身就是一门综合性的学科，其发展除了工商管理实践的创新和社会需求的不断推动之外，另一个重要的推动力就是与其他相关学科的交融发展，其中经济学、心理学、社会学、数学等学科发展的最新成果都在管理学研究中得到了运用。这些与工商管理学科密切相关的学科发展十分迅速，工商管理学不断地借鉴这些学科发展的成果，表现出与这些学科发展更紧密结合的特征。

工商管理学是管理科学的次级子学科，自创生以来，一直同哲学、社会科学、数学、自然科学这些科学部类中的某些学科保持着密切的联系，先后孕育出企业管理心理学、企业管理社会学、企业管理生态学、企业管理哲学等一系列边缘学科、交叉学科。如果说学科之间的这种交汇融合过去主要表现为“内外交融”，那么在工商管理学科已经建立了众多分支学科、边缘分支学科的背景条件下，更应关注工商管理学科体系中学科之间的“内部交融”。为了使工商管理学科更好地发展，一方面要继续促成工商管理学科与哲学、社会科学、数学、自然科学以及系统科学、思维科学等科学部类之间的交汇融合，积极创建工商管理伦理学、管理思维学等“缺位”学科；另一方面，还要有意识地强化工商管理科学现有学科之间的交汇融合。从理论上来说，工商管理学科的现有分支学科、边缘分支学科都有可能进一步分化，建立起下一层级甚至更下一层级的分支学科。这种发展的根本动力，来自于对工商管理学科不断增长的社会需要。

总之，从工商管理学科产生和发展的历程，我们不难看出，社会生产力，特别是社会经济活动的发展是推动工商管理学科发展的最主要的因素。21 世纪是以知识经济为特征的时代，在这样的经济形态中，管理思想、管理手段等都会与以前有很大的不同，因此，工商管理学科的发展必然加快，新的管理活动作为工商管理学科的研究对象的出现，将极大地推动工商管理学科的发展。影响工商管理学科发展的第二大因素主要是与工商管理学科相近的其他学科的发展，特别是系统科学、信息科学、决策科学和计算机、计算机网络等技术科学的发展，都将对工商管理学科的发展产生积极的作用。影响工商管理学科发展的第三个因素是随着经济全球化广泛、深入地推进而发生的各种管理思想、管理理论、管理实践之间的融合、借鉴，跨文化的管理理论将越来越受到重视。

第三章

工商管理人才培养

当美国人约瑟·沃顿(Joseph Wharton)于 1881 年在美国宾夕法尼亚州建立起世界上第一个管理学院——沃顿商学院时，他坚信未来的工商企业领导者需要一个全面的富有生机的教育。一百多年来，经过不断探索和实践，以商学院为代表的高等学校工商管理教育取得了巨大成功，其标志是高等学校培养的大批工商企业管理者领导工商企业发展壮大，推动全球经济获得显著增长。今天世界高等教育毛入学率上升到 25%，发达国家更是超过 50%，这使得高等学校培养人才的任务更加艰巨。与其他学科人才培养一样，高等学校培养工商管理人才首先要明确培养目标，概括来说是先“为人”，再“为学”；先关注“面”，再侧重“点”。其次要探索和确立实现上述目标的方法和途径，就是通识教育与个性发展相结合。通识教育与个性发展是相辅相成的：前者着重“一般性”，后者强调“个别性”，两者有机结合。

第一节　工商管理人才能力架构

一、能力架构模型

不论学生是否拔尖，是否杰出，是否能够成为某一领域的专家，他们首先应该是现代文明社会中有良好素养的人。有良好素养的人就是一个能够代表人类文明进步的人，能够汲取迄今为止人类文明成果的人。先成人，再成才。人不是工具，人本身就是目的。教育不是为了培养工具，育人本身就是目的。工商管理人才除了具备良好素养外，还需要基于工商企业管理者要完成的任务和履行的职责或者扮演的角色具备各种能力，形成工商管理人才能力架构模型。

管理角色学派代表人物亨利·明茨伯格在《管理进行时》中提出一个包括“三个平台、六种角色”的通用管理模型。在信息平台上，工商企业管理者要收集传播信息并控制信息；在人员平台上，工商企业管理者要领导和联络；在行动平台上，工商企业管理者要行动并处理。只有将这三个平台上的各个管理角色结合起来，才能满足管理实践的必要条件——平衡。工商企业管理者必须从事一项全面的工作。工商企业管理者一般都要亲自履行两项具体职责，即构思工作框架和安排工作日程。

在明确工商管理人才培养目标下，以亨利·明茨伯格“三个平台、六种角色”的通用管理模型为基础，结合现代工商管理学交叉综合和深度国际化这两大基本特征，工商管理人才需要具备由技术能力和流程能力组成的经营能力，由信息能力和人际能力组成的沟通能力，由逻辑思维能力和批判性思维能力组成的创新能力，经营、沟通和创新这三大能力综合后以计划能力、组织能力、领导能力和控制能力在工商企业管理过程中展现出来，从而形成“2+3+4”工商管理人才能力架构模型(图 3-1)。

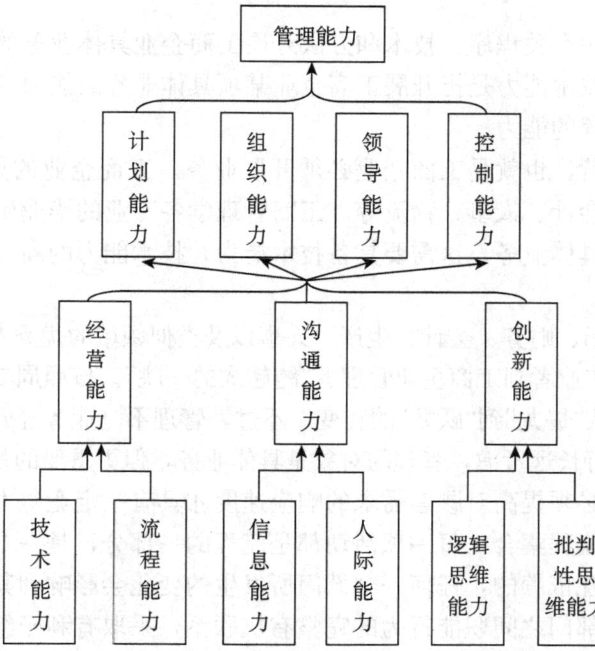

图 3-1　工商管理人才“2+3+4”能力架构模型

从国际著名商学院的人才培养方案来看，在人才培养的指导思想(即培养目标)上基本都涵盖了以下一些对于知识、能力或素质方面的要求：国际化视野(international vision)、社会责任意识(social responsibility，或伦理道德)、沟通能力和领导力(business essentials)、批判性思维(critical thinking，也就是创新)能力、分析能力(analytical foundation，即数学、统计、经济学)、终身学习和自我完善能力(lifelong learning & self-improvement)、商学核心知识(core business fundamentals)和专业知识(concentration)，而这些要求又与相关课程的设计紧密联系在一起。

以清华大学经济管理学院为例，其 2012 级本科项目共有三个专业，其培养目标特别强调以能力为基础，尽管这些能力的表述比较简单也不够系统。例如，信息管理与信息系统专业的培养目标是培养数字经济时代具有创新精神和国际化视野的复合型管理人才，基本要求是培养学生具有坚实的数学基础、系统的管理学基础、必要的经济学知识和较强的中英文沟通能力，掌握计算机专业知识，并有一定的信息系统和数据分析以及信息资源开发和利用的技能。而会计学专业的培养目标是为高端就业市场培养全方位与国际接轨的一流会计人才，基本要求是具备在工商企业管理和资本市场中运用现代会计学知识分析问题和解决问题的能力以及从事研究型工作的能力。经济与金融专业的培养目标是既掌握系统的经济学和金融学理论分析方法，又具备解决现代经济特别是金融领域中实际问题的技能，既具有国际性视野同时也了解中国国情的高素质复合型经济与金融人才。其特点是更好地融合经济学与金融学教学，将学生对金融学的分析技巧和操作方法的掌握建筑在更加全面和扎实的经济学基础上，使之更加深入和灵活，达到理论和实践的融合①。

二、经营能力

经营能力是指使用有关程序、技术和方法开展工商企业具体业务的能力，能力包括技术能力、流程能力。技术能力是指开展工商企业某项具体业务的能力，流程能力是指设计工商企业经营业务流程的能力。

工商企业需要经营，也就是工商企业必须开展业务。工商企业的典型业务包括研发、市场、生产、财务、会计、人事、物流等。工商管理学各专业的毕业生，首先要从事自己的专业——开展某项具体业务，这需要具备技术能力，技术能力的高低体现其专业素养和专业水准。

但从事研发、市场、财务、会计、生产、人事以及类似领域的优秀专业人才，还需要具备流程能力，实现从作业者到工商企业管理者"跨越式的一跳"。按照周易乾卦来分析，就是从"下乾"到"上乾"，从"惕龙"到"跃龙"的转变。不过，管理不是业务经营，管理更需要在工商企业整体层面上进行长远考虑，管理的对象是具体业务，但更重要的是工商企业本身。

今天的工商企业必须提高对顾客需求的响应速度才具有一定竞争力。工商企业经营行为是一个总流程上的流程集合，每一项活动都是流程的一部分，是一个流程的节点，工商企业中各个部门是相互依赖的，任何一个部门所发生的变化会影响到其他所有部门，所以要特别关注各个业务部门之间职能行为的完整有机联系，采取有利于组织整体目标实现的方式行事。设计合理的业务流程去快速满足顾客需要的能力，即流程能力是工商企业管理者重要的经营能力之一。这是今天复杂的商业实践提出的要求。

位于西班牙西北部的拉科鲁尼亚的 INDITEX 集团（ZARA 母公司）2011 财年全球营业收入为 137.9 亿欧元，超过美国的 GAP、瑞典的 H&M 与日本的 UNIQLO，成为世界排名第一的服装零售集团。集团旗下 ZARA，既是服装品牌，也是专营 ZARA 品牌服装的连锁零售商，其迅速跻身服装品牌销售第一名的成功经验，被《哈佛商业评论》称之为"ZARA 的 15 天神话"。INDITEX 集团的工商企业管理者以客户为导向，通过设计高效的流程提供超越客户期望的价值，从而赢得了遍布全球的客户。其创始人阿曼西奥·奥特加（Amancio Ortega）在《福布斯》2013 年全球亿万富豪榜上，取代沃伦·巴菲特成为全球第三大富豪，其净资产达到 570 亿美元，而巴菲特则以 535 亿美元排名第四。

三、沟通能力

沟通能力是指收集、传播信息和激励、培养他人并在工商企业内外建立关系网络的能力，包括信息能力和人际能力。信息能力是指通过聆听、访问、演讲、演示、简报、报

① 本科教学培养方案. http://www.sem.tsinghua.edu.cn.

告、视觉、感觉等收集信息和传播信息的能力。人际能力是指激励、劝说、指导、培训他人高效完成工作的能力，也包括建立内外关系网络的能力。

工商企业管理工作要进行大量信息处理，要通过大量的倾听、观察、感觉和交谈来收集和传播信息，这些信息包括工商企业内部运营和外部事件。外部事件既包括一般环境中的事件，更包括具体环境中的事件。工商企业管理者应该成为所分管部门的神经中枢，不仅要把大量信息传播给所在部门的其他人员，与他们共享信息，而且对外要代表部门利益向各类人群发表演讲，为了部门目标的实现进行各种游说，在各种公开刊物上代表部门的专业水准，随时向各方汇报部门的最新进展。由于工商企业管理者更需要从说话者的语音语调、面部表情、肢体语言、情绪和氛围中捕捉信息，并且能够掌握时下的尚未记录在案的“道听途说”的信息，以便更好地实施“控制”职能，故信息能力对工商企业管理者非常重要。

理查德·格林柏利(Richard Greenbury)在掌管英国著名玛莎百货期间，常常邀请曼彻斯特联队主帅亚历克斯·弗格森(Alex Ferguson)共进午餐，借机向他讨教管理技巧。弗格森的管理秘诀之一就是全方位收集信息。弗格森是足球史上获得奖杯数量最多的个人，他为他的球队创造出了卓越的价值。更厉害的是，他似乎有能力一直这样做下去①。

由于更加依赖他人来完成各项工作，故工商企业管理者会花费大量的时间激励、劝说、指导和培训员工，让员工能以饱满的热情，摆脱羁绊，自由而高效地做事，同时获得自我发展。工商企业管理者还需要将员工凝聚起来，组成相互协作的团队，不断解决团队内部和团队之间的各种冲突。这些通常被称为“领导力”的工作职责必然要求相应的人际能力作为基础。此外，人际能力还包括建立内外关系网络的能力。工商企业管理者应该要建立广泛的人脉关系网络，以形成强大的支持者联盟，这对中国的工商企业管理者尤为重要。

罗伯特·卡茨(Robert Katz)认为，人际技能是高效工商企业管理者的技能之一。他把人际技能描述为工商企业管理者作为团队的一员高效地开展工作，以及在自己领导的团队中促使大家团结协作的能力，主要是怎样“待人”，体现在个体对上级、同级、下级的感知方式上(以及如何判别他们对自己的感知)，也体现在由此而产生的行为方式上。人际技能可以细分为：①处理部门内部关系的能力；②处理跨部门关系的能力。对于中低层管理职位，前者至关重要，而随着管理职位的上升，后者变得越来越重要。

四、创新能力

创新能力指的是对工商企业管理过程中存在问题的认识、分析、综合、概括，同时创造性、建设性地解决这些问题的能力。创新能力包括逻辑思维能力和批判性思维能力。

逻辑思维是人们在认识过程中借助于概念、判断、推理反映现实的过程。它与形象思维不同，是用科学的抽象概念、范畴揭示事物的本质，表达认识现实的结果。逻辑思维是一种确定的而不是模棱两可的，前后一贯的而不是自相矛盾的，有条理、有依据的思维。在逻辑思维中，要用到概念、判断、推理等思维形式和分析、综合、归纳、演绎、抽象、概括等方法，而掌握和运用这些思维形式和方法的程度，也就是逻辑思维的能力。

分析是在思维中把对象分解为各个部分或因素，分别加以考察的逻辑方法。综合是在

---

① 库柏 S. 跟弗格森学管理. http://www.ftchinse.con/，2012-01-13.

思维中把对象的各个部分或因素结合成为一个统一体加以考察的逻辑方法。根据事物的共同性与差异性就可以把事物分类，具有相同属性的事物归入一类，具有不同属性的事物归入不同的类。归纳是从个别性的前提推出一般性的结论，前提与结论之间的联系是或然性的。演绎是从一般性的前提推出个别性的结论，前提与结论之间的联系是必然性的。抽象就是运用思维的力量，从对象中抽取它本质的属性，抛开其他非本质的东西。概括是在思维中从单独对象的属性推广到这一类事物的全体的思维方法。抽象与概括和分析与综合一样，也是相互联系不可分割的。

批判性思维的特征是善于对通常被接受的结论提出疑问和挑战。无条件地接受专家和权威的意见不是批判性思维，用分析性、创造性、建设性的方式对疑问和挑战提出新解释、做出新判断。批判性思维不是对一切命题都持否定态度。进一步说，批判性思维也不是认为所有命题都同样有道理，它是能够判断哪个更有说服力。一个人即使学会了人类的全部知识，但若没有批判性思维能力，他最多是一个有知识的人，但还不是一个有智慧的人，也不可能是一个有创造能力的人。

第二节　工商管理人才培养课程体系

一、课程结构

考察国内外工商管理教育各专业培养方案，其课程主要由普通共同课、学科共同课、专业方向课和任意选修课四个模块组成，这种课程结构形成对“2＋3＋4”工商管理人才能力架构模型的支撑。

(1)普通共同课一般包括写作课、外语课、数学课、计算机课和体育课。这些课程都是“基础技能课”，作为基础技能课，它们是基础性的，而非专业性的。也就是说，它们对所有专业都适用。现在一些大学毕业生写不好会议纪要和总结报告，所以在大学开设写作课非常必要。事实上，美国的一流大学大都要求本科生修(英文)写作课，有的要求还不止一门(如麻省理工学院)。哈佛大学的英文写作课(expository writing)是本科生唯一的必修课，其他课程均为选修课。至于国内的中文写作课不是大学语文课，而是训练中文写作能力的课程。一方面，这门课不是为了培养文学创作写作能力；另一方面，这门课也不是为了培养一般秘书所需要的公文写作能力。写作课程的教学目标是使学生能够写出有逻辑、有观点、有证据的短文、总结、调查报告、备忘录等，阅读对象包括单位管理层、政府部门领导、专业人士和大众。所以，这门课的重点是教会学生思维逻辑和对论点证据的组织，侧重于不同体例的规范，而非文字的华丽。我国过去的英语教学首先关注阅读，其次是翻译。现在则要求学生经过大学学习后能够把英语作为工作语言，能够在毕业后到海外学习和工作。为了达到这个目的，首先要在一、二年级突破英语的口语关，即具备自如的听说能力。具体要求是学生应该能够听得懂英语的授课，能够用英语做演示、提问题、做交流。其次是英语写作能力，学生应该能够用英语写电子邮件、短文和报告。此外，目前国家统一要求的思想政治理论课共 4 门，包括思想道德修养与法律基础、中国近代史纲要、马克思主义基本原理、毛泽东思想和中国特色社会主义理论体系概论，共 14 学分，这类课程也属通识教育。工商管理教育百年发展历史表明，为适应现代经济发展对工商管理人才多方面能力的要求，工商管理教育应该从传统的专才教育向通才教育转变，着力培养综合素质高的复合型人才，因此，普通共同课对工商管理人才的培养仍然是非常重要的。

(2)学科共同课一般是指工商管理学核心课程，其设置既是提升工商管理人才培养质量的核心所在，也是国际认证的关键点之一。只有通过严格的工商管理学基本训练，才能使学生真正领悟现实商业环境，增强其应用能力，而这正是多年在工商管理教育实践中凝聚的共识。工商管理学核心课程主要有"微观经济学"、"宏观经济学"、"财务会计"、"管理会计"、"公司金融"、"投资学"、"管理学"、"市场营销"、"运营管理"、"信息管理"、"概率论"和"数理统计"等。这种课程设置不仅有利于国际认证，也使得课程设置与工商管理人才培养目标更加匹配。

(3)专业方向课是按照工商管理学各专业的要求和特点来设置的，通常分为专业必修课和专业选修课。国内工商管理教育在专业方向课程设置上普遍存在一个现象，那就是必修课程很多，而选修课程很少。再加上学生专业方向在被录取时就被定好，入校后就基本没有重新选择专业的余地(只有少数的转专业名额)，使得多数学生的兴趣与所学并不是很匹配。一些院校在探索按工商管理学等大类招生的同时，借鉴国际一流商学院的办学经验，通过增加选修课的方式让学生根据自己的兴趣来选择课程。在完成学校和工商管理必修的平台课基础上，学生通过专业必修课和较多选修课程来实现自己的兴趣和专长，这有利于拓宽学生的知识面。

(4)任意选修课一般为学校各院系开设的任何课程。现代工商管理人才培养应该具有对市场的高度适应性和对学生学习兴趣的高度尊重两大特征。学生在满足工商管理学平台课的基本要求前提下，可以在较大程度上根据自身兴趣与市场特征来设计自己的培养方案。任意选修课跟思想政治理论课和基本技能课一样，也是通识教育的重要组成部分。通识教育要避免的偏差是把通识课程当成简单的开阔眼界的课程，甚至有的成为了娱乐课程。如果这种偏差不纠正，就会出现学生反映有的通识课程很"水"的普遍情况。通识教育的另一个偏差是把通识课程当做专业补充的实用性课程，如让工科学生学习管理和法律课程就是这种思路的反映。首先要认识清楚通识教育核心课程不应该是什么。第一，它不应该是点缀，如文学欣赏课。第二，它不应该是给理工科学生增加有用的补充知识，如实用的法律和管理课。它也不应该是为专业知识打基础的课，如专业课的导论课。那么什么课程可以作为通识教育核心课程呢？在确定具体课程之前，我们首先需要决定选择通识教育核心课程的原则。这需要回到我们的本科生培养目标——培养有素养的现代文明人，为杰出人才脱颖而出创造条件。通识教育是为了实现这个目标提供基础性的教育，它是为学生今后的一生而非毕业后立即的生计着想。因此，通识课程必须是改变学生思维方式、观察世界角度的课程，而不是为了立即学以致用的实用课程，因此，这些课程的精髓内容应该是学生在 20 年、40 年后还会记得。通识课程必须以成熟学科为基础，必须有深度和系统性。因此，这些课程不应是没有系统性的、松散的讲座系列。这些课程必须覆盖足够宽的领域，而不能是很窄的话题，特别是所谓的热点话题。虽然热点话题在大学教育中也需要，但是应在高年级开设或者作为新生研讨课，而不应作为核心课程。哈佛大学要求本科生的八组通识课程是审美与解释理解、文化与信仰、道德推理、经验推理、国际社会、世界中的美国、物质科学、生命科学。伯克利加利福尼亚大学的要求也是八组，即美国文化、艺术与文学、历史、哲学与价值、社会与行为科学、国际研究、物质科学、生命科学。两者大同小异。通识课程具体的课组名称并不重要，重要的是要坚持基础性和覆盖面。这两所学校选择的课组的共同点是二者都是人文、社会科学和自然科学的基础性学科，都没有管理、法律或工程、技术等应用学科领域的课程。

二、课程趋势

多学科集成是工商管理学课程体系演变的第一个新趋势。这就是将课程建立于一个多学科和综合性解决问题的基础上，使学生更多地在跨学科的通识教育上理解商业。例如，在“国际企业”的课程上，要求学生观摩《阿凡达》后，回答三个问题：①潘多拉星上的纳维人与地球人在文化和艺术上有什么不同？②纳维人是否应该接受全球化(或者更准确地说是“宇宙化”)的浪潮？③如果您是 RDA 公司在潘多拉星上的外派经理，您将会如何推进全球化？这种在功能性课程中添加文化和伦理的内容可以避免孤立地分析和解决问题，加利福尼亚大学的彼得·纳瓦罗(Peter Nararro)教授称之为“功能性竖井”(functional silo)，以适应现代工商管理学超越专业界线，具有高度的学科交叉性和综合性的要求。

注重软技能开发课程的设置是工商管理学课程体系演变的第二个新趋势。软技能是指沟通、领导、谈判、创业、团队建设和人际关系技巧，其支撑课程包括“管理沟通”、“组织行为学”、“领导力提升”、“人力资源管理”、“商务谈判”、“企业家精神与创业启动”、“创新与创业管理”等，这些课程与分析性课程占据同样重要的地位。从工商企业用人来看，工商企业规模越做越大，结构和经营环境越来越复杂，因此，更加看重具备综合能力的人才。特别是金融危机爆发之后，应对危机的能力、沟通和领导能力，这些已经成为工商企业选择工商管理者的重要指标。软课程对于教授的要求非常之高。就领导力课程来说，授课前要花很多精力准备 PPT(powerpoint)、短片，课上组织学生小组交流，通过角色扮演，让学生全方位了解上级、下级和同级对自己的看法。而商业谈判的课程，则需要模拟实战场景，进行一对一的教练式培训。类似这样的课程，对商学院教授的要求之高，可想而知。以往的教学评估中，软课程的教师评估比较差，硬课程比较高，所以，教软课程教师的挑战非常大。

伦理和社会责任课程的独立设置是工商管理学课程体系演变的第三个新趋势。今天的商业世界，伦理和社会责任必须置于工商企业管理者决策的中心位置。“英特尔的企业社会责任已进入 3.0 时代。”英特尔中国执行董事戈峻说，在英特尔，企业社会责任经历了三个发展阶段：第一阶段是以慈善、公益活动为主的初级阶段；第二阶段是把企业社会责任作为整体战略重要组成部分与业务发展紧密结合的阶段；第三阶段是系统性地催化社会创新的阶段。“企业公民只有树立从‘独善其身’到‘兼济天下’的远大抱负，才能真正进化为基业长青的社会公民。”英特尔系统性地催化社会创新阶段的核心就是要把企业责任社会化，让更多的工商企业加入进来。通过英特尔的努力，倡导分工合作、跨界合作，使更多工商企业投入社会责任事业中，帮助企业解决重大的社会问题。在这一过程中，英特尔希望可以发挥引领和催化作用，做社会创新的倡导者、实践者和先行者。为此，英特尔倡议成立一个数字企业志愿者联盟，并得到了多家知名工商企业的响应，另外，其“云公益”平台建设也已开始运作。

三、两个案例

随着世界各国经济往来频繁，经济全球化进程的进一步加快，工商管理教育需要适应越来越激烈的国际竞争环境。近年来，国外教育机构利用联合办学、远程教育等模式纷纷抢占我国教育市场，工商管理教育迫切需要沿着国际化发展趋势进行改革。同时，经济深度全球化提高了工商管理人才标准，培养具有经营能力、沟通能力和创新能力，最终通过计划、组织、领导和控制能力体现的管理能力强的工商管理人才不仅是工商企业生存发展的要求，也是工商管理教育改革的目标和方向。

（一）清华大学经济管理学院案例

2009 年 4 月，清华大学经济管理学院提出了“通识教育与个性发展相结合”的本科教育理念，并从 2009 年秋季学期开始实施新本科培养方案。

通识教育融合价值塑造、能力培养、人类核心知识获取，特别强调对学生的好奇心、想象力、批判性思维能力的培养；个性发展既关注学生个性的发展，又对学生实行个性化的培养，为学生自由成长创造环境和提供机会。

在这一新的教育理念的指引下，学院调整了本科课程设置。新版课程中，前两年以通识教育为主，后两年以专业教育为主。通识教育方面，除了全校统一安排的 4 门思想政治理论课外，还包括 8 门通识教育基础技能课，包括中文写作、中文沟通、中级英语口语、中级英语写作、微积分等。通识教育核心课程组共分为 8 个课组，这 8 个课组是“中国文明”、“西方文明”、“批判性思维与道德推理”、“艺术与审美”、“社会科学”、“中国与世界”、“生命科学”、“物质科学”，包括中国文明、西方文明、批判性思维与道德推理、中外艺术史、心理学概论、物理学导论、生物学导论等，8 个课组成为一个有机体系。

个性发展方面，清华大学经济管理学院为每一位大一、大二学生配备一名指导教师，对学生进行个别指导，且从 2012 年入学的学生开始，每位学生还配备一位校友导师，为学生发展与成长再添助力；为大一新生开设 12 门“新生研讨课”；面向大三、大四学生开设信息管理与信息系统、会计学、经济与金融专业方向课，具体是“数据结构”、“系统分析与设计”、“动态系统分析与设计”、“中高级财务会计”、“财务报表分析”、“税制与税务”、“财政学”、“投资学”、“公司金融”等课程，同时还面向大三、大四学生开设学术、创业、领导力 3 个方向的“优秀人才培养计划”。

（二）上海财经大学案例

上海财经大学从 2011 级开始实施新本科培养方案。其核心内容是在保持教学计划基本结构不变的情况下，参照国际一流商学院人才培养模式，结合中国国情和上海财经大学特色及学生的数理素质优势，调整学科平台课程和专业课程内容，强化现代经济理论、数学和统计分析方法、计算机编程、商业沟通和领导力提升，以及商学专业知识的系统学习和训练，致力于培养具有全球视野的优秀商学毕业生，使得上海财经大学商学院成为高层次创新型商业领袖、领导者及管理者的摇篮。

与原来各专业的数学课程难度有较大差异。多数专业为 8 学分的“高等数学 B 级”，这样的文科数学要求难以满足现代商学高层次人才应具备较强的数理技术方面的要求，更难以培养上海财经大学特色的人才，根据专业特征和所辖各学院的愿望，调整为10学分(每周12个学时)的“高等数学A级”或“数学分析”，并要求开设正式的习题课，列入教学计划。普通共同课其他课程维持不变，这样普通共同课22门总学分调整为57学分。

鉴于原有学科共同课将经济学与商学人才培养混在一起设计共同课所存在的不科学性，这次本科培养方案改革设计了针对商学各学科的学科共同课(或称为商学平台课)，即将学校原先的财经类专业学科共同课一个平台，调整为商学学科共同课和现代经济学学科共同课两个平台。各专业根据自身的学科属性与定位，分别选择参与相应的平台课程。商学平台课为17门47学分，学校原平台课为17门41学分。除了原方案中的“线性代数”、“经济法概论”和“政治经济学Ⅰ”这3门课维持不变外，其他课程均有不同程度的调整。具体调整如下：将原有的6学分的微宏观经济学课程增加为9学分的“(中级)微观经济学Ⅰ、Ⅱ”和“(中级)宏观经济学”。这一安排突出上海财经大学对经济学理论尤其是微观经济理论基础的坚实训练，也使得上海财经大学本科生商学平台课课程的难度比沃顿商学院本科生课程要高。这一安排有其合理性和必要性，国内基础教育对于学生数理素质要求的重视加之本科生数学课程难度已与国外研究生相当，从而可以为经济学中级课程(国外大学硕士研究生的课程)的学习奠定数理基础。仍保留“政治经济学Ⅰ”作为商学平台课，但将“政治经济学Ⅱ”改为任意选修课。“运营管理”和“信息管理”替代原方案中的“管理信息系统”；“国际贸易”和“财政学”从必修课改为任意选修课。用“公司金融”和“投资学”替代“国际金融”和“货币银行学”，“国际金融”和“货币银行学”可以列入专业必修或选修课程。用“数理统计”替代原来的普通共同课“统计学”。

原培养方案中，专业方向必修在7～11门(18～32学分)。这部分原因在于原平台课与商学专业并不匹配，导致各专业必须通过更多的专业课来强化商学专业训练。这一方面导致人才培养中资源配置的无效性，同时也挤压了学生选修课的学分(部分专业总共只有15学分的专业选修和任意选修学分)，进而导致不同院系开设相同名称或内容的课程。所以，在新商学平台课基础上，可以大幅度凝练和精简专业课，增加选修课学分。在新方案中，专业方向必修课原则上为总学分12学分的课程，部分专业如果确实需要，可以适当增加1门必修课。另外，设置9学分的专业选修课，剩下17学分用于任意选修课。任意选修课必须是所选方向之外的课程，以拓展学生的知识面。今后争取通过进一步优化结构以增加任意选修课选分比重。特别地，为了提高学生的书面写作和口头表述能力以及领导力，参照国内著名商学院(如清华大学经济管理学院、上海交通大学安泰经济与管理学院)的做法，增设2学分的《商务沟通与领导力开发》任意选修课，一旦条件成熟，就改为必修课。

第三节　工商管理人才培养情境教育

一、情境教育内涵

情境教育是一种以真实或模拟的工商企业运营情境为背景，以工商企业管理实践信息为知识载体，以学生主导的协作和交流为核心，以教师的引导和协助为依托，以培养学生分析和解决实际问题的能力为目标的教学方法。

教学方法是实现教学目标、体现教学特色的重要途径和载体。哈佛商学院和瑞士洛桑国际管理学院等国际一流商学院已经构建起成熟的工商管理人才培养情境教育体系，造就了一批杰出的企业家和工商企业管理者。而自 20 世纪 80 年代初我国开展工商管理教育以来，已经培养了近 3 800 万名管理人才。国内各商学院在工商管理人才培养的教学方法上，借鉴国际一流商学院的经验，结合中国蓬勃发展的经济现实，探索综合运用多种情境教学方法，展示出情境教育在工商管理人才培养中的巨大作用。

情境教育属于建构主义教学方法的范畴。建构主义主张知识具有情境性，知识是人们对客观世界的一种解释、假设或假说，不是最终答案，因此，无法用任何一种符号系统表征，知识将随着人们认识程度的深入而不断地变革、升华和改写，出现新的解释和假设；不存在通用知识，需要针对具体问题的情境对原有知识进行再加工和再创造；并且知识不可能以实体的形式存在于个体之外，只能由学生基于自身经验背景建构起来。因此，知识不是通过教师传授得到的，而是学生在一定情境下借助教师和学习伙伴等的帮助，利用必要的学习资料，通过意义建构的方式而获得的，学生的体验是知识学习的核心。学习包括四个要素，即情境、协作、交流和意义建构。学习环境中的情境应该有利于学生完成对所学内容的意义建构。协作包括自我协商和相互协商，自我协商是指学生自己针对特定问题进行的反复思考；相互协商是指学生与学生之间以及学生与教师之间进行的讨论和辩论。交流是协作过程中最基本的方式和手段，协作学习的过程就是交流的过程。意义建构是教学的最终目标，建构的意义是指事物的性质、规律以及事物之间的内在联系。

工商管理知识具有明显的隐形知识特征，并不属于结构良好的领域的知识，而是具有显著的结构不良领域知识的特征，难以被结构化地表达出来。对于这类知识，要求学生把握知识的复杂性，能够灵活地分析思考问题并在新的情境中灵活运用这些知识去建构解决新问题。通过为学生创设学习的情境，以学生为主体，通过学生的自主思考和小组讨论等形式，促进学生对既有知识体系的重构，获得新知识。因此，对于工商管理知识的教学需要遵循建构主义观点，采用建构主义框架下的教学方法，通过为学生创设学习的情境来实现教学目标。

二、情境教育类型

工商管理情境教育是一个完整的体系，其形式主要是工商企业实践、工商企业管理者进课堂、案例教学、角色扮演和模拟教学。

(1)工商企业实践包括两种形式，即体验型和强化型。前者通过对工商企业业务和管理观察、跟踪和访谈获得对情境的体验并最终完成对情境的构建，掌握相关的工商企业实践信息。后者依托与工商企业合作为学生提供实习机会，使学生在已经完成知识学习的基础上进入工商企业进行实践，以真实的工作岗位为背景，通过处理实际工作中遇到的问题加深对所学知识的理解，对既有知识进行重构，强化知识的学习效果。工商企业实践因学生能够亲自进入工商企业，听到大小不一机器的隆隆轰鸣声，观察工人在流水线上紧张有序的作业，呼吸车间内部弥漫着的汽油味道，使得工商企业走出课本变得鲜活起来。工商企业实践是情境强度最高的教学类型。

(2)工商企业管理者进课堂包括体验型和解析型。前者是学生通过聆听工商企业管理者报告，以及学生与工商企业管理者的面对面交流，听取工商企业管理者对工商企业实践经验介绍，提出感兴趣的问题并获得解答，从而获得情境的体验并构建起情境。后者通过邀请案例工商企业的管理者进入课堂，为学生介绍现实中的决策和执行情况并相互交流，使学生获得情境体验。工商企业管理者进课堂不仅能够使学生获得对工商企业的身临其境的体会并且完成对情境的构建，而且在这个过程中，还能形成对工商企业实践的理解。由于工商企业管理者决策和行为的示范性，工商企业管理者进课堂能够使学生获得新知识。

(3)案例教学记录了工商企业的焦点实践和相关背景信息，从而为学生提供了知识学习的情境。通过相关资料的收集、思考和讨论等活动，学生还能不断地补充和完善情境。在案例教学中，通过阅读案例以及收集相关资料，学生形成对案例情境的认知，在已有知识体系的基础上，通过对决策问题进行思考和讨论以及最后的教师点评，学生能够逐步加深对工商企业实践的理解，从而通过对既有知识的重构掌握新知识。

案例教学法作为一种以案例为基础的教学法，在 20 世纪 20 年代由美国哈佛商学院所倡导。案例教学法的主要特点在于：鼓励独立思考，重在分析与决策，重在变知识为能力，重在教师和学生的双向交流。其作用表现在：培养学生解决实际问题的能力；缩短教学情境与工商企业实际情境的差距。

案例教学法的采用具备以下必要条件：一是要有好的案例素材，二是要明确教师的角色定位，三是要明确学生的任务。教师在案例讨论中要对学生进行全程指导。在讨论前的准备期，教师应事先布置案例，对分组进行必要的调整，提供不同类型的问题，对学生讨论前需要做的准备予以明确。在讨论过程中，教师需要引导讨论方向；把握讨论节奏；控制讨论过程，对学生的表现及时给予反馈、点评，启发学生进一步思考。讨论后，教师需要批改学生上交的案例作业。案例讨论中学生是主角，其在课前需要进行充分的案例准备，反复阅读案例。

(4)角色扮演是在教学中由学生扮演工商企业中的不同角色，如 CEO、研发总监、营销总监、财务总监等，并通过扮演感受角色的经历，加强对扮演角色的个人关注点、问题、行为和参与等方面的感受。以教师设定的初始状态为起点，通过角色扮演构建情境并获得对情境的体验。在角色扮演中，学生根据教师设定的初始条件进行角色扮演并在这个过程中对焦点问题进行分析和解决。一个参与者的决策将引发其他参与者的变化，这些参与者的决策即构成学习的情境。在构建情境的同时，参与者还会形成对情境的认知，在动态情境中通过对决策问题的分析和思考，角色扮演者将逐步加深对决策问题背后机理的理解，掌握相关知识。

(5)模拟教学是应用计算机技术为学生创造一个虚拟的工商企业竞争平台，学生自愿或通过指派组成多个团队，每一个团队相当于一家虚拟工商企业，每名学生扮演不同角色的高管。各团队之间展开竞争，通过经营虚拟工商企业的过程，体验经营工商企业的酸甜苦辣。在模拟教学中，通常情况下教师设置一个竞争的初始状态，学生以组建小组的形式参与竞争，各小组之间的行为及其结果构成了新时点上的情境。因此，学生在参与模拟竞争过程中既能在对情境理解的基础上构建新的情境，同时也能形成对新情境的认知，这两个环节循环往复，周而复始。通过独立思考和小组讨论，以课堂上学习过的知识为基础，学生对竞争形势进行分析并做出决策。在这一过程中加深对所学知识的理解，强化知识的学习效果。模拟教学是一种特殊的角色扮演。

三、情境教育协同

采用单一类型的情境教学方法能够推动学生的知识学习和能力提升，综合运用各种类型则能取得更好的效果。各种类型的情境教育具有不同的特征，综合运用这些情境教学方法能够汲取各方法的精华，实现各种方法的协同互补。

工商企业实践、工商企业管理者进课堂、案例教学、角色扮演和模拟教学五种工商管理人才培养的情境教学方法，在情境构建主体、情境强度、协作交流对象、团队合作强度以及知识学习中的作用五方面各有自身的特征。

(1)情境构建主体包括学生和非学生两类。在案例解析型工商企业管理者进课堂中，情境构建主体是现实工商企业的工商企业管理者；在案例教学中，情境构建主体是教师；其他情境教育类型的构建主体都是学生。以学生为主体构建的情境建立在学生对情境体会的基础上，因此，相对于其他主体构建的情境，学生对情境具有更为深入的理解，更加有助于知识的学习。学生对情境的构建过程实质上是知识学习过程的前向延伸。

(2)从工商企业实践、角色扮演和模拟教学到工商企业管理者进课堂再到案例教学，情境的强度依次减弱。在工商企业实践中，由于学生进入现实中的工商企业，对其情境能够形成十分强烈的亲身感受；在角色扮演中，由于学生需要进入角色，从所扮演的角色视角出发分析问题和解决问题，能够很好地融入其中，形成对情境的强烈感受；在模拟教学中，由于学生自己扮演工商企业各种类型的工商企业管理者进行竞争博弈，故也能形成对情境的强烈感受；在工商企业管理者进课堂中，由于能够与工商企业管理者进行面对面的交流并且能够听取工商企业管理者的讲述，也能形成强烈的情境感受；而在案例教学中，由于学生只能通过阅读的方式形成对情境的认知，其情境强度相对较弱。

(3)在协作交流对象方面，这五种情境教学方法的协作交流对象分为学习伙伴和非学习伙伴两类。其中，学习伙伴是指学生本人、团队的其他成员、其他团队的成员以及教师；非学习伙伴是指学习伙伴以外的其他主体，包括工商企业管理者、员工和其他利益相关者。在工商企业实践、工商企业管理者进课堂情境教学中，学生不仅能够与自己、团队其他成员、其他团队成员以及教师进行交流与协作，而且还能与工商企业管理者、员工和其他利益相关者等非学习伙伴进行交流。而在案例教学、角色扮演和模拟教学中，学生的交流伙伴仅限于学习伙伴。同时与学习伙伴与非学习伙伴进行交流有助于拓宽信息的来源渠道，多视角理解、分析问题，极大地深化和拓展知识的学习效果。

(4)在案例教学和模拟教学中，学生需要与其他学习伙伴进行讨论和协作，因此需要以团队合作为基础，团队合作强度高。而在工商企业实践、工商企业管理者进课堂和角色扮演中，学生多局限于自我思考，无须团队合作或者是没有条件进行合作，因此，团队合作强度较低。团队合作的开展不仅有助于培养学生团队合作意识和沟通能力，而且在团队合作过程中通过与他人的交流促进个人的思考，强化对知识的理解和应用。

交流强度与团队合作强度密切相关。对于团队合作强度高的情境教学方法，其交流强度一定高。原因在于团队合作需要以团队成员之间的交流为基础。案例教学和模拟教学两种教学方法的团队合作强度高，因此，交流强度也高。但对于团队合作强度低的情境教学方法，其交流强度不一定低。原因在于交流的模式主要分为三种类型，即合作性交流、交互性交流和竞争性交流。在工商企业实践中，由于学生需要对工商企业管理者、员工和其他利益相关者进行访谈并获得所需信息，学生与这些主体的交流属于交互性交流的范畴，因此，虽然合作强度较低，但交流强度却较高。在角色扮演中，角色扮演者需要与其他人进行谈判、共同决策或采访等，因此，需要进行竞争性交流、合作性交流或一般交互性交流，虽然团队合作强度低，但交流强度高。高交流强度的情境教学方法能够有效促进学生思考并有助于提升学生的信息能力和人际能力，即沟通能力。

(5)情境教育五种类型在知识学习中的作用可分为两类，一是进行新知识的学习，二是强化知识的学习。在以新知识学习为目的的情境教学中学生基于已有的知识体系进行问题分析、思考和讨论并完成知识重构。而在以强化知识学习效果为目的的情境教学中，学生已经学习过相关知识，将使用这些知识完成情境教学过程，通过体验、思考和讨论等环节，能够深化对知识的理解，从而达到强化学习效果的目的。体验型工商企业实践、体验型工商企业管理者进课堂、案例教学和角色扮演主要用于新知识的学习，而强化型工商企业实践、解析型工商企业管理者进课堂和模拟教学则主要用于强化知识的学习效果。

由于不同类型的工商管理情境教育方法具有不同的优势，故这些方法之间能够形成协同效应。将不同类型的情境教育方法进行有机整合并运用到教学中去能够发挥“1+1>2”的效应。在课程教学前期，综合使用体验型工商企业实践、工商企业管理者进课堂、角色扮演和案例教学能够汲取各种教学方法的精华，构建一个以学生为情境构建主体，感受真实的工商企业环境，融入工商企业决策者角色，提高思考的主动性、与学习伙伴和其他各种类型非学习伙伴进行协作交流，培养团队合作和交流能力的情境教育体系。在课程教习后期，通过依次运用模拟教学和强化型工商企业实践，为学生创造一个运用所学知识进行问题识别、分析和解决的机会，从而强化对所学知识的理解。并且两者之间在情境构建主体、协作交流对象、团队合作和交流强度等方面存在互补性。

第四节　全球名校工商管理人才培养

一、国际认证

国际上有三大商学院联盟，这三大联盟根据自身发展情况，相继推出认证体系。目前全球最大的认证体系，是由 AACSB 推出的 AACSB 认证体系，其也是最严格的北美质量认证体系。其次是欧洲管理发展基金会(European Foundation for Management Development，EFMD)推行的欧洲质量发展认证体系(European Quality Improvement System，EQUIS)。历史更悠久的是 MBA 协会(Association of MBAS，AMBA)推出的 AMBA 认证体系，其旨在对 MBA 课程进行认证。能同时取得这三大商学院联盟的认可，对于任何一家商学院来说都是非常高的荣誉。

(1)AACSB 成立于 1916 年，是一个由商学院、社团和其他机构组成的非营利组织，致力于提高和促进工商管理高等教育水平。AACSB 于 1919 年颁布了商学认证标准，并于 1980 年颁布了会计学项目的标准。1991 年 AACSB 全体成员通过了与使命相联系的认证标准和评估考察团评估程序。2003年颁布了新修改的标准。AACSB认证代表着全世界商学院的最高成就。学院通过严格和全面的评估取得认证资格意味着对其质量和发展前景的肯定。取得AACSB认证资格是优秀的管理教育的重要标志。

AACSB的商学认证程序包括具备成员资格、预审、初审和保持认证资格的审核四个阶段，会计学认证程序则包括获得商学认证资格、预审、初审和保持会计学认证资格的审核四个阶段。AACSB认证首先关注的是教育质量，其商学认证标准的大部分规定都与教育质量密切相关。AACSB认为教育质量是在师生互动的教学实践中创造出来的。如果在商学院一个自成体系的教学项目中，学生能与骨干教师充分互动，那么一个高质量的学位项目就产生了。相应地，认证关注申请院校的成员实现使命的决心、教员的发展规划、计划的编制和指令的传达等。其次，认证的指导原则之一就是接受并鼓励通过不同的方法实现管理学教育的高质量。也就是说，评估程序支持管理学教育中百花齐放的使命与教学方式。最后，认证强调申请学院应采取一系列措施以加强课程设置、提高教师水平、改进教学方式和发展科研活动等。因此，获得AACSB认证资格的商学院必然具备以下特征：根据不断调整的使命进行管理资源；教师拥有先进的商业和管理知识；提供高质量的教学和前沿的课程体系；鼓励师生互动；培养的毕业生能完成学习目标。AACSB有较重的美国痕迹，从启动评估程序到通过认证，通常要5年时间，最长为7年。尤其是在全职教授和研究产出上，要求非常严格。

(2)EQUIS是欧洲管理发展基金会创办的一个以认证为形式，对高等管理教育机构进行质量评价，推动教育进步的国际认证体系。由于欧洲管理发展基金会以致力于服务全球管理教育为理念，故并没有把EQUIS的重点放在哪种特定的高等管理教育项目上，也不只是集中于MBA项目，而是将其基本工作内容定位于辨别各种高等管理教育方法——包括本科和研究生院课程——的异同及其优势，其基本目标是提高全世界的高等管理教育水平。

作为一个国际权威机构，EQUIS从整体来评价认证对象，认证过程非常严谨。就MBA项目认证来说，EQUIS认证时，除要求高等管理教育机构提供证明其在本国内拥有高水平的教学标准的有力证据以外，还要求该机构课程必须高度国际化，学生必须具备全球使命感；除要求机构制订完备的学习计划以外，还要推动商业研究工作；此外，EQUIS认为高等管理教管机构与工商业界之间应密切联系，保持专业理论知识和商业实践之间的平衡。

EQUIS不宣扬标准化，它崇尚项目形式的多样性、学院的多样性。EQUIS提倡相互学习，互相借鉴优秀的实践经验和相互认可。EUQIS对院校整体进行评估认证。它不仅对学位项目，而且对院校所有活动、所有部门进行评估，包括科研、远程教育、高层管理人员教育等。但是，相应学院必须主要致力于管理学教育。EQUIS寻求高质量的教学和与团体机构互动交流带来的专业性的平衡。与商界的交流平台就是尽可能挖掘研究潜能。EQUIS非常重视高效率教学环境的建设，高效率的教学环境有助于培养学生管理和创业能力，增强他们的全球责任感。同时，它寻求全方位的创新，包括项目设计和教学法的创新。我国知名的中欧管理学院仅有EQUIS一项。

(3)AMBA于1967年在英国成立，是专门从事MBA的质量认证的独立机构。AMBA认证是针对商学院MBA项目的国际认证体系。AMBA认证注重体现商务和管理实践的发展。AMBA 的标准则包括高等管理教育机构整个 MBA 项目的质量、机构能否独立自主地颁授学位、个人及 MBA 毕业生雇主是否认同国际 MBA 认证体系。AMBA 的认证则仅针对被认证高等管理教育机构所提供的 MBA 学位。

AMBA 的流程是初步讨论、自我审查、初步评估、实地调查以及报告准备。在认证流程中，先由被认证高等管理教育机构进行一番自我评估或审查。自我评估的目的是帮助被认证机构对自己的战略地位有一个更清晰的认识。SWOT 分析可以用来识别各机构提供的 MBA 项目的优劣、内外环境产生的机会和挑战以及该 MBA 项目的宗旨(使命陈述)和资源之间的平衡状况。然后欧美高等管理教育认证体系组织审查小组来考核认证资格。审查小组通常包括国际学者、MBA 项目管理者以及实业界人士。审查小组要到被评估机构进行实地考察，以了解实际情况。在考察了被评估机构之后，审查小组会草拟一份报告，提出他们的建议。

国际认证的作用和意义，或许就类似于人们比较熟悉的"行业内部规范"。它由一些行业的领头工商企业发起并制定出一套标准，于是行业内的新加入者或是努力赶超的工商企业都会按这些标准来参照执行，这能保证整个行业的质量控制和良性发展。"国际认证能让教师和行政人员有一种为有声誉的学院工作的自豪感，并能寻求商学院在管理上相对于上级学院的独立性。获得国际认证表明一家学院在一群学院之间建立了一个良好的网络，最直接的结果是可以互相承认学位，建立起更多教师交流和学生交流的可能性。最后，认证可以使学生和相关工商企业确认该商学院在质量上达到一定标准，是可以信赖的。这给用人单位一种很正面的信息，也为学生、家长选学校的时候提供参考。"AMBA、AACSB 和 EQUIS 三个国际高等管理教育认证机构都为认证制定了高规格标准。

2011 年 5 月，AACSB 正式授予上海交通大学安泰经济与管理学院国际资格认证。加上此前取得的 EQUIS 和 AMBA 认证，安泰经济与管理学院是国内首个获得三大国际权威认证的商学院，成为了中国商学院国际化的"三冠王"。

二、《金融时报》排名

《金融时报》全球商学院排行榜始于 1999 年，是国际工商管理教育领域内历史最悠久、最具权威和最受推崇的排行榜之一。能够进入排名的商学院必须具备三个条件：获得国际认证机构的认证(如 AACSB、EQUIS、AMBA)；拥有一个至少运行了 4 年的项目；第一届学生至少已毕业 3 年。在英国《金融时报》公布的 2013 年全球商学院排行榜(表 3-1)中，中国有 7 所大学入选，分别为大陆 4 所，香港地区 3 所。其中，香港科技大学商学院名列第 8，中欧国际工商学院(中国)排名第 15，香港中文大学商学院排名第 27，香港大学排名第 31，霍特国际商学院排名第 57 位(美/英/中/阿联酋合办项目)，北京大学光华管理学院排名第 66，复旦大学管理学院排名第 89。该排名对各个商学院 2009 年以前毕业的学生进行了调查，分别对 MBA 课程评估、校友职业发展、校友国际曝光率、学生和教职工的多样性、教师水平和研究的质量等指标进行了评估。哈佛商学院在教学质量、研究水平等项目上都获得了最高分。斯坦福大学商学院毕业生的薪水则是排在了第一位，哈佛商学院紧随其后。在过去的 15 年中，有 8 所学校曾入选前 5 名。其中，哈佛商学院和宾夕法尼亚大学沃顿商学院交替排名第一，哥伦比亚大学商学院和斯坦福大学商学院在 15 年中只有 2 次未能入选前 5，伦敦商学院 15 年中 10 次排名前 5，欧洲工商管理学院有 4 次。而在前 50 名中，西班牙 Esade 商学院和剑桥大学佳奇管理学院在过去的一年中表现最为出色，分别较前一年上升了 11 个和 10 个排名。参加《金融时报》的调查对象主要为 28 岁左右入学，有相关工作经验的 MBA 毕业生，在参加 MBA 课程前年薪约为 6.5 万美元，在毕业后 3 年，这些人大都成为了高级经理以上的级别，平均年薪达到了 13.4 万美元。约有 89%的毕业生在毕业后的 3 个月内能找到一份工作。2011 年英国《金融时报》在 MBA 毕业生中的调查发现，仅有 27%的人认为毕业后工资未能达到期望水平，37%的人认为毕业后工作的职位未能达到期望水平。这在某种程度上反映出，MBA 毕业生的薪资水平还是较为理想的。在当地最好的 MBA 往往都面临着竞争非常激烈的申请。在这排名前 100 的商学院中，录取率很少有能高过四分之一的。录取者的研究生入学考试(Graduate Management Admission Test，GMAT)的平均分数都达到了 680 分，而在 2012 年全球 GMAT 的平均分数仅为 550 分。较为严格的选拔不仅能保证入学者接受更高质量的教育，更是能保住各个商学院的金字招牌，然而低迷的经济没有让各个商学院降低入学费用，这些排名前 100 的商学院平均学费约为 10 万美元，从另一方面也减少了申请者的数量。

表 3-1 《金融时报》全球商学院排名(2013 年)

2013 年排名	3 年平均排名	学校名称	国家	毕业生加权工资/美元	工资增长百分比/%
1	2	哈佛商学院	美国	187 223	121
2	2	斯坦福大学商学院	美国	194 645	115
3	2	宾夕法尼亚大学沃顿商学院	美国	180 772	121
4	3	伦敦商学院	英国	160 988	124
5	6	哥伦比亚大学商学院	美国	174 347	123
6	5	欧洲工商管理学院	法/新加坡	153 992	96
7	8	IESE 商学院	西班牙	146 049	141
8	8	香港科技大学商学院	中国	132 685	153
9	8	麻省理工大学斯隆商学院	美国	160 414	117
10	11	芝加哥大学布斯商学院	美国	162 363	108
11	9	IE 商学院	西班牙	157 054	117
12	17	加州大学伯克利分校：哈斯商学院	美国	151 952	98
13	17	西北大学凯洛格商学院	美国	161 269	99
14	16	耶鲁大学管理学院	美国	159 370	118
15	19	中欧国际工商学院(中国)	中国	131 362	157
16	18	达特茅斯大学塔克商学院	美国	156 765	117
16	23	剑桥大学佳奇管理学院	英国	145 169	98
18	18	杜克大学富科商学院	美国	145 147	108
19	15	瑞士国际管理发展学院	瑞士	147 380	65
19	17	纽约大学斯特恩商学院	美国	144 586	106

续表

2013年排名	3年平均排名	学校名称	国家	毕业生加权工资/美元	工资增长百分比/%
21	19	巴黎高等商学院	法国	123 571	109
22	25	西班牙 Esade 商学院	西班牙	126 699	118
23	29	加州大学洛杉矶分校安德森商学院	美国	147 125	115
24	24	牛津大学赛德商学院	英国	136 609	95
24	26	康奈尔大学约翰逊商学院	美国	147 799	112
26	16	印度艾哈迈达巴德管理学院	印度	171 188	110
27		香港中文大学商学院	中国	103 423	153
28	38	华威大学商学院	英国	120 111	89
29	30	曼彻斯特大学商学院	英国	114 769	111
30	28	密歇根大学罗斯商学院	美国	140 195	97
31		香港大学	中国	114 119	114
32	33	南洋商学院	新加坡	102 683	132
33	33	伊拉斯姆斯大学鹿特丹管理学院	荷兰	105 546	103
34	22	印度商学院	印度	123 470	152
35	38	美国弗吉尼亚大学达登管理学院	美国	142 657	110
36	27	新加坡国立大学商学院	新加坡	94 340	152
37	42	莱斯大学琼斯商学院	美国	122 832	134
38	36	克兰菲尔德管理学院	英国	127 911	88
39	36	米兰博可尼商学院	意大利	112 673	111
40	37	伦敦城市大学卡斯商学院	英国	117 195	85
40	40	乔治敦大学麦克多诺商学院	美国	130 676	105
42	42	帝国理工大学商学院	英国	107 032	84
43	40	卡耐基梅隆大学泰珀商学院	美国	131 294	100
44	49	伊利诺伊大学香槟分校	美国	115 493	113
45	54	北卡罗来纳大学凯南·弗拉格勒商学院	美国	123 004	98
46	45	多伦多大学罗特曼商学院	加拿大	97 652	91
46	49	美国德州大学奥斯汀分校麦库姆斯商学院	美国	128 711	91
48	41	澳大利亚管理研究生院	澳大利亚	118 050	81
49	42	埃默里大学戈伊苏埃塔商学院	美国	124 918	104
50	49	马里兰大学史密斯商学院	美国	112 552	92
51		韩国成均馆大学商学院	韩国	106 864	86
52	53	约克大学斯古里克商学院	加拿大	93 207	99
53	55	范德比尔特大学欧文商学院	美国	119 178	98

续表

2013年排名	3年平均排名	学校名称	国家	毕业生加权工资/美元	工资增长百分比/%
54		华盛顿大学奥林商学院	美国	109 119	97
54	58	美国印第安纳大学凯利商学院	美国	112 932	111
57	63	美国加州大学欧文分校 Merage 商学院	美国	107 582	96
57	61	霍特国际商学院	美/英/中/阿联酋	112 520	89
59	73	英属哥伦比亚大学尚德商学院	加拿大	90 833	76
59	53	罗切斯特大学西蒙商学院	美国	114 312	117
59	77	佐治亚理工学院施勒商学院	美国	111 683	104
61		里斯本 MBA	葡萄牙	132 606	84
62		密歇根州立大学：伯德商学院	美国	107 453	110
62	54	墨尔本商学院	澳大利亚	106 887	64
64		蒂尔堡大学提亚宁堡斯商学院	荷兰	93 859	90
64	67	都柏林大学史默菲商学院	爱尔兰	110 099	69
66		柯培德商学院	巴西	96 621	141
66		北京大学光华管理学院	中国	77 044	163
68	67	普渡大学：克兰勒特商学院	美国	104 362	105
69		曼海姆商学院	德国	98 262	80
69	55	德州农工大学校梅斯商学院	美国	110 765	108
71	61	兰卡斯特大学管理学院	英国	96 080	81
72		巴斯大学管理学院	英国	99 916	61
72	70	俄亥俄州立大学：费舍尔商学院	美国	103 064	105
74	63	开普敦大学商学院	南非	137 361	79
74	76	爱荷华大学 Tippie 商学院	美国	105 063	124
76	65	麦吉尔大学狄索特斯商学院	加拿大	90 440	89
77	62	宾夕法尼亚州立大学斯米尔商学院	美国	111 359	106
78	64	加拿大西安大略大学：毅伟商学院	加拿大	103 112	83
78	79	华盛顿大学福斯特商学院	美国	108 899	85
80	88	巴布森学院奥林商学院	美国	116 212	98
81		杜兰大学弗里曼商学院	美国	109 334	126
82		圣加仑大学	瑞士	100 814	69
82	69	美国南加州大学马歇尔商学院	美国	120 251	88
84		乔治华盛顿大学	美国	100 600	101
84	70	Vlerick 商学院	比利时	94 829	77
86		高丽大学商学院	韩国	124 419	76

续表

2013年排名	3年平均排名	学校名称	国家	毕业生加权工资/美元	工资增长百分比/%
87		美国亚利桑那州立大学：凯里商学院	美国	99 796	99
87		斯特拉斯克莱德大学商学院	英国	108 601	77
89		复旦大学管理学院	中国	80 154	155
90	81	Incae 商学院	哥斯达黎加	86 060	132
91	76	威斯康星商学院	美国	109 878	100
92		里昂高等商学院	法国	94 394	63
93	79	波士顿学院卡罗尔商学院	美国	111 051	85
94		凯斯西储大学韦瑟商学院	美国	99 343	103
95		加州大学圣地亚哥分校拉迪商学院	美国	98 556	80
95	80	波士顿大学管理学院	美国	108 474	96
97		威廉和玛丽学院：梅森商学院	美国	102 842	120
98	95	美国南方卫理公会大学考克斯商学院	美国	107 264	95
99	91	南卡罗来纳大学摩尔商学院	美国	91 878	95
100		阿尔伯塔大学	加拿大	86 666	85

三、《经理人》排名

2012年，《经理人》仍延续自2004年开始设立的、成熟的MBA排行规则，按照国际公认惯例，从MBA毕业生、企业雇主、商学院三个方面入手，全方位对MBA商学院进行排行调研。主要调研内容如下：商学院的师资实力、教学管理和就业服务等；MBA毕业生对商学院的满意度和薪酬；企业雇主对MBA毕业生的综合能力、职业道德等的评价。毕业生方面，本次调研主要面向2009年的MBA毕业生。本年度重点调研的范围是60所院校的MBA项目，最终排出前30名。《经理人》委托第三方来执行本年度对商学院部分的数据调查。经过以往五届的成熟运作，众多商学院对《经理人》排行的独立性和第三方，以及公开、公平、公正原则有了高度认可，故绝大多数受邀商学院均积极参与填写问卷，提供毕业生名单，协助调研。对积极配合的商学院，《经理人》均对其问卷进行独立审计和核查，确保真实完整。对不积极配合的商学院，《经理人》开展独立第三方调查，包括匿名电话访问、桌面研究(二手数据搜集)、校友提供等方式。学生方面，《经理人》多渠道进行复合式调查。首先是要求商学院提供其MBA毕业生全部名单，随机抽样调查和电子邮件整体邀请调查。并通过向工商企业人力资源部调查，以电子邮件、网上公布问卷等方式进行调查。MBA毕业生受调查人数均满足统计学的要求。在工商企业对商学院及毕业生评价方面，《经理人》通过数据库，向企业董事长、CEO、副总裁、总监等15多万名高级工商企业管理者，以及人力资源部发放问卷，展开有效调查。未来，《经理人》还将按照国际惯例，两年一度地推进该项调查，打造中国最权威的MBA排行品牌，同时也请关注于2013年5月启动的、两年一度的中国最佳高层管理人员工商管理硕士(executive master of business administration，EMBA)排行。历时五个多月调研，“2012 中国最佳 MBA 排行榜”(表 3-2)终于在各界期待中隆重揭榜。清华大学经济管理学院 MBA 第五次蝉联榜首，中欧国际工商学院 MBA 位列第二，上海交通大学安泰经济与管理学院 MBA 首次进入前三甲，今年国内最优秀的前三十强 MBA 项目，各自的优势和特色非常明显，值得关注。中国 MBA 教育已走过 21 年历程，发展速度迅猛，每两年发布一次的“中国最佳 MBA 排行榜”，从 2004 年首届至今，已成功举办五届，调研的时间跨度超过了 10 年。

表 3-2　《经理人》中国商学院排名(2012 年)

商学院名称	2012 年排名	2010 年排名	师资实力	品牌影响力	就业指导	职业发展	MBA 毕业生对商学院的满意度	企业对 MBA 毕业生的评价	2012 年学费/万元
清华大学经济管理学院	1	1	93.66	93.85	8.91	8.92	8.92	8.83	12.8～18.8
中欧国际工商学院	2	1	93.08	93.32	8.94	8.96	8.75	8.65	33.6
上海交通大学安泰经济与管理学院	3	4	92.73	92.13	9.03	8.73	8.81	8.72	14.8～18.8
北京大学光华管理学院	4	3	92.96	92.98	8.66	8.85	8.55	8.48	13.8～20.8
复旦大学管理学院	5	7	92.24	91.77	8.54	8.62	8.47	8.55	16.8～22.8
中国人民大学商学院	6	8	90.86	90.25	8.26	8.57	8.63	8.39	11.8～16.8
浙江大学管理学院	7	9	89.68	89.81	8.39	8.32	8.61	8.42	10～12
厦门大学管理学院	8	10	88.79	88.94	8.18	8.25	8.59	8.33	9～10
中山大学管理学院	9	5	88.11	88.22	7.55	8.17	8.55	8.21	10～13.5
长江商学院	10	6	89.72	88.53	8.07	8.11	8.14	7.83	37.8
对外经济贸易大学国际商学院	11	13	88.57	89.17	7.89	8.08	8.22	8.12	8.8
北京大学国际 MBA	12	12	88.86	89.26	8.03	8.14	8.16	8.25	23.5～26.5
南开大学国际商学院	13	14	87.14	88.31	7.35	7.94	8.15	7.91	8.5
四川大学工商管理学院	14	15	86.63	87.54	7.56	8.11	8.07	8.09	4.6
北京邮电大学经济管理学院	15	25	86.66	87.63	7.38	8.02	8.02	8.34	10.8
武汉大学经济与管理学院	16	16	86.26	87.42	7.34	7.96	8.03	8.04	8.7
上海财经大学 MBA 学院	17	21	87.11	87.58	7.29	7.85	7.92	8.12	10.8～13.8
吉林大学商学院	18	18	85.77	86.66	7.47	7.97	8.06	8.03	4.23
南京大学商学院	19	11	85.35	86.23	7.38	7.83	7.55	7.41	11
北京交通大学经济管理学院	20	27	82.31	83.89	7.37	7.86	7.95	7.93	5.8
同济大学经济与管理学院	21	17	85.12	86.17	7.24	7.67	7.43	7.67	11.8～13.8
西安交通大学管理学院	22	20	84.33	85.88	7.18	7.55	7.84	7.89	8.5
华中科技大学管理学院	23	19	83.74	84.74	7.09	7.46	7.61	7.74	5.9
湖南大学工商管理学院	24	23	83.56	83.85	7.13	7.59	7.77	7.78	5.8
华南理工大学工商管理学院	25	29	82.19	83.44	7.01	7.02	7.82	7.95	8.5
大连理工经济与管理学部	26	N	82.06	82.53	7.22	7.74	7.79	7.66	7
北京航空航天大学经济管理学院	27	N	80.79	82.09	7.08	7.65	7.75	7.58	9.8

续表

商学院名称	2012年排名	2010年排名	师资实力	品牌影响力	就业指导	职业发展	MBA毕业生对商学院的满意度	企业对MBA毕业生的评价	2012年学费/万元
重庆大学经济与工商管理学院	28	26	81.27	81.91	6.95	7.07	7.64	7.95	6
暨南大学管理学院	29	N	79.92	80.58	6.89	7.53	7.51	7.79	9.8
云南大学工商管理与旅游管理学院	30	N	78.76	80.36	6.75	7.38	7.37	7.44	6

过去几年，改革浪潮席卷整个MBA行业，各项目在培养方案和招生上，纷纷开始大力改革，一些改革先行者已开始收获战果，从榜单的名次变化中，体现得尤为明显，也导致本年度整个榜单的座次变化较大。在2012年度榜单中，清华大学经济管理学院MBA以明显的综合优势，第五次蝉联榜首，并获得师资实力、品牌影响力、MBA毕业生对商学院的满意度和企业对MBA毕业生的评价四个核心指标的单项第一，清华大学经济管理学院近几年在培养方案和招生方面的改革成效显著，确保了持续领先。作为榜首最有力的竞争者，上一届与清华大学经济管理学院并列榜首的中欧国际工商学院MBA，2012年度以微弱差距屈居第二，所有指标都与清华大学经济管理学院不相上下，并且保持其传统优势，获得职业发展单项指标第一。最早实行招生改革的上海交通大学安泰经济与管理学院MBA，近两年生源质量有明显提升，今年首次进入前三强，取代了过去四届一直位列第三的北京大学光华管理学院MBA，不仅获得就业指导单项第一，还在职业发展、MBA毕业生对商学院的满意度和企业对MBA毕业生的评价等多个指标上位居前列。与上届相比，2012年度榜单的前十强座次，除了清华大学经济管理学院MBA稳坐榜首之外，前三强、前十强都有明显变化。北京大学光华管理学院MBA以很微弱的劣势，错失前三强。在几大传统名校中，北京大学光华管理学院MBA的全方位改革相对较晚，但其综合实力仍在稳步提升，师资实力、品牌影响力、职业发展等指标都优于上海交通大学安泰经济与管理学院。排在第五到第八位的，分别是复旦大学管理学院MBA、中国人民大学商学院MBA、浙江大学管理学院MBA、厦门大学管理学院MBA，这四个项目较上一届都提升了两个名次。复旦大学管理学院MBA和中国人民大学商学院MBA，近两年通过招生等多项改革和创新措施，使项目质量显著提升。浙江大学管理学院MBA在过去两年中，报名数量和生源质量提升很快，其报名人数与实际招收人数的比率为7.27∶1，与上一届相比，几乎翻了一倍，同时在就业指导、职业发展、毕业后薪酬涨幅等方面的提升也很显著。厦门大学管理学院MBA的跃升，体现在招生和培养模式的创新力度上，学生满意度也较高。位列第九和第十位的，分别是中山大学管理学院MBA和长江商学院MBA，这两个项目较上一届名次均有不同程度的下降，主要体现在报名数量、实际招收人数、就业指导、企业对MBA毕业生的评价等方面。

在本年度排行的后20强中，提升较大的项目有4个，分别是排名第15位的北京邮电大学经济管理学院MBA、第17位的上海财经大学MBA、第20位的北京交通大学经济管理学院MBA和第25位的华南理工大学工商管理学院MBA。另外，还有4个项目首次入榜，分别是排名第26位和第27位的大连理工经济与管理学部MBA、北京航空航天大学经济管理学院 MBA，以及第 29 位和第 30 位的暨南大学管理学院 MBA 和云南大学工商管理与旅游管理学院 MBA。在后 20 强中，北京地区的几个项目提升较快，除了前面提到的北京邮电大学经济管理学院 MBA、北京交通大学经济管理学院 MBA 和北京航空航天大学经济管理学院 MBA 外，对外经济贸易大学国际商学院 2012 年也提升了两个名次，位列第 11 位。北京大学国际 MBA 保持第 12 位没变。第 13 位的南开大学国际商学院 MBA、第 14 位的四川大学工商管理学院 MBA、第 16 位的武汉大学经济与管理学院 MBA，以及第 18 位的吉林大学商学院 MBA、第 19 位的南京大学商学院 MBA，均为各自区域内最强的 MBA 项目，它们在本区域的影响力远大于全国性的传统名校项目，并且都在逐步加大向外拓展生源的力度。

从过去两年来看，培养方案和招生的改革，对名次变化的影响较大，改革的力度如何、改革的进展快慢，直接影响到项目对学生的吸引力及质量。在改革的浪潮下，不进则退，体现到名次变化上，上升下降都很明显，个别项目由于后劲不足，最终跌出榜单。在上一届排行时，我们曾做出判断：未来两年，全面改革将成为主流趋势，这不仅会使 MBA 整个行业上一个新台阶，也会对竞争格局产生根本影响。两年过去了，又有哪些新的变化呢？在过去两年中，排名前 30 强的项目，85％以上都进行了不同程度的改革，效果的最直接体现是生源质量和报名人数快速提升。改革较早的清华大学经济管理学院 MBA，2012 年入学的招生中共进行了四批提前面试和一批正常批面试，报名总人数达到 4 122 人，比上一年增长 22.9％，报名/录取比率高达 9.8∶1，吸引大批工作经验丰富、身处管理岗位的学生入学。同时，进行培养方案的改革和创新，力求更符合学生和工商企业的新需求。同样改革较早的上海交通大学安泰经济与管理学院 MBA 情况也很类似，改革后，项目整体实力有了质的提升。主流 MBA 项目的大力度改革，尤其在招生方面，会导致优秀生源进一步向这些项目集中，这符合优胜劣汰的规律，也给改革缓慢的项目带来巨大的压力，迫使它们加快步伐。过去两年，从前 30 强项目的数据来看，90％的项目学费上涨。两所体制外的项目，中欧国际工商学院 MBA 和长江商学院 MBA 涨幅最大，学费比很多商学院的 EMBA 项目还高。学费上涨有几个刺激因素：其一是整个物价上涨；其二是改革后成本提升所致；其三是有意用价格杠杆来调节生源结构；其四是有些项目学费始终处于低位，成本压力大。近两年，随着招生规模的扩大，MBA 学生低龄化趋势非常明显，80 后一度成为 MBA 课堂的重要群体，2011 年在各项目招生中，这点比较明显。但是，随着各个项目的改革逐步推进，低龄化趋势开始出现扭转，提前面试、重新定位培养对象、学费上涨，让更多工作经验丰富的、有经济基础的人走进 MBA。2012 年，不少主流 MBA 项目的学生平均年龄不降反升。智能终端和移动互联网是过去两年的热点，这让走在管理最前沿的商学院有了很好的创新机会，清华大学经济管理学院 MBA、北京邮电大学经济管理学院 MBA 开始利用 iPad 和信息系统，提倡无纸化学习。例如，北京邮电大学经济管理学院 2012 年新入学的 MBA 学生，每人获得一部学院免费提供的 iPad，通过课件系统任意下载课件，彻底放弃了纸质课件，可以修改课件、做笔记，学生之间还可以在线交流。学生和老师的课程，从入学开始，整个学习周期都在系统中记录。把教学和管理与最新技术融合在一起，大大提升了教学和管理的创新能力。

第四章

工商企业高层管理

社会是由许多机构和单位构成的，所有这些机构都有着共同的管理职能、共同的管理任务、共同的管理工作。

“管理”(management)是一种职能，是我们的社会机构，特别是工商企业中领导、指挥和决策的器官，是一种普遍的职能。管理作为一种客观的职能，以取得机构运行的效率和效果为基础。

管理作为一种职能、一门科学、一个要完成的任务，管理者是实践这门学科、执行这种职能并完成这种任务的专业人员。这一章主要论述工商企业高层管理者的任务、责任和实践活动。

第一节　管理者的任务

管理者的首要任务，是对机构进行管理，取得组织运行的良好效果。管理工作不仅仅是内部的技术性工作，其涉及组织和激励、财务控制和其他控制、管理科学和管理者培训等诸多方面。管理者的任务还在于使工作有生产性和员工有成就感，并为社会和个人提供高质量的生活。

一、工商企业及社会责任

1. 什么是工商企业

“工商企业是一种谋利的组织”，工商企业是由人来创建和管理的。企业经济学家乔尔·迪安(Joel Dean)曾经说，“经济理论中的一个基本假设是，利润最大化是企业的基本目标”。但是，近年来利润最大化已被修正，用来指长期的利润；指经营管理的收入，而不是指工商企业所有者的收入；还包括一些非财务上的收益，如高度紧张的管理者日益增加的闲暇，以及企业内各管理阶层之间的和睦关系；同时还应包括一些特殊的考虑，如限制竞争、维持管理控制、解决工资要求、防止反托拉斯起诉。

工商企业是社会的一种器官，其目的就是“创造顾客”，只有顾客才能使经济资源转化成财富。顾客想要买的是什么，他认为有价值的是什么，这才是有决定意义的——它决定着什么是一个工商企业，它生产些什么，它是否会兴盛起来。

工商企业具有两项职能，即市场营销和创新，市场营销和创新产生出经济成果。市场营销是工商企业突出的、特有的职能，任何组织，只要是为了在市场上推销一种产品或一项服务的，就是一个工商企业。工商企业总是在成长、扩展和变革中，创新是工商企业的基本特征，对工商企业来说，只是提供出任何一种经济货物和服务是不够的，它必须提供出更好、更多的经济货物和服务。一个工商企业不一定要变得更大，但它必须经常地变得更好，这需要持续地创新。

2. 工商企业的宗旨和使命

工商企业的宗旨和使命是确定优先顺序、战略、计划、工作安排的基础。只有明确地规定了工商企业的宗旨和使命，才可能树立明确而现实的企业目标。

一个工商企业不是由公司的名称、规章改组成公司的条款来规定的，而是由顾客购买一项商品或服务时所满足的需要来规定的。满足顾客的需要就是每一个工商企业的使命和宗旨。“谁是顾客”是首要而关键的问题。顾客，即一种产品或服务的最终使用者。同工商企业的宗旨和使命有关的一个问题是“顾客考虑的价值是什么”。这可能是最重要的一个问题。顾客所买的从来不是一件产品本身，顾客买的是对一种需要的满足，买的是一种价值。

关于一个工商企业的宗旨和使命的定义，除了“我们的企业是什么”，还应考虑“我们的企业应该是什么”、“我们的企业将是什么”等问题，这可使工商企业能适应预期的变化，包括社会、经济和市场中的各种变化，以及本工商企业和其他工商企业的创新。有计划地淘汰那些不再适合于企业的、不再能为顾客提供满足并做出出色贡献的宗旨和使命是非常重要的。只有恰当地使一个工商企业树立目标、制定战略、集中其资源并着手工作，才能对一个工商企业进行管理而取得成效。

3. 目标的力量

“我们的企业是什么、应该是什么”的定义应该转化成为清楚、具体、有效而多样化的目标。这首先要求决定一个经营的中心，即一个基本的战略目标。下一步是确定它的创新目标，如为关键资源的供应和发展制定目标，为财务资源的系统发展及其运用的控制手段制定目标，还可以制定同供货者之间关系的目标。有关工商企业及其宗旨和使命的基本定义必须转化成各种目标。否则，它们永远只是成果的构想、良好的愿望。

目标是工作和工作安排的基础，决定着工商企业的结构、必须进行的主要活动。在市场推销、创新、人员组织、财务资源、物质资源、生产率、社会责任、利润要求这八个关键领域中，始终需要有目标。目标必须具体化为工作，而工作始终是具体的，始终有着或应该有清楚、明晰、可以衡量的结果、完成的期限，以及责任的具体分配。目标是为了创造未来动员工商企业的资源和力量的手段。

4. 战略规划

管理者必须具有在系统的基础上做出长期决策的技能，长期决策大都是由短期决策组成的。一个长期的决策需要制定战略规划，作为长期规划依据的是“我们的企业应该是什么”，并将主要的资源和力量用于未来的产品、服务、市场、工艺技术。

战略规划是分析的思想并把资源应用于行动。在制定战略规划的过程中，要用到许多技术，但战略规划虽然也是定量化的，但却不易用计量技术来运算，战略规划不是“科学方法对企业决策的应用”，它是思想、分析、想象和判断的应用。战略规划是一个持续的过程，即系统地进行目前企业的(承担风险的)决策，并尽可能地了解这些决策的未来性，系统地组织执行这些决策所需的努力，通过有组织的、系统的反馈，对照着期望来衡量这些决策的成果。

最好的规划也只是一项规划，即良好的愿望，除非它转化为工作。标志着一项规划能提供成果的突出特点是使关键人员从事特定的任务。对一项规划的判别是，管理当局是否切实地把各项资源投入在将来会取得成果的行动之中。必须对经理人员提出以下的问题来对一项规划进行考验：“你目前把你哪些最好的人员投入这项工作?”因为一项规划的目的正是充分利用稀缺资源，而最合适的人正是最稀缺的资源。工作不仅意味着由某个人来从事该项职务，而且意味着责任、完成期限及成果的衡量。规划工作的系统组织和为规划工作提供知识，加强了管理者的判断力、领导能力和远见。

二、富于生产性的工作和有成就的员工

1. 工作活动

工作活动，是一种人类本质的活动及其属性的一个主要组成部分，工作者必须在五个方面中的每一方面都有所成就，才能富有活力。这五个方面包括：第一，生理的方面。人不是机器，也不能像机器那样地工作。适合于机器的任何一种作业和任何一种操作，并不适用于人，人最适宜做一组综合的操作而不是单一的操作。人完全不适宜于以不变的速度和标准的节奏来工作。所以，工作最好是均匀统一，而做工作最好有相当程度的多样性。做工作需要经常地改变速度、节奏和注意范围，以及要求经常改变操作的程序。第二，心理的方面。工作既是一种负担，又是一种需要，既受到咒骂，又受到歌颂。我们早已知道，失业会造成心理上的严重失调，这主要不是由于经济上失去了收入，而是由于使人失去自尊心。工作是一个人个性的扩展，工作是一种成就。它是一个人用来确定自己、衡量自己的价值和人性的一种方法。第三，工作是一种社会联结和团体联结。在员工社会中，工作是人们接触社会和团体的主要途径。一个人的社会地位在很大程度上由工作来决定，工作是一种手段来满足人归属于一个团体的需要以及与人发生有意义的关系的需要。第四，工作是一种“生计”。只要一个社会实行了最原始的劳动分工，工作就包含了经济的方面。当人们不再是自给自足而开始交换其劳动果实时，工作就造成了人们在经济上的联系。第五，在一个组织中做工作，总包含着权力关系。需要有一种权威来把所得到的收益在成员之间进行分配。机构本身，不论是工商企业或医院，必然是一个收益再分配的系统。当各人的贡献都是简单的、类似时，可以在完全平均的基础上进行分配。

管理者必须就目标进行管理，必须找到解决办法或至少是权宜办法，以便使他能使工作富有活力并使员工有成就。

2. 工作分析

要使工作富于生产性，关键的一点就是要认识到工作具有普遍性和一般性。技术和知识与做工作相关而不属于工作的方面。由于工作是客观的、非人格性的，并且是一种“事物”，即使工作是无形的，为了使工作富于生产性，必须从最终产品、工作的产出出发，而不能从投入(不论是手艺技巧或正式知识)出发。工作的一般性意味着工作即使不能科学

地来进行，也能够系统地来进行。使工作富于生产性要求做到以下几点：第一，分析。必须了解工作所需的各项特殊操作，其程序和要求。第二，要综合。必须把各项操作结合成为一个生产程序。第三，在生产程序中建立起有关方向、数量和质量、标准、例外情况的控制。第四，提供合适的工具。

工作分析基本上包含以下四点：①确认生产出一种已知的最终产品、做好一件已知的工作所必需的所有操作。②对各项操作的程序进行合理组织，以便使工作流程尽可能地最容易、最流畅、最经济。③对每种操作及其再设计进行分析，以便最有效地完成每种操作——包括提供恰当的工具、所需的信息，并在需要的时间和地点提供合适的材料。④把这些操作结合成为作业。工作分析不是从确认各项操作开始，而是从确定所要的最终产品开始。管理者必须认识到，他必须让工作分析人员参与产品和生产过程的设计。最终产品不能主要从使工作容易进行这一点出发来安排，其基本规格是由用户而不是由生产者的需要和价值来决定的。但是，在这些基本规格的限度内，在设计一种产品或服务时通常还有很大的活动余地，使得工作有效率或无效率、简易或不必要的复杂化、经济或浪费。管理者必须知道，工作分析的逻辑同作业结构分析的逻辑是不同的。前者是工作的逻辑，后者是做工作的逻辑。

3. 工作控制

工作是一个过程，而任何过程都是需要加以控制的。因此，为了使工作富于生产性，就要在工作过程中建立恰当的控制。生产过程特别需要建立以下一些方面的控制：工作的方向；工作的质量；在一定的时间单位内和一定的工作投入所产出的数量；工作的标准，如机器的维修或安全；工作的经济，即它利用资源的效率。

每一工作过程要有它自己的控制，但并不存在着一种“标准的”控制，而是所有的控制系统都必须满足同样的一些基本要求并符合同样的一些普遍规格。对工作过程的控制意味着对工作的控制，而不是对工作者的控制，控制应该是工作者的工具。控制是一种经济原则，而不是道德原则。控制的目的在于使生产过程能流畅地、恰当地、符合高标准地进行。有关控制系统应该提出的第一个问题是，生产过程是否以最小的努力维持在可以允许的偏差范围之内。应该提出的正确问题是“维持生产过程的最低控制是什么”。有关控制要知道的第二件事是它们的基本特点。控制必须预先规定，必须规定想要达到的成绩以及根据标准允许的偏离。控制强调“例外”，只有在允许的偏差超过规定的标准时才采取纠偏措施。第三，必须由所做工作的反馈来控制。工作本身必须提供信息。如果经常要进行检查，那就不是控制了。非常重要的一点是，检验不是控制。检验是对控制系统的控制，而不是控制系统本身。为了使检验有效，检验也必须满足控制的各项要求，首先是经济的原则。控制系统必须确定要建立控制的关键点。这主要不是由一种技术决定，而是由一种管理决定。一个控制系统只能控制正常的程序，它必须辨别出真正的例外但不能处理它们，它只能确保这些例外不妨碍程序本身。

使工作富有生产性还需要为工作提供好的工具。不同的工种要求不同的工具，各种各样的工具很多，管理者必须了解工具应用的基本管理要求。工具必须为工作服务，能以最小的努力、最小的复杂性、最小的动力做好工作的工具就是最好的工具。

4. 员工责任

员工怎么样才能够负起责任呢？主要还在于工作本身。必须使工作有取得成就的可能。工作本身并不是一切，但它是首位的。如果工作不能使人取得成就，那么任何事物都不能使人取得成就。

员工能承担起工作上的责任，要求：①工作本身是富于生产性的；②能够反馈信息；③持续学习。如果没有对工作进行研究，没有对生产程序加以综合，没有深入思考标准和控制，没有设计出传递信息的工具，要求员工承担起他们的工作的责任，那是不可能的，这表明管理上存在不足。第二个必要条件是关于员工自己成绩的信息反馈。承担责任要求自我控制。自我控制又要求不断地获得与原定标准对比的成绩的信息。只要把信息反馈给人们，即使他们以及信息的提供者并不真正知道应该做些什么以及如何做，他们也能控制和校正自己的工作。信息反馈的真实力量以及主要的强化因素显然在于，信息是员工用于对自己进行衡量和指挥的工具。第三个必要条件是持续学习。员工，无论是非熟练工人、熟练工人还是知识工作者，都必须接受新技术的训练。持续学习与训练有着不同的目标并满足不同的需要，它特别有助于员工把已学到的东西用于提高自己的工作成绩，提高自己同事的工作成绩，并找到一种更好、更有效、更合理的工作方法。

员工为了承担起责任的担子，就需要在工作和收入上有相当程度的保障。为了使员工获得承担责任所必需的保障，必须有实现这种保障的现实条件。把员工留在工作岗位上，但却没有工作给他们做，同事实上没有职业一样地造成一种不安全感。所需要的不仅是保证其收入，而是要有一种积极而系统地向员工提供工作即使之成为社会中积极成员的制度。现在所需要的是保障明显化、公开化，使得人人都看见，并且要对社会经济、企业和员工所需的流动性加以组织。

5. 人是工商企业最大的资产

管理者的一项责任是使员工取得成就，现实中管理者反对员工承担起责任，认为那就是放弃了管理者的职权。权力和职权是两回事，管理者并没有权力，而只有责任，但他需要有职权来完成其责任，行使管理特权就破坏了管理的职权。

分权化就是员工负起责任来、工作团体负起责任来、工作集体实行自治。有相当多的人反对分权化。他们担心分权化会削弱高层管理甚至导致“高层管理放弃职权”。事实上，分权化加强了高层管理。分权化使得高层管理更有效并更能从事他自己的工作，使得高层管理有更大的职权，使员工有成就，能加强管理当局的职权。因为它能使管理当局集中精力于他必须进行的工作而摆脱那些他不必进行的、或进行得不好的、或会使他花费过多时间的工作，从而能使管理更有效。实行分权化并不是企业的经营，而是工作的管理。

要使员工“有成就”，管理者就要把劳动力看成是一种资源，而不是把人员看成是需要帮助的待解决的问题，或把劳动力看成是一种成本和威胁，认为任务就在于控制成本并同“各种危机”进行斗争。人员也的确是一种成本和一种潜在的“威胁”。但是，人员之所以被雇用并不是由于这些，而是由于他们取得成就的力量和能力。它要求管理者承担起使人力发挥效用的责任。

管理者真正把人员当做最大的资产，需要做到以下几点：首先，要使工作和劳动力承担起责任和有所成就。必须由实现工作目标的人员同其上级一起为每一工作制定目标。必须使工作本身富于活力，以便员工能通过工作使自己有所成就。其次，管理者必须把同他一起工作的人员看成是他自己的资源。他必须从这些人员中寻求职务的指导，帮助他们的管理者能更好地、更有效地做好自己的工作。在对人员的管理中，非常重要的一点是把人员安置在能发挥作用的地方。管理者的职责就是使各种资源得到最优的利用，而人员安置就是使各种资源中最费钱的资源即人员得到最优利用的途径。

三、社会责任

无论在发达国家还是绝大多数发展中国家，大型工商企业的管理者日益成为社会的领导者，人们期望他们担当起领导的角色并承担起解决主要社会问题的责任，这要求他们把对社会的关心作为工商企业本身行为的中心，要求管理者有新的思想和新的行动。

1. 工商企业的社会责任

就工商企业来说，要了解关键领域中的各项目标，因为这些目标规定了完成工商企业的使命必须取得成就的最低限度。只要能够达到这些目标，工商企业就能有所成就。尤其重要的是，管理当局必须知道工商企业为了弥补风险和承担起未来的责任而需要的最低限度利润率。任何时候，只要一个工商企业忽略了在经济上取得成就的限制并承担了它在经济上无力支持的社会责任，它很快就会陷入困境。

在社会责任上最重要的限度是职权的限度。任何人要求职权就要承担责任，而任何人承担责任也要求职权。任何时候，当人们要求工商企业承担某项责任时，应该问一下，工商企业有这种职权吗，它应该有这项职权吗。在多元社会中始终存在的威胁是共同利益同贪求自己的权力混淆。如果社会中的关键机构不为共同利益而承担责任，就不能为一个社会进行工作。

要求工商企业或其他任何机构承担社会责任，工商企业的管理当局必须关心社会的严重弊病。只要有可能，他们就应该把这些问题转化为做出成果和贡献的机会，以此来解决这些问题。

2. 工商企业与政府

管理者，特别是工商企业的管理者的一个极为重要的社会责任就是处理好工商企业与政府的关系。两者的关系也是一个重要的社会问题，制定出有效的办法并加以实现是管理者的首要职责。

为了承担起这项责任，管理者首先必须了解政府与工商企业间关系的历史背景。政府与工商企业间关系的政治传统和行政传统在各个国家之间有很大的不同。有两种差异很大的政治模式，即重商主义和立宪主义。在重商主义模式中，经济被看成是国家的政治统治，工商界人士的社会地位较政府机构中的官员低。立宪主义模式主要产生于美国。它基本上把政府看成同工商企业处于敌对地位的关系，两者之间的关系由法律来规定，在公正的基础上来予以处理。目前，这两种模式中没有一种模式能为政府或工商企业提供任何指导用以对付需要解决的新的关系问题。这些新的问题是：①“混合经济”；②多国公司；③政府已丧失其唯一的机构的地位；④专业管理者的出现。

政府的活动同工商企业的活动既互相交织又互相竞争，这两种模式中没有一种能处理混合经济的问题。此外，在由多种组织构成的社会中，政府成为一种具有特殊目标的机构，而不是唯一的机构。这样一种社会为非政府的领导集团，特别是工商企业的管理者提出了社会责任，因而政府不再具有独一无二的作用和地位。最后，出现了不同于所有主——企业家的专业管理者。传统的模式谈的是工商企业家，而目前的现实是管理者。

解决和处理这些问题需要“规范”，提出对各种特殊问题的特殊解答进行检验和判断的准则。这种规范前提是工商企业及其管理者有自治权并负有责任，经济自主和政府管制这双重需要在工商企业同政府间关系这个重要问题上合并在一起了。工商企业管理者必须把处理工商企业与政府和社会的关系看成是他们的任务。

3. 责任的伦理和道德

把管理者说成是个别的领导者是不恰当的，他们是“领导集团的成员”。但整个领导集团的确拥有明显的、显赫的、权威的地位，因而它也就负有责任。管理者既然是一个领导集团的一员，就必须符合对专业人员责任的伦理的要求。

一个专业人员的首要责任是什么，“绝不明知其有害而为之”是专业人员伦理的基本准则，是公共责任伦理的基本准则。如果一个管理者由于担心“不受人们欢迎”而不对本工商企业所造成的社会影响深入思考并找出解决的办法，最终对工商企业或产业所造成的损害要更大，而且这也是严重违反专业人员的伦理的。工商企业常在如下一些领域出现违反“明知有害而不为”这一准则的现象：经理人员的报酬；用福利计划把公司雇用的人员戴上“金镣铐”；有关利润的辩护。

在任何一个多元社会中，对公共利益的责任一直是一个主要问题。管理者要在他们的机构中保持“独立自主”，不论这些机构归谁所有，或以什么方式所有，他们都必须保有自主权。但是，他们在其伦理上却必须是“为公众”的。

第二节 管理者的工作和技能

经营管理者职务的行使并非靠授权，而是源自工商企业需要及现实。因此，有了经营管理的职务、工作、技能和明确的经营管理组织。

一、管理者的工作

1. 管理者

管理者是工商企业的基本资源。管理者管理得好不好将决定工商企业的目标是否能达到，也在很大程度上决定着工商企业对劳动者和劳动管理得好不好。因为劳动者的态度是管理团队的能力和结构的反映，劳动者的效率在很大程度上取决于他被管理的方式。

管理者的工作中有五项基本工作，五项工作合起来把各种资源综合成为成长中的有机体。一个管理者首先要制定目标。他决定目标应该是什么，为了实现这些目标应该做些什么，这些目标在每一领域中的具体目标是什么。其次，一个管理者要从事组织工作。他分析所需的各项活动、决定和关系。再次，一个管理者要从事激励和信息交流工作，他把担任各项职务的人组织成为一个团体。管理者工作中的第四个基本因素是衡量。他注意为每一个人确定一种衡量标准，使之集中注意整个组织的成就，同时又注意他本人的工作并帮助他做好工作。最后，一个管理者要培养人，包括他自己。制定目标、组织工作、激励和信息交流、衡量考核以及培养人员，是正式划分的各项工作。只有管理者实际工作才能使它们成为活生生的、具体的、有意义的工作。

一个管理者有两项特殊的任务。第一项任务是创造出一个大于其各组成部分的总和的真正的整体，创造出一个富有活力的整体，它把投入其中的各项资源转化为较各项资源的总和更多的东西。为了完成这项任务，要求管理者尽可能有效地利用他所拥有的各种资源尤其是人力资源，而消除所具有的各种缺陷。这就要求管理者平衡和协调工商企业的各项主要职能：管理一个工商企业本身、管理劳动者和劳动、管理工商企业同社区和社会之间的关系。创造出一个真正的整体这一任务还要求管理者在每一次行动中同时注意作为整体的工商企业的成就和成果，以及为取得综合成就而必需的各种不同的活动。

管理者的第二项特殊任务是在每一项决定和行动中协调当前的和长期的要求。他如果牺牲了当前的要求和长期的要求中的一项，就会使工商企业受到危害。管理者所做的一切必须既有利于当前，又有利于根本的长期目标和原则。

2. 管理职务的设计

一个管理者的职务应该以达到公司目标所必须做的一项任务为依据。它始终应该是一项真正的职务，一项对工商企业的成就做出明显可见的、尽可能是能加以衡量的贡献的职务。管理职务必须有其自己的权威和责任。

职务始终必须有经营管理的范围和大小。因为，一个管理者是对工商企业的最终成果负有责任并做出贡献的人。因此，其职务始终应该有最大的挑战性，负有最大的责任，并做出最大的贡献。在设计管理职务时要注意以下几点：第一，不要把职务设计得太小，以致一个正常的人不能得到发展。“一项职务的范围应该小得使一个人能触手可及”是一条错误的规则。正确的应该是，“一项职务应该具体得使一个人能对之进行工作，但大得使之不能触手可及”。管理关系的幅度对管理职务的设计是极为重要的。管理职务必须有特殊的目标和特殊的目的和职能。一个管理者必须能做出能辨认出来的贡献，必须负有一定的责任。第二，在设计一项管理职务时，要把“管理”和“工作”即一个人的特殊职能与职务结合起来，一个管理者应当是一个“工作中的指挥”。第三，一个管理者的职务应该尽可能设计得能由他自己及他管理的单位中的人就能完成。如果把一个职务设计得要求不停地开会、“协作”和“协调”，那是错误的。管理职务本身的性质就已包含了非绝大多数人所能胜任的“人际关系”。第四，任何时候都不应该把职衔用来作为一种报酬，更不能用来掩盖职能的缺乏。第五，对某些职务应重新考虑并重新改组。如果一项职务使得接连两个以前在其他职务上干得好的人失败了，那就应予以改组。

管理者的职务，首先是特殊的职能，即职务本身。这始终应该是一项永久的、持续的职务，是未来很长时间所必需的一项职务。其次，职位指南和职务说明书可以说是一项管理职务的使命陈述。再次，一项职务是由各种关系——向上的关系、向下的关系、横向的关系——来下定义的。最后，一项职务由该职务所需的信息及一个管理者在信息流程中的地位来下定义。每一位管理者应该问一下自己，“我在担任自己的职务时需要些什么信息以及我到哪里去获得这些信息”。他应该保证那些必须向他提供信息的人了解他的需要，不仅了解他需要什么，而且了解如何需要。

组织管理者的职务时，必须自下而上地进行，从“第一线”上的活动开始，即先确定负责产品和服务的实际产出的职务、向顾客销售的职务、绘制蓝图和工程图纸的职务。管理者对下级负有责任。他首先必须肯定他们知道和了解要求他们的是什么。他必须帮助他们制定他们自己的目标，并帮助他们实现这些目标。管理者的最后一项职责是对工商企业的职责。因为，他的职务和职能是以工商企业的客观需要而不是以职衔或授权为依据的。因此，每一个管理者都必须以工商企业的目标为依据来规定他自己的以及他所领导的单位的目标。

3. 管理者的培训

为什么要对管理者进行培训？各个管理者像公司和社会一样需要发展。他首先应该使自己保持机警的和思想上的活力。他必须使自己处于受挑战的状态中。然后，他需要作为一个“人”来进行培训，甚至比作为一个管理者的培训更为重要。

管理者的培训有其特殊性：①它不是上课。课程只是管理集团培训的一种工具，而不是培训本身。管理者是以活动为中心的。如果不用行动来强化所学到的东西，那就是不恰当的。②管理者培训不是提升计划、补充人选计划或物色可能的接班人。之所以要进行培训，是因为未来的职务和未来的组织将不同于目前的职务和目前的组织。③管理者的培训并不意味着改变其个性，“把人改造过来”。其目的是使一个人更有效地充分发挥其力量，并使他能按自己的方式而不是按其他人认为他应该是怎样的方式来取得成就。

管理者培训的重点则在人，其目标在于使得一个人最充分地发挥其能力和力量并获得个人的成就。培训始终是自我培训。个人成长责任在于自己，在于其能力和努力。但是，工商企业中的每一位管理者都有着促进或阻碍个人的自我培训、正确指引或错误指引个人的自我培训的机会。因此，应该明确地要求每一位管理者承担起帮助同他一起工作的人进行自我培训的责任。

4. 目标管理和自我控制

管理者的职务必须把工商企业的成功作为中心，管理者预期取得的成就必须与工商企业成就的目标方向一致，他的成果是由他对工商企业成就所做出的贡献来衡量的。目标管理是一种特殊的工具，通过它使管理者朝向一个共同的目标努力。

每一位管理者都必须明确规定其目标，否则，一定会产生混乱。这些目标必须规定该人所管理的单位应达到的成就，必须规定他和他的单位在帮助其他单位实现其目标时应做出什么贡献，还应规定他在实现自己的目标时能期望其他单位给予什么贡献。这些目标始终应该以工商企业的总目标为依据。每一位管理者的目标应该规定自己对实现公司在各个领域的总目标做出的贡献。这对于使每一职能部门和专业充分发挥技能，以及防止各不同职能部门和专业建立独立王国都是必需的。

每一个管理者工作的目标应该由他对自己所属的更高一级单位的成功做出的贡献来规定。做一个管理者就意味着有责任。正因为他的目标应该反映工商企业的客观需要，而不仅是上司或他本人的想法，他必须以积极的行动承担起对上级目标的责任。他必须知道和了解工商企业的最终目标，期望于他的是什么，为什么期望于他，对他进行衡量的标准是什么，为什么是这样的标准。

目标管理的最大优点也许是它使得一位管理者能控制自己的成就。自我控制意味着更强的激励：一种要做得最好而不是敷衍了事的愿望。它意味着更高的成就目标和更广阔的眼界。目标管理即使不一定能使工商企业的管理集团在方向和努力上获得一致，但一定能做到通过自我控制来管理。

二、管理者的技能

管理是一项特殊的工作，因而要求特殊的技能。其中包括：做出有效的决策；在组织内部和外部进行信息交流；正确运用控制与衡量；正确运用分析工具，即管理科学。没有一个管理者能掌握所有这些技能。但每一个管理者都必须了解这些技能是什么，每一个管理者都应该对基本的管理技能有所了解。

1. 取得成就的精神

一个组织的目标在于使平常人做出不平常的事。对一个组织的考验就是取得成就。为取得成就，要求每个人能充分发挥他的长处。具体来讲是：①组织的重点必须放在成就上，对团体和个人提出成就的高标准。②组织的重点必须放在机会上而不是放在问题上。③有关人的各项决定，如工作安排和工资报酬、提升、降职和离职，都必须表明组织的价值观和信念。它们是组织的真正的控制手段。④在其有关人的各项决定中，管理当局必须表明，正直是一个管理者所应具备的唯一的绝对条件。这项品质是管理者必须具备的。

如果一个组织一贯把重点放在机会上而不是放在问题上，就会有很高的取得成就的精神，就会有挑战的感觉和取得成就的满足。当然，不能忽视问题，它还要求把机会转化为成果。领导方式是通过性格表现出来的，而性格树立榜样并成为人们模仿的对象。管理当局决不应该委任那种重才不重德的人，那是不成熟的表现。

正确的实践必须经过很长的过程才能显示出来，被人们所认识。领导就是把一个人的眼界提到更高的水平，把一个人的成就提到更高的标准。而要为这样一种领导打下基础，最好的办法是培养出一种管理精神。这种管理精神在组织的日常实践中确立起行为和责任的严格原则、成就的高标准、对别人及其工作的尊重。

2. 有效的决策

管理者的第一项管理技能就是做出有效的决策。对一项拟议中的决策进行讨论，直到全体一致同意，才做出决策。决策的重要因素在于确定问题。重要而关键的一步在于决定是不是必须做出一种决策以及该决策是关于什么事情的，这才是决策的实质。决策的阶段，问题的具体答案就取决于高级管理阶层的决定。这种决策过程有自身优点：它能做出非常有效的决策。决策过程把注意力放在问题的理解上。所要求的最终成果是人的行动和行为。这几乎保证了可能考虑的所有可供选择的方案。它使管理当局集中注意于实质问题。制度迫使他们做重大的决策，这使得他们只用于处理真正涉及政策和行为变革方面的事。

他们决策方法的实质是什么呢？首先，他们把注意力放在确定决策是关于什么的事情上，而不是把注意力放在提供答案上。他们注意的中心是确定问题。其次，把各种不同的看法都提出来。这是因为他们在达到协商一致以前并不对答案进行讨论，而是探讨各种不同的看法和方法。最后，注意的中心放在各种可供选择的方案上，而不是放在“正确的答案”上。一项决策就是一项判断，是在各种不同的可供选择的方案之间进行抉择。有效决策是由于“对事实取得一致看法”而做出的。要首先掌握事实是不可能的，决策者只有从看法开始，才能发现决策是关于什么事的。

总而言之，决策不是一种机械的工作，而是一种冒风险的事，是对判断力的一种挑战。“正确的答案”不是问题的中心，中心在于对问题的理解。还有，决策不单纯是一种智慧的运用，还需要动员组织的见识、力量和各种资源，以便采取有效的行动。

3. 管理的信息交流

信息交流的四项基本原则：①信息交流是知觉；②信息交流是期待；③信息交流提出要求；④信息交流和信息是不同的，而且事实上在很大程度上是对立的，但又是互相依存的。

第一，信息交流是知觉。无论采取什么媒介手段，信息交流的第一个问题应该是，“这项信息在接受者的知觉范围以内吗，他能接受吗”。当我们讲到信息交流时，对知觉的最重要的限制条件常常是文化和感情上的，而不是身体上的。第二，信息交流是期待。我们知觉到的是我们期待着去知觉的。在我们能进行信息交流以前，我们必须知道接受信息的人期望看到和听到的是什么。第三，信息交流提出要求。人们往往压抑带有不愉快或威胁性联想的语调，而记住了带有愉快的联想的语词。信息交流必然提出要求，必然要求信息接受者成为某样的人、做某种事、相信某种事。它始终求助于动机。第四，信息交流和信息是不同的，而且事实上在很大程度上是对立的，但又是互相依存的。信息交流是知觉，而信息则是逻辑。因此，信息是纯粹形式上的，没有什么意义。同时，信息以信息交流为先决条件。信息总是编码的。为了接受信息，信息接受者必须知道并了解其代码。事实上，最完善的信息交流可能纯粹是“分享经验”而没有任何的逻辑内容。

首先，信息过程愈是非人称化和形式化，则愈是依赖于关于意义及应用的预先协定，即依赖于信息交流。其次，信息过程愈是有效，则它愈是非人称化和形式化，因而愈是使人与人分离。信息交流要求共享经验，通过努力交流去重建人际关系、信息交流的关系。最后，自下而上的信息交流必须把重点放在某些能被接受者和发出者双方都知觉到的东西上。因此，目标管理是能起作用的信息交流的一个先决条件。目标管理要求下级仔细考虑他能为组织及组织中的单位做些什么主要贡献并承担些什么责任。组织中的信息交流不应该是组织的一种手段，而应该是组织的风格。

4. 核查和控制

在社会机构的用语中，“核查”(controls)这个词并不是“控制”(control)这个词的复数形式。核查的同义词是衡量和信息，而控制的同义词则是方向。核查是关于方法的，控制则是关于目的的。核查讲的是事实，即过去的事件；控制讲的是期待，即同未来有关。核查是分析的，涉及过去和现在的情况；控制是描述的，涉及应该是怎样的情况。从管理者的工作来说，核查只不过是为达到一种目的的手段，而目的则是控制。

工商企业中的核查有三个主要特点：第一，核查可能既不是客观的，也不是中性的。衡量的行为是主观的，并且必然是有倾向性的。核查就是制定目标和制定价值。第二，核查必须把重点放在成果上。工商企业之所以存在是为了对社会、经济和个人做出贡献。因此，工商企业的成果存在于经济、社会、顾客之中。只有顾客才创造“利润”。第三，对可衡量事件和不可衡量事件都需要进行核查。工商企业如其他任何一种机构那样，有些重要成果是无法衡量的。可衡量的事件主要是工商企业内部的事件而不是工商企业外部的事件。工商企业外部的重要发展，直到它已发展到无法控制以前，一直是无法衡量的。因此，在可以衡量的事件和不可衡量的事件之间进行平衡，是管理当局的一个中心的和经常的问题，并且是一个真正的决策领域。

核查必须符合以下几个原则：第一，核查必须符合经济性原则。达到控制的目的而所需努力愈少者，则控制的设计愈好。所需的核查愈少，则核查的效果愈好。事实上，核查增加得愈多，愈不能改进控制，而只能造成混乱。因此，管理者在设计或使用一种核查制度时所应提出的第一个问题是，“为了达到控制的目的，我必须知道最低限度的信息是什么”。第二，核查必须是有意义的。这意味着被衡量的事件本身必须是有意义的，或者它们至少标志着有意义的发展趋势（如劳动力离职率和故意旷工率的突然上升）。核查应该以战略为依据，凡对达到公司的目标没有重要意义的项目，不应经常核查，而只应以防止情况恶化为限。第三，核查必须适合于被衡量现象的特点和性质。这可能是最重要的规范，但人们在实际设计核查制度时，却最少注意到这一点。为了使核查能提供出正确的图景并成为采取有效行动的基础，衡量必须适合于现象。第四，衡量的尺度必须同被衡量的事件相称。某种现象可能无法做精确的衡量，管理者的责任在于思考同被衡量的现象相称的衡量尺度。第五，核查必须适时。经常的衡量和非常迅速的“回报”不一定提供更好的控制，事实反而会使控制受到影响。核查的时间方面必须适应于被衡量事件的时间幅度。第六，核查必须简单。复杂的核查制度只会造成混乱，使人们的注意力不是集中在所要核查的对象上，而是集中在核查的机制和方法上。第七，核查必须是能被使用的。核查的目的是行动而不是提供信息，必须把重点放在行动上。这就意味着，核查的结果可能是报告、研究结果或数字，都必须送交到能采取控制行动的人那里去。

一种核查制度如果同组织的最终控制不一致，那么它是无效的，甚至会造成无休止的冲突并使组织失去控制。人们在为一个组织设计其核查制度时，必须分析工商企业的实际控制制度。

第三节　高层管理的任务和结构

一、高层管理的任务

高层管理是进行指挥、确定范围、制定标准的机构。因此，它有着特殊的任务，要求有自己的组织。高层管理的任务同其他管理集团的任务有根本的不同，它们是多方面的、是重复的，但又是间断性的。它们对人的个性和气质提出不同的、常常是互相冲突的要求。组织高层管理的职务，既要能完成客观的任务，又要照顾到能担当该职务的人的个性。

高层管理具有多项任务，包括：①工商企业的使命，即提出“我们的企业是什么以及应该是什么”的问题。这就需要确定目标、制订战略和计划以取得未来的成果。要求能纵览整个工商企业，能做出影响整个工商企业的决策，能把目前的和未来的目标和需要加以平衡，并能把人力和金钱资源分配到能取得关键成果的项目上。②确定标准。需要有一个工商企业的机构来关心工商企业应该做到和实际做到之间的差距，关心关键领域中的境界和价值观。③存在着建立和维持人的组织的职责。必须从事为未来，特别是未来的高层管理培养人力资源的工作。一个组织的精神是由处于高层的人们创立的。他们的行为准则、价值观、信念，为整个组织树立了榜样及方向。④同样重要的是一些只有处于一个工商企业的高层的人们才能建立和维持的重要关系。它们可能是同顾客或主要供货者的关系，也可能是同政府或其他外部机构的关系。这些关系对工商企业取得成就的能力有着极为重要的影响。⑤存在着无数“礼节性的”活动——宴会、社交活动等，这对于中小企业的高层人物和大公司的首脑都是难以避免的。⑥必须有一个为重大危机而“备用”的机构，以便在事情极为糟糕时有人接管处理。

每一个工商企业，甚至每一个机构，都需要高层管理的职能，但每一个工商企业都有着特殊的高层管理的任务。职务的各项要素是相同的，但特殊的高层管理的任务对于各个工商企业来说却是各不相同的。必须对机构的使命和宗旨、目标、战略和关键活动进行了特殊分析以后，才能确定这些任务。

高层管理任务有自身的特点，其任务中的每一项都是再现性的，需要一再重复地去做，但其中却很少是连续性的；另一个特点是，它们要求人们有各种不同的能力、不同的气质。它们要求人们有分析、思考、权衡各种供选择的方案，协调不同意见的能力等。有效的高层管理的首要要求，就是客观地确定工商企业中高层管理的全部关键活动和全部关键任务。每一个总经理都有自己的风格，而且有权有自己的风格。高层管理的任务，至少是其中的许多任务，虽然是本无终止的，但并不是连续不断的，高层管理的任务要求人们有各种不同的条件、技能和气质。

二、高层管理的结构

高层管理的工作应由一个班子而不是由一个人来担当。该项职务所要求的各种不同的气质由一个人同时具备不大可能。此外，对高层管理的任务进行的分析表明，其工作量也不是一个人所能完成的。当工商企业比较小而简单时，这种形式能很好地发挥作用，但较大而较复杂的工商企业则需要一个结构明确的高层管理班子。相当普遍的结构形式是，虽然有一个人明确地作为第一把手，但有三四个高层人物，每人承担明确分工的高层管理的职责。把每一项高层管理的任务明确地分配给每个人，作为他的直接的和首要的职责。还有，在较大的公司中，凡承担任何一项高层管理职责的人都不应该再承担不属于高层管理职务的任何职责。

在大而复杂的工商企业中存在着几个高层管理者。高层管理结构要能发挥作用，出发点是对高层管理的任务进行分析。此外，必须把每一项高层管理任务明确地分配给某人，由他对其负直接的、完全的责任，这就要求高层管理班子按其成员的个性、条件、气质来分配各项职责。任何人，不论其职衔是什么，只要分配担任了高层管理的活动，就属于“高层管理”。除了在小而简单的工商企业中以外，凡承担高层管理职责的人，不应该再从事其他工作。复杂的工商企业要求有不止一个高层管理，每一个都按上述规范来组织。

一个高层管理要有效地进行工作必须满足一些条件：①谁在某一领域中负主要的责任，就应实际上有最后决定权。②任何成员不应该对不是由他主要负责的事务做出决定。如果这类事务提到了他那里，他应该把这事转到对之负主要责任的同事那里去。③高层管理班子的成员决不应该互相干扰。④一个高层管理班子不是一个委员会，而是一个班子。一个班子需要一个班长，班长不是“老板”，而是领导者。⑤高层管理的一个成员在其负责的领域中，应该做出决定。但某些决策应“保留”给班子本身来做。至少要同班子讨论以后再做决策。⑥高层管理的任务要求在班子的各个成员中进行系统而密切的信息交流。这是因为每一项任务对整个组织的前途都有着决定性的影响。

在工商企业的所有各项职务中，高层管理的职务是最难组织的，但也是最有必要予以组织的。

三、有效的董事会

监督高层管理、向它提供咨询、检查其决定并指定其成员的机构，在不同的国家中有不同的名称——董事会、监督委员会等。董事会从法律上讲是一家公司的统治机构，参加董事会的资格，各国也是各不相同的。一个有效的董事会将要求高层管理取得杰出绩效，这对高层管理似乎是一种限制、一种约束、一种干涉和威胁，所以高层管理并不希望有一个真正有效的董事会。

当董事会的确已不能再发挥有效的作用时，就向高层管理提出了迫切的任务，要仔细考虑一下，工商企业及其高层管理需要怎样的一种董事会。一家公司，特别是一家大公司，需要董事会完成三项不同的任务：首先，工商企业需要有一个控制的机构。它需要一批有经验的、正直而有品德的、其工作能力和工作意愿经过考验的人来对高层管理提供咨询、建议并一起商讨问题。它需要一些不属于高层管理但却能对它进行帮助的人、一些在危机时机能运用其知识和决策而行动的人。其次，需要有一个有效而能发挥作用的董事会来撤换未能取得绩效的高层管理。最后，工商企业需要一个“公众和社区关系”机构，能容易和直接地接触其各种“公众”和“利益相关者”。

一个有效的董事会所要做的事，首先就是仔细考虑高层管理的职能以及董事会的职能和工作。董事会必须有目标和工作计划。如果董事会没有具体的职能和明确的目标，它就不能取得杰出绩效。

董事会成员的首要条件是能力，其必须在工商企业、政府机构或其他机构中证明他们有担任高级主管的能力。其次，他有时间从事这项职务。最后，董事会成员应该独立于管理当局。这可能意味着一个被选作董事的人只能担任一定的年限，而且不能再被选入。

第四节　华为公司案例

一、公司概况

创立于1987年，以做生产用户交换机(private branch exchange，PBX)的香港公司的销售代理起步的华为公司，今天面临无处不在的宽带网络与业务、瞬时化碎片化的海量应用、终端用户个性化的体验诉求等一系列的挑战和机遇。在2012财年，华为坚持业务聚焦战略、有效提升经营质量，公司实现了销售收入2 202亿元人民币，净利润153.8亿元人民币，取得了稳中有升的经营业绩。

华为运营商网络业务进一步巩固了行业地位：无线市场业务稳健增长；固定网络产品及解决方案已应用于全球绝大多数的运营商；路由器在运营商市场保持优势；在光传输、光接入等领域进一步确定了领先的地位；华为在业界率先发布了软件定义网络(software defined network，SDN)在端到端的运营商网络中的技术架构 SoftCOM；电信软件业务持续快速增长；SmartCare 重塑 CEM(Caioo Email Marketing)行业标准，用户感知驱动的解决方案能力全面增强。

华为发布了具有全球竞争力的数据中心交换机、存储产品及全景智真等解决方案。华为消费者业务在产品设计、质量和成本上构筑了良好的基础，华为在 2012 年第四季度首次出现在智能手机全球排名前三的厂商之列。如今，华为的产品通过 15 万员工服务于全球超过 30 亿的人口。华为仍然是一个客户喜欢与之做生意的公司。

二、任正非说华为

华为创始人任正非先生在展现其心路历程的文章——《一江春水向东流》中，对华为成功的高层管理经验做了这样的总结：

我是在生活所迫、人生路窄的时候，创立华为的。那时我已领悟到个人才是历史长河中最渺小的。我看过云南的盘山道，那么艰险，一百多年前是怎么确定路线，怎么修筑的，为筑路人的智慧与辛苦佩服；我看过薄薄的丝绸衣服，栩栩如生的花纹是怎么织出来的，为织女们的巧夺天工折服。天啊！不仅万里长城、河边的纤夫、奔驰的高铁?? 我深刻地体会到，组织的力量、众人的力量，才是力大无穷的。

人感知自己的渺小，行为才开始伟大。在创立华为时，我已过了不惑之年。不惑是什么意思，是几千年的封建社会，环境变动缓慢，等待人的心理成熟的一个尺度。而我进入不惑之年时，人类已进入电脑时代，世界开始疯起来了，等不得我的不惑了。我突然发觉自己本来是优秀的中国青年，所谓的专家，竟然越来越无知。不是不惑，而是要重新起步新的学习，时代已经没时间与机会，让我不惑了，前程充满了不确定性。

我刚来深圳还准备从事技术工作，或者搞点科研的，如果我选择这条路，早已被时代抛在垃圾堆里了。我后来明白，一个人不管如何努力，永远也赶不上时代的步伐，更何况知识爆炸的时代。只有组织起数十人、数百人、数千人一同奋斗，你站在这上面，才摸得到时代的脚。

我转而去创建华为时，不再是自己去做专家，而是做组织者。在时代前面，我越来越不懂技术、越来越不懂财务、半懂不懂管理，如果不能民主地善待团体，充分发挥各路英雄的作用，我将一事无成。从事组织建设成了我后来的追求，如何组织起千军万马，这对我来说是天大的难题。

到 1997 年后，公司内部的思想混乱、主义林立，各路诸侯都显示出他们的实力，公司往何处去，不得要领。我请中国人民大学的教授们，一起讨论一个"基本法"，用于集合一下大家发散的思维，几上几下的讨论，不知不觉中"春秋战国"就无声无息了，中国人民大学的教授厉害，怎么就统一了大家的认识了呢？从此，开始形成了所谓的华为企业文化，说这个文化有多好，多厉害，不是我创造的，而是全体员工悟出来的。

我那时最多是从一个甩手掌柜，变成了一个文化教员。业界老说我神秘、伟大，其实我知道自己，名实不符。我不是为了抬高自己而隐藏起来，而是因害怕而低调的。真正聪明的是十三万员工，以及客户的宽容与牵引，我只不过用利益分享的方式，将他们的才智黏合起来。公司在意志适当集中以后，就必须产生必要的制度来支撑这个文化，这时，我这个假掌柜就躲不了了，从20世纪末到21世纪初，大约在2003年前的几年时间，我累坏了，身体就是那时累垮的。身体有多项疾病，动过两次癌症手术，但我乐观……

那时，要出来多少文件才能指导、约束公司的运行，那时公司已有几万员工，而且每天还在不断大量地涌入。你可以想象混乱到什么样子。我理解了，社会上那些承受不了的高管，为什么选择自杀。问题集中到你这一点，你不拿主意就无法运行，把你聚焦在太阳下烤，你才知道CEO不好当。每天十多个小时以上的工作，仍然是一头雾水，衣服皱巴巴的，内外矛盾交集。

大约2004年，美国顾问公司帮助我们设计公司组织结构时，认为我们还没有中枢机构，不可思议。而且高层只是空任命，也不运作，提出来要建立执行管理团队(executive management team，EMT)，我不愿做EMT的主席，就开始了轮值主席制度，由八位领导轮流执政，每人半年，经过两个循环，演变到今年的轮值CEO制度。

也许是这种无意中的轮值制度，平衡了公司各方面的矛盾，使公司得以均衡成长。轮值的好处是，每个轮值者，在一段时间里，担负了公司首席运营官(chief operating officer，COO)的职责，不仅要处理日常事务，而且要为高层会议准备起草文件，大大地锻炼了他们。同时，他不得不削小他的屁股，否则就达不到别人对他决议的拥护。这样他就将他管辖的部门，带入了全局利益的平衡，公司的山头无意中在这几年削平了。

经历了八年轮值后，在新董事会选举中，他们多数被选上。我们又开始了在董事会领导下的轮值CEO制度，他们在轮值期间是公司的最高的行政首长。他们更多的是着眼公司的战略，着眼制度建设。将日常经营决策的权力进一步下放给各BG(business group)、区域，以推动扩张的合理进行。

这比将公司的成功系于一人，败也是这一人的制度要好。每个轮值CEO在轮值期间奋力地拉车，牵引公司前进。他走偏了，下一轮的轮值CEO会及时去纠正航向，使大船能早一些拨正船头。避免问题累积过重不得解决。我不知道我们的路能走多好，这需要全体员工的拥护，以及客户和合作伙伴的理解与支持。我相信由于我的不聪明，引出来的集体奋斗与集体智慧，若能为公司的强大、为祖国、为世界做出一点贡献，二十多年的辛苦就值得了。我知识的底蕴不够，也并不够聪明，但我容得了优秀的员工与我一起工作，与他们在一起，我也被熏陶得优秀了。他们出类拔萃，夹着我前进，我又没有什么退路，不得不被“绑”着、“架”着往前走，不小心就让他们抬到了峨眉山顶。我也体会到团结合作的力量。这些年来进步最大的是我，从一个“土民”，被精英们抬成了一个体面的小老头。因为我的性格像海绵一样，善于吸取他们的营养，总结他们的精华，而且大胆地开放输出。

那些人中精英，在时代的大潮中，更会被众人团结合作抬到喜马拉雅山顶。希腊大力神的母亲是大地，他只要一靠在大地上就力大无穷。我们的大地就是众人和制度，相信制度的力量，会使他们团结合作把公司抬到金顶的。

作为轮值CEO，他们不再是只关注内部的建设与运作，同时，也要放眼外部，放眼世界，要自己适应外部环境的运作，趋利避害。我们伸出头去，看见我们现在是处在一个多变的世界，风暴与骄阳，和煦的春光与万丈深渊——并存着。

我们无法准确预测未来，仍要大胆拥抱未来。面对潮起潮落，即使公司大幅度萎缩，我们不仅要淡定，也要矢志不移地继续推动组织朝向长期价值贡献的方向去改革。要改革，更要开放。要去除成功的惰性与思维的惯性对队伍的影响，也不能躺在过去荣耀的延长线上，只要我们能不断地激活队伍，我们就有希望。

三、华为高层管理结构

华为高层管理组织的基本结构为三部分，即公司执行委员会、高层管理委员会与公司职能部门。公司执行委员会负责确定公司未来的使命、战略与目标，对公司重大问题进行决策，确保公司可持续成长。公司的高层管理委员会有战略规划委员会、人力资源委员会、财经管理委员会。高层管理委员会是由资深人员组成的咨询机构，负责拟制战略规划和基本政策，审议预算和重大投资项目，以及审核规划、基本政策和预算的执行结果。审议结果由总裁办公会议批准执行。公司职能部门代表公司总裁对公司公共资源进行管理，对各事业部、子公司、业务部门进行指导和监控。公司职能部门应归口设立，以尽量避免多头领导现象。

遵循民主决策，权威管理的原则。高层重大决策需经高层管理委员会充分讨论。决策的依据是公司的宗旨、目标和基本政策；决策的原则是从贤不从众。真理往往掌握在少数人手里，要造成一种环境，让不同意见存在和发表。一旦形成决议，就要实行权威管理。高层管理委员会集体决策以及部门首长负责制下的办公会议制度，是实行高层民主决策的重要措施。华为的方针是，放开高层民主，使智慧充分发挥；强化基层执行，使责任落在实处。各部门首长隶属于各个专业委员会，这些委员会议事而不管事，对形成的决议有监督权，以防止一长制中的片面性。各部门首长的日常管理决策，应遵循部门首长办公会确定的原则，对决策后果承担个人责任。各级首长办公会的讨论结果，以会议纪要的方式向上级呈报。报告上必须有三分之二以上的正式成员签名，报告中要特别注明讨论过程中的不同意见。总裁有最后的决策权，在行使这项权力时，要充分听取意见。

第五章

工商企业战略规划

第一节 战略与战略管理

一、战略及其特性

人的一生中什么样的行为是最重要的、影响最大的，当然是选择。虽然有的选择是暂时的，有的选择是长远的；有的是我们自己选择的，有的是我们迫不得已的；有的影响我们一时，有的影响我们一辈子；有的我们是无意的，有的我们是有目的有规划的。但是如何决策却从根本上决定了一个人的成败。

我们一直在探讨什么样的人才能成功，比如说这个人需要具备这样一些特质：有良心、有自信心、要勇敢、责任心要强、有胆略、自律、有良好的人际关系、身体健康、智力过人、组织能力强、判断能力好等，但在今天这样一个竞争如此激烈，从事的活动及领域更加复杂，涉及的范围如此宽泛，影响因素越来越多的时代，成功除了需要具备以上的特质外，更为重要的是这个人要有长远的抱负，能从全局上以战略的眼光来处理事情。工商企业也是“人”，是法人，也是有生命有行为的，选择对其也同样的重要。管理上我们把工商企业的选择叫工商企业决策。决策要成功，全面规划很重要。按照作用大小、时间长短、重要性程度的不同，我们将决策分为程序、规划、项目、计划、策略、战略。战略是这些活动或者行为中最为重要和关键的，也是最高层次的。对工商企业而言，如何进行战略规划，怎样加强战略管理，显得尤为重要。

自然我们就要问到底什么是战略，什么是战略管理。其实战略一词大家已经非常熟悉，甚至可以说是时常挂在嘴边的。战略产生于战争实践，长期使用于军事领域，本义即军事战略。战略可按不同的标准划分类型。按社会历史时期划分，可分为古代战略、近代战略、现代战略；按作战性质划分，有进攻战略和防御战略；按使用武器的类型划分，有常规战争战略和核战争战略（见核战略）；按军种划分，有陆军战略、海军战略和空军战略；按作战持续时间划分，有速决战略和持久战略；等等。

凡属有关战争准备与实施、军事力量的建设和使用的全局性的内容，都是战略所要研究和解决的问题，主要如下：为制止和推迟战争而进行的斗争；为对付战争而进行的长远准备和临战准备；战争爆发后的战略领导与指挥；结束战争的战略决策与处置；等等。

人类社会有了战争，就逐渐形成了战略。在中国古代，有关战争全局的筹划与指导曾使用兵略、谋略和方略等特定的术语表述战略。汉成帝于公元前26年命步兵校尉任宏校兵书。任宏将兵书分为兵权谋、兵形势、兵阴阳、兵技巧四类，其中兵权谋讲的就是战略。战略一词，在中国最早见于西晋初史学家司马彪所著《战略》一书，后屡见于《三国志》、《廿一史战略考》等史籍中。这些术语，其核心含义与现代战略意义有类似之处，但与战役法、战术区分不严格，有时还含有政治、外交谋略和战法之意，使用也不统一。19世纪末，中国开始用“战略”翻译西方的“strategy”一词。20世纪30年代，毛泽东在《中国革命战争的战略问题》中指出：“战略问题是研究战争全局的规律的东西。”毛泽东关于战略的论述，奠定了现代中国战略定义的基础。

在西方，往往把战略视同为通过分析战略上成功的战例，以供将军们提高运筹和指导战争的能力。东罗马(拜占庭)皇帝莫里斯于公元580年前后写了一本训练高级将领用的军事教科书，名为《将略》(*Strategicon*)，意为将道或统帅艺术，与战略名异实同。18世纪末，普鲁士的A. H. D. von比洛在其所著的《新战争体系的精神实质》中，将战略与战术加以区分，并赋予其定义：“战略是关于在视界和火炮射程以外进行军事行动的科学；而战术是关于在上述范围以内进行军事行动的科学。”[①]普鲁士的C. von克劳塞维茨为战略所下的定义是：“为了达到战争目的而对战斗的运用。”[②]瑞士的A. H. 若米尼认为：“战略是在地图上进行战争的艺术，是研究整个战争区的艺术。”[③]美国经参谋长联席会议批准的军事战略的定义是：“运用一国武装力量，通过使用武力或以武力相威胁，达成国家政策的各项目标的一门艺术和科学。”《简明不列颠百科全书》对战略的定义是：“在战争中利用军事手段达到战争目的的科学和艺术。”日本《世界大百科全书》为战略所下的定义是：“为了实现特定目标而运用力量的科学与策略。”《苏联军事百科全书》为战略所下的定义是：“军事学术的组成部分和最高领域，它包括国家和武装力量准备战争、计划与进行战争和战略性战役的理论与实践。”古今中外对战略的称谓繁多，性质不同，定义各异，但有其相同之处：都是指在一定时期，建设和使用以军队为主体的军事力量，筹划和指导战争全局的准备与实施，以达到一定的政治目的，为一定的阶级、国家、民族和政治集团的利益服务的方略。随着战略理论的发展，西方有的国家出现了更高层次的大战略、国家战略、国防战略及有关的发展战略。战略这一概念，已扩大延伸到军事领域以外，为其他许多领域所借用，泛指对全局性重大的、高层次决策的谋略。

战略是同一定历史时期的社会生产方式相联系的。它依赖于社会物质生产、科学技术的发展水平和人的觉悟程度，为国家或政治集团所规定的基本政策服务。国家的社会制度，政治、经济和军事实力以及主观指导，对战略的制定和实施起决定作用。战略同国家的自然条件、地理位置、面积、人口、资源、交通运输，以及作战地区的地形、水文、气

---

① 米尔施泰因 M A，等．论资产阶级军事科学．黄良羽，程钟培，任泰，等译．北京：军事科学出版社，1985：30.

② 艾劳塞维茨．战争论．杨南芳译．北京：商务印书馆，1978，第1卷：175.

③ 若米尼 A H. 战争艺术概论．刘聪，袁坚译．北京：解放军出版社，1986：87.

候等，也有密切关系。

战略所要研究、解决的问题主要如下：对国内外形势的估量和对敌对双方军事、政治、经济、地理、科学技术等因素的分析；对战争可能爆发的时机、战争的性质、特点和发展趋势的判断；战略方针、战略任务、战略方向、战略阶段和主要作战形式的确定；战区划分；战场准备；武装力量的建设；军事思想和军事技术的研究；战略资源的开发、储备和战略后方建设；国防工业的布局和武器装备的研制、更新；动员体制的确立；国防工程的计划和实施；战略指挥系统的组建和完善；作战序列的确定；战略协同的组织；战略预备队的使用；战略后备的调配，以及如何抓好有关全局的枢纽和环节，适时实施战略转变，夺取战略主动权；等等。

当然最早把战略引入工商企业管理领域是在20世纪，随着工商企业所面临的竞争越来越激烈，如果只把眼光放在内部控制和现实业务上显然已经不行了。由此管理学家把目光和研究的思路放在了其他方面，战略的思想慢慢变得清晰起来，成为管理学中一门独立的学科。

工商企业战略特指工商企业组织在市场经济的条件下，为了自身的长远发展，为了保持持续的竞争优势，在全面分析企业的内外环境的基础上，所制定的全局性整体性规划。

从这一定义我们就可以看到工商企业战略必然具备以下特征。

1. 指导性

工商企业战略界定了工商企业的经营方向、远景目标，明确了企业的经营方针和行动指南，并筹划了实现目标的发展轨迹及指导性的措施、对策，在企业经营管理活动中起着导向的作用。

2. 全局性

工商企业战略立足于未来，通过对国际、国家的政治、经济、文化及行业等经营环境的深入分析，结合自身资源，站在系统管理高度，对工商企业的远景发展轨迹进行全面的规划。

3. 长远性

“今天的努力是为明天的收获”，“人无远虑、必有近忧”。兼顾短期利益，工商企业战略着眼于长期生存和长远发展的思考，确立了远景目标，并谋划了实现远景目标的发展轨迹及宏观管理的措施、对策。另外，围绕远景目标，工商企业战略必须经历一个持续、长远的奋斗过程，除根据市场变化进行必要的调整外，制定的战略通常不能朝令夕改，应具有长效的稳定性。

4. 竞争性

竞争是市场经济不可回避的现实，也正是因为有了竞争才确立了“战略”在经营管理中的主导地位。面对竞争，工商企业战略需要进行内外环境分析，明确自身的资源优势，通过设计适体的经营模式，形成特色经营，增强企业的对抗性和战斗力，推动企业长远、健康的发展。

5. 系统性

立足长远发展，工商企业战略确立了远景目标，并需围绕远景目标设立阶段目标及各阶段目标实现的经营策略，以构成一个环环相扣的战略目标体系。同时，根据组织关系，工商企业战略需由决策层战略、事业单位战略、职能部门战略三个层级构成一体。决策层战略是工商企业总体的指导性战略，决定工商企业的经营方针、投资规模、经营方向和远景目标等战略要素，是战略的核心。本书讲解的工商企业战略主要属于决策层战略。事业单位战略是工商企业独立核算经营单位或相对独立的经营单位，遵照决策层的战略指导思想，通过竞争环境分析，侧重市场与产品，对自身生存和发展轨迹进行的长远谋划。职能部门战略是工商企业各职能部门，遵照决策层的战略指导思想，结合事业单位战略，侧重分工协作，对本部门的长远目标、资源调配等战略支持保障体系进行的总体性谋划，如策划部战略、采购部战略等。

6. 风险性

工商企业做出任何一项决策都存在风险，战略决策也不例外。市场研究深入，行业发展趋势预测准确，设立的远景目标客观，各战略阶段人、财、物等资源调配得当，战略形态选择科学，制定的战略就能引导工商企业健康、快速地发展。反之，仅凭个人主观判断市场，设立目标过于理想或对行业的发展趋势预测偏差，制定的战略就会产生管理误导，甚至给工商企业带来破产的风险。

二、战略管理

什么是战略管理？安索夫最初在 1976 年出版的《从战略规划到战略管理》一书中提出了“企业战略管理”。他认为：企业战略管理是指将企业的日常业务决策同长期计划决策相结合而形成的一系列经营管理业务。

斯坦纳在 1982 年出版的《企业政策与战略》一书中则认为：企业战略管理是确定企业使命，根据企业外部环境和内部经营要素确定企业目标，保证目标的正确落实并使企业使命最终得以实现的一个动态过程。

战略管理是指对工商企业战略的管理，它分为广义的和狭义的。前者是指工商企业以战略为蓝图，全面指导和规划企业的所有经营活动。后者是指工商企业确定其使命，根据组织外部环境和内部条件设定企业的战略目标，为保证目标的正确落实和实现进度谋划，并依靠企业内部能力将这种谋划和决策付诸实施，以及在实施过程中进行控制的一个动态管理过程。它包括四个阶段的活动，即战略分析、战略选择、战略实施、战略控制。

1. 战略分析的主要目的是评价影响工商企业发展的关键因素，并确定在战略选择步骤中的具体影响因素

战略分析包括三个主要方面：其一，确定工商企业的使命和目标。它们是工商企业战略制定和评估的依据。其二，外部环境分析。战略分析要了解工商企业所处的环境(包括宏观、微观环境)正在发生哪些变化，这些变化给企业将带来更多的机会还是更多的威胁。其三，内部条件分析。战略分析还要了解工商企业自身所处的相对地位、具有哪些资源以及战略能力；还需要了解与工商企业有关的利益和相关者的利益期望，在战略制定、评价和实施过程中，这些利益相关者会有哪些反应，这些反应又会对组织行为产生怎样的影响和制约。

2. 战略分析阶段明确了“企业目前状况”，战略选择阶段所要回答的问题是“企业走向何处”

第一步是制订战略选择方案。在制定战略过程中，当然是可供选择的方案越多越好。工商企业可以从对企业整体目标的保障、对中下层管理者积极性的发挥以及企业各部门战略方案的协调等多个角度考虑，选择自上而下的方法、自下而上的方法或上下结合的方法来制订战略方案。

第二步是评估战略备选方案。评估战略备选方案通常使用两个标准：一是考虑选择的战略是否发挥了工商企业的优势，克服劣势，是否利用了机会，将威胁削弱到最低程度；二是考虑选择的战略能否被工商企业利益相关者所接受。需要指出的是，实际上并不存在最佳的选择标准，管理层和利益相关团体的价值观和期望在很大程度上影响着战略的选择。此外，对战略的评估最终还要落实到战略收益、风险和可行性分析的财务指标上。

第三步是选择战略。即最终的战略决策，确定准备实施的战略。如果由于用多个指标对多个战略方案的评价产生不一致时，最终的战略选择可以考虑以下几种方法。

(1)根据工商企业目标选择战略。工商企业目标是工商企业使命的具体体现，因而，选择对实现企业目标最有利的战略方案。

(2)聘请外部机构。聘请外部咨询专家进行战略选择工作，专家们广博和丰富的经验能够提供较客观的看法。

(3)提交上级管理部门审批。对于中下层机构的战略方案，提交上级管理部门能够使最终选择方案更加符合工商企业整体战略目标。

第四步是制订战略政策和计划。制订有关研究与开发、资本需求和人力资源方面的政策和计划。

3. 战略实施就是将战略转化为行动

主要涉及以下一些问题：如何在工商企业内部各部门和各层次间分配及使用现有的资源；为了实现工商企业目标，还需要获得哪些外部资源以及如何使用；为了实现既定的战略目标，需要对组织结构做哪些调整；如何处理可能出现的利益再分配与工商企业文化的适应问题，如何进行工商企业文化管理，以保证工商企业战略的成功实施；等等。

4. 战略控制就是通过评价工商企业的经营业绩，审视战略的科学性和有效性

战略调整就是根据工商企业情况的发展变化，即参照实际的经营事实、变化的经营环境、新的思维和新的机会，及时对所制定的战略进行调整，以保证战略对工商企业经营管理进行指导的有效性。其包括调整公司的战略展望、公司的长期发展方向、公司的目标体系、公司的战略以及公司战略的执行等内容。

工商企业战略管理的实践表明，战略制定固然重要，战略实施同样重要。一个良好的战略仅是战略成功的前提，有效的工商企业战略实施才是工商企业战略目标顺利实现的保证。另外，如果工商企业没有能完善地制定出合适的战略，但是在战略实施中，能够克服原有战略的不足之处，那也有可能最终导致战略的完善与成功。当然，如果对于一个不完善的战略选择，在实施中又不能将其扭转到正确的轨道上，就只有失败的结果。

第二节 战略管理理论的发展

理论的建立都是为了实践活动服务的，它来源于实践，它的原则和思想又对实践具有指导性作用。当然任何理论都不可能是永恒的，随着环境的改变，人们对规律认识的不断深入，理论也需要改变。当然管理学理论也在不断地发生变化。目前，管理学对这一变化比较一致的看法体现在四个方面：由过程管理向战略管理转变；由内向管理向外向管理转变；由产品市场管理向价值管理转变；由行为管理向文化管理转变。毫无疑问，工商企业

战略管理将会是这场变革的中心，它将出现许多新动向，对这一趋势能前瞻性地把握的工商企业将会在竞争中处于有利地位。为更好地把握战略管理的发展趋势，必须首先对战略管理理论的发展历程进行梳理，以便把握其演进的脉络和规律。

20 世纪初，法约尔对工商企业内部的管理活动进行整合，将工业企业中的各种活动划分成六大类，即技术活动、商业活动、财务活动、安全活动、会计活动和管理活动，并提出了管理的五项职能，即计划、组织、指挥、协调和控制，其中，计划职能是工商企业管理的首要职能。这可以说是最早出现的工商企业战略思想。

1938 年，美国经济学家切斯特·巴纳德在《经理人员的职能》一书中，首次将组织理论从管理理论和战略理论中分离出来，认为管理和战略主要是与领导人有关的工作。此外，他还提出管理工作的重点在于创造组织的效率，其他的管理工作则应注重组织的效能，即如何使工商企业组织与环境相适应。这种关于组织与环境相“匹配”的主张成为现代战略分析方法的基础。应该说他是第一个明确提出战略分析的思想的管理学家。

一、战略管理理论的演变

工商企业战略管理理论研究时间并不长，自 20 世纪 60 年代到现在仅半个世纪。从时间跨度来看，主要经历了以下几个发展阶段。

(一)60、70 年代的战略管理理论

20 世纪 60 年代初美国著名管理学家钱德勒的《战略与结构：工业企业史的考证》一书的出版，首开工商企业战略问题研究之先河。钱德勒在这本著作中，分析了环境、战略和组织之间的相互关系，提出了“结构追随战略”的论点。他认为，工商企业经营战略应当适应环境——满足市场需求，而组织结构又必须适应工商企业战略，随着战略的变化而变化。因此，他被公认为是环境—战略—组织理论的第一位工商企业战略专家。

在此基础上，关于战略构造问题的研究，形成了两个相近的学派，即“设计学派”和“计划学派”。设计学派认为，首先，在制定战略的过程中要分析工商企业的优势与劣势、环境所带来的机会与造成的威胁。其次，高层经理人应是战略制定的设计师，并且还必须督导战略的实施。最后，战略构造模式应是简单而又非正式的，关键在于指导原则，优良的战略应该具有创造性和灵活性。“设计学派”以哈佛商学院的安德鲁斯教授为代表。

几乎与“设计学派”同时产生的另一个学派是“计划学派”。计划学派主张，战略构造应是一个有控制、有意识的正式计划过程；工商企业的高层管理者负责计划的全过程，而具体制订和实施计划的人员必须对高层负责；通过目标、项目和预算的分解来实施所制订的战略计划；等等。计划学派以安索夫为杰出代表。安索夫在 1965 年出版的《公司战略》一书中首次提出了“企业战略”这一概念，并将战略定义为“一个组织打算如何去实现其目标和使命，包括各种方案的拟订和评价，以及最终将要实施的方案”。“战略”一词随后成为管理学中的一个重要术语，在理论和实践中得到了广泛的运用。

不难看出，尽管这一时期学者们的研究方法和具体主张不尽相同，但从根本上说，其核心思想是一致的，主要体现在三个方面：①工商企业战略的出发点是适应环境。环境是工商企业无法控制的，只有适应环境变化，工商企业才能生存和发展。②工商企业的战略目标是提高市场占有率。工商企业战略要适应环境变化，旨在满足市场需求，获得足够的市场占有

率，这样才有利于工商企业生存与发展。③工商企业战略的实施要求组织结构变化及与之相适应。经典的工商企业战略实质是一个组织对其环境的适应过程以及由此带来的组织内部结构变化的过程。因而，在战略实施上，势必要求工商企业组织结构要与企业战略相适应。

（二）80年代的战略管理理论

20世纪80年代初，以哈佛大学商学院的迈克尔·波特为代表的竞争战略理论取得了战略管理理论的主流地位。波特认为，工商企业战略的核心是获取竞争优势，而影响竞争优势的因素有两个：一是工商企业所处产业的盈利能力，即产业的吸引力；二是工商企业在产业中的相对竞争地位。因此，竞争战略的选择应基于以下两点考虑：①选择有吸引力的、高潜在利润的产业。不同产业所具有的吸引力以及带来的持续盈利机会是不同的，工商企业选择一个朝阳产业，要比选择一个夕阳产业更有利于提高自己的获利能力。②在已选择的产业中确定自己的优势竞争地位。在一个产业中，不管它的吸引力以及提供的盈利机会如何，处于竞争优势地位的工商企业要比劣势工商企业具有较大的盈利可能性。而要正确选择有吸引力的产业以及给自己的竞争优势定位，必须对将要进入的一个或几个产业结构状况和竞争环境进行分析。

概括起来，波特的竞争战略理论的基本逻辑如下：①产业结构是决定工商企业盈利能力的关键因素；②工商企业可以通过选择或执行一种基本战略，从而改变自己的竞争地位和竞争力量，获取市场竞争优势；③价值链活动是竞争优势的来源，工商企业可以通过价值链活动和价值链关系（包括一条价值链内的活动之间及两条或多条价值链之间的关系）的调整来实施其基本战略。

迈克尔·波特所提出的行业竞争结构分析理论在过去20年里受到工商企业战略管理学界的普遍认同，并且成为进行外部环境分析和激发战略选择最为重要和广泛使用的模型。

（三）90年代早期的战略管理理论

近些年来，信息技术迅猛发展，导致竞争环境日趋复杂，工商企业不得不把眼光从外部市场环境转向内部环境，注重对自身独特的资源和知识（技术）的积累，以形成工商企业独特的竞争力（核心竞争力）。1990年，普拉哈拉德和哈默在《哈佛商业评论》上发表了《企业核心能力》。从此，关于核心能力的研究热潮开始兴起，并且形成了战略理论中的“核心能力学派”。

该理论的理论假设如下：假定工商企业具有不同的资源（包括知识、技术等），形成了独特的能力，资源不能在工商企业间自由流动，对于某工商企业独有的资源，其他工商企业无法得到或复制，工商企业利用这些资源的独特方式是企业形成竞争优势的基础。

该理论强调的是工商企业内部条件对于保持竞争优势以及获取超额利润的决定性作用。这表现在战略管理实践上，要求工商企业从自身资源和能力出发，在自己拥有一定优势的产业及其相关产业进行经营活动，从而避免受产业吸引力诱导而盲目进入不相关产业进行多元化经营。

但是，核心能力理论在弥补了注重工商企业外部分析的波特结构理论的缺陷的同时，本身也存在其固有的缺陷。由于过分关注工商企业的内部，企业内外部分析失衡。为了解决这一问题，1995年，David J. Collins 和 Cynthia A. Motgomery 在《哈佛商业评论》上发表了《资源竞争：90年代的战略》一文。该论文对工商企业的资源和能力的认识更深了一层，提出了工商企业的资源观(resources based view of the firm)。他们认为，价值的评估不能局限于工商企业内部，而且要将工商企业置身于其所在的产业环境，通过与其竞争对手的资源比较，从而发现企业拥有的有价值的资源。所谓的工商企业资源，是指公司在向社会提供产品或服务的过程中能够实现公司战略目标的各种要素组合。公司可以看做各种资源的不同组合，由于每个工商企业的资源组合不同，故不存在完全一模一样的公司。只有公司拥有了预期业务和战略最相匹配的资源，该资源才最具价值。公司的竞争优势取决于其拥有的有价值的资源。

(四)90年代后期战略管理理论的新发展

20世纪90年代以前的工商企业战略管理理论，大多建立在对抗竞争的基础上，都比较侧重于讨论竞争和竞争优势。时至90年代，战略联盟理论的出现，使人们将关注的焦点转向了工商企业间各种形式的联合。这一理论强调竞争合作，认为竞争优势是构建在自身优势与他人竞争优势结合的基础上的。但是，联盟本身固有的缺陷，以及基于竞争基础上的合作，使得这种理论还存在许多有待完善之处，工商企业还在寻求一种更能体现众多优越之处的合理安排形式。进入90年代中期，随着产业环境的日益动态化，技术创新的加快，竞争的全球化和顾客需求的日益多样化，工商企业逐渐认识到，如果想要发展，无论是增强自己的能力，还是拓展新的市场，都得与其他公司共同创造消费者感兴趣的新价值。工商企业必须培养以发展为导向的协作性经济群体。在此背景下，通过创新和创造来超越竞争开始成为工商企业战略管理研究的一个新焦点。

美国学者James F. Moore于1996年出版的《竞争的衰亡》标志着战略理论的指导思想发生了重大突破。Moore以生物学中的生态系统这一独特的视角来描述当今市场中的工商企业活动，但又不同于将生物学的原理运用于商业研究的狭隘观念。后者认为，在市场经济中，达尔文的自然选择似乎仅仅表现为最合适的公司或产品才能生存，经济运行的过程就是驱逐弱者。而Moore提出了"商业生态系统"这一全新的概念，打破了传统的以行业划分为前提的战略理论的限制，力求"共同进化"。他站在工商企业生态系统均衡演化的层面上，把商业活动分为开拓、扩展、领导和更新四个阶段。商业生态系统在Moore理论中的组成部分是非常丰富的，他建议高层经理人员经常从顾客、市场、产品、过程、组织、风险承担者、政府与社会七个方面来考虑商业生态系统和自身所处的位置；系统内的公司通过竞争可以将毫不相关的贡献者联系起来，创造一种崭新的商业模式。在这种全新的模式下，Moore认为制定战略应着眼于创造新的微观经济和财富，即发展新的循环以代替狭隘的以行业为基础的战略设计。

二、新旧战略管理理论的区别

如果我们将20世纪90年代以来，尤其是90年代后期以来的战略管理理论称为新战略管理理论，而将此前的理论称为传统战略管理理论的话，那么对比新旧理论，我们可以看出它们之间存在很大的差异。

(1)传统战略管理理论认为，在一个行业中只有一个理想的竞争位置。也就是说，企业一旦抢得这一位置，其在行业中的优势将是一劳永逸的。与之相对的新观念则认为，一个公司有一个独特的竞争位置。工商企业无须为了一个与对手高度重叠的位置而展开两败俱伤的竞争，应该在变化中寻求自身最为适合的环节来构建竞争优势。

(2)传统战略管理理论试图寻找并确立所有活动的基准，以此获得最好的经营绩效。这里实际上隐含着一个假设前提，即认为一个工商企业拥有在每个方面都能做得最好的资源和条件，而这在实际上是不可行的。相对来说，明智的选择应该是将工商企业的各种活动围绕当前的战略来“度身订制”。

(3)通过业务外包和联盟的形式获取效益，是一种比较盛行的做法。但由于形式本身的缺陷，成功率不高。而新的观点则认为，一定要将工商企业定位于一个相对于竞争对手此消彼长的位置。这个位置具有不相容的特征。

(4)传统观点认为，竞争优势根植于少数几个关键因素、重要资源和核心竞争能力。与之相对的新观点，则是竞争优势产生于行动体系，而不是各个部分，这一行动体系是为一个特定竞争位置而构建的。后者比前者更具系统性、全面性，因而更加有助于工商企业优势地位的建立和维持。

(5)工商企业通常认为，竞争优势来自灵活适应极度竞争和行业变化，但这一认识正在发生变化。竞争优势取决于一个较长时期坚持不懈地追求的明确战略，以及不断提高的日常运行效率，这一结论可能对工商企业更具有指导性。

三、战略理论演变的基本规律

从早期的战略思想发展到当今的工商企业生态系统理论，工商企业战略理论演进的背后隐含着如下的规律。

(1)从战略理论的内容上看，存在这样一个发展轨迹，即关注工商企业内部(强调战略是一个计划、分析的过程)—关注工商企业外部(强调产业结构的分析)—关注工商企业内部(强调核心能力的构建、维护与产业环境分析相结合)—关注工商企业外部(强调工商企业间的合作，创建优势互补的工商企业有机群体)。

(2)从竞争的性质看，竞争的程度遵循着由弱到强，直至对抗，然后再到合作乃至共生的发展脉络。“计划学派”源于较弱的竞争性，“设计学派”则建立在竞争性趋强的基础之上；到了“结构学派”、“能力学派”和“资源学派”时代，尽管他们对于竞争优势来源的认识各不相同，但更多地强调对抗性竞争这一点却是相同的；“商业生态系统”的理论完全不同于以上各种理论，主张工商企业间通过合作建立共生系统以求得共同发展。

(3)从竞争优势的持续性来看，从追求有形(产品)、外在、短期的竞争优势逐渐转向对无形(未来)、内在、持久的竞争优势的追求。例如，“结构学派”的战略始于对产业结构的分析，形成于对三种基本战略的选择，而这三种战略主要是基于产品的差异性所做出的。“能力学派”则将战略的核心转向了工商企业内部的经验和知识的共享与形成，这些都是内在、无形的东西，对竞争优势的形成具有长远的影响。

(4)从战略管理的范式来看，战略管理的均衡与可预测范式开始被非均衡与不确定性所取代。无论是“计划学派”、“设计学派”，还是“结构学派”，都有一个假设前提，即外部环境是可预测或基本可预测的。因此，制定战略的重点是分析和推理，通过分析、经验和洞察力的结合，就可基本把握战略的方向。“能力学派”的假设前提则是外部环境的变化是不确定、不均衡的。所以，战略制定的主旨就是比竞争对手更好地掌握和利用某些核心资源与能力，并且能够比竞争对手更好地把这些能力与在行业中取胜所需要的能力结合起来。即便如此，战略的成功可能性也是有限的，需要我们承担巨大的风险。

四、战略管理理论的发展趋势

通过对战略理论演进内在规律的分析，我们可以大致把握在工商企业面临新的经营环境的条件下，战略管理理论将会呈现如下特点和发展趋势。

(1)制定工商企业战略的竞争空间在扩展。行业的界限、工商企业间的界限日趋模糊，竞争战略的谋划将不再只限于既定的行业内市场份额的竞争、产品或服务的竞争，而更多的是在无边界的范围内对商业机会的竞争。这一竞争必然导致竞争参与者之间在塑造未来产业结构方面展开争夺。竞争的概念基本上是界定于不同的联盟之间、不同的商业生态系统之间。竞争的物理空间也由区域性范围扩大到全球。由于竞争已不在某一特定的地理区域或行业界限内进行，工商企业必须从全球的角度、从跨行业的角度来考虑配置自身的资源，在资金、人力资源、产品研发、生产制造、市场营销等方面进行有机的组合，以获得最佳的管理整合效果。

(2)工商企业的战略具有高度的弹性。工商企业面临的经营环境快速变化，无法预知和确定。在不确定的风险之下，在要求工商企业的竞争战略与外部变化节奏保持同步的条件下，工商企业要具备快速的反应能力，必须依赖于战略的弹性而伸缩自如。战略弹性是基于工商企业自身的知识系统对不断变化的不确定情况的应变能力。它应该包括组织结构的弹性、生产能力和生产技术的弹性、市场营销的弹性、管理的弹性和人员构成的弹性。由于它是来自于工商企业内部的知识和能力，故员工的知识构成及其组合的方式和机制是战略弹性的核心部分。战略弹性一旦建立起来，工商企业内部的协调系统也就确定下来，从而导致对整个系统的模仿或复制的可能性极其微小，由此就形成了工商企业的战略优势。

(3)不过多考虑战略目标是否与工商企业所拥有的资源相匹配，而是较多地追求建立扩展性的目标。因为在未来的市场竞争中，制胜的手段正逐渐发生变化，由单纯地寻找稀缺资源过渡到与寻找稀缺智力和由此而产生的稀缺知识的结合，寻找的范围不仅局限于工商企业边界内部，而是着眼于对离散的创造价值的活动的识别与整合，通过这种方式来为价值增值或扩大稀缺价值的产出。这种战略要求工商企业不能平均分配资源，而是要创造性地通过各种途径来整合资源，通过与知识的组合来克服资源的限制，从而为顾客创造价值。

(4)由工商企业或工商企业联盟组成的商业生态系统成为参与竞争的主要形式。竞争力的研究对象不再仅局限于单独的工商企业个体，而是以工商企业作为基本研究单元发展到工商企业与其所处的商业生态系统并举的阶段。在未来变幻莫测的环境中，任何一个工商企业都不可能，也没有实力单独参与竞争，因为整个商业活动的主体是以一个或多个工商企业为核心的生态族群，即未来的竞争是不同商业群落之间的竞争。对于一个单独的工商企业个体来讲，竞争更体现在加入或营造有影响力的、能为自己带来实际价值的工商企业生态系统，并且在一个系统中寻求一个更为有利的地位，当然也包括争取作为整个群体的领导。在竞争与合作的和谐环境中，使优势和潜能充分发挥，降低经营成本和经营风险。

(5)制定战略的主体趋于多元化。制定战略可能不只是工商企业高层决策人员的特权，普通员工也不再仅仅是战略的接受者与执行者。战略制定这一工作将变得更为普遍化，由于信息技术的日益发展和应用，组织结构向扁平化方向演化，信息的传播手段和渠道也变得大众化和多样化，这就导致了在整个工商企业内部拥有信息的权力趋于平等。信息传播方式的网络化决定了每一个个体在整个网络系统中都是信息传播的一个节点，高层主管不再居于信息传播的中心，普通员工可以有更多的机会参加工商企业的战略制定，他们具有既是决策参与者又是决策执行者双重身份的特征。

(6)战略的制定从基于产品或服务的竞争，演变为在此基础之上的标准与规则的竞争。工商企业在产品或服务时期，对外部环境采取的是一种规避风险、抓住机遇的做法。通过内部积极主动的行动——扩大产量、提高质量、降低成本、加强营销，利用高效的组织机构等取得规模效益。在对外和对内的行为方式上，被动应对色彩更为浓厚一些。而当工商企业跨入以标准为核心的竞争阶段后，对外部环境的认识则完全变了，工商企业除了对外界变化会积极主动地做出反应外，可能还会有意识地制造变革、与行业中具有重要影响的对手或工商企业联盟共同合作，创造和制定指导整个行业的技术标准或者是竞争规则。通过对标准或规则的掌握来获取高额的利润，确定工商企业的优势地位。总之，工商企业要在塑造未来产业结构方面的竞争方面给予更多的注意力，并力求有所作为。

第三节　工商企业战略的实践

一、工商企业在战略上存在的认识和问题

战略的重要性毋庸置疑，每个经营者、管理者都意识到应该重视这一问题，但在工商企业组织活动中怎么来进行，大部分的人都认为很困难。之所以存在这样的情况，无外乎是因为这样几个原因：一是很多工商企业的管理者和经营者对战略管理的了解不足，缺乏理论知识，不能全面理解和把握战略管理工作，他们之所以喊出重视战略管理，是大家都认为这个事情很重要；二是我们国家进行市场经济的历史并不长，国有企业还无法完全摆脱政府行为和行政干预，大多数民营企业的成功往往得益于市场的快速发展而提供的机会，它们还没有从根本上意识到战略对工商企业发展的重要性；三是工商企业战略管理理论是个舶来品，教科书上的东西大多来自西方发达国家，其思想和案例并不完全符合中国的国情；四是工商企业和我们每个人一样是极具个性特征的，完全复制和模仿别人的经验和做法，都是不可能取得成功的。

凡此种种，使得很多工商企业的领导者一面喊重视战略，一面又有嘴无心，只注意企业的产品和市场，工作重心只在企业具体生产经营活动上。特别是很多中小企业的领导者认为，企业战略是大企业的专利，中小企业由于只生产或经营一个或几个产品，企业规模普遍不大，组织机构相对简单，管理方式较为单一，人员素质相对不高，在市场竞争越来越激烈、供给越来越大于需求的市场经济的大环境中，中小企业在各个方面落后于本行业的大企业。在这样的情况下，工商企业为了忙于生计，而不被残酷的市场所淘汰，只能更多地考虑企业当前所处的位置和现状，而对重心在长远发展和整体发展的工商企业战略就无暇顾及。他们还认为，工商企业战略是一种非常虚渺的东西，一个好战略不如一个好项目，因为好的项目能够立刻给企业带来丰厚的回报，而战略往往只停留在嘴上、纸上、头脑上，名至而实不归，对企业没有多大用处。还有一些人认为，市场规律对于这些实力处于弱势的工商企业来说是抗拒不了的，企业只能随波逐流，没有实施战略的必要。至于企

业将来在经营中可能遇到的问题，可以随机调整解决。

当然这样的看法是不正确的，大企业需要战略，小企业同样也需要战略，大企业需要考虑长远发展，小企业更需要从长计议。大企业也是从小企业发展起来的。我们在对工商企业进行研究时之所以选择一些有较高知名度的大企业，一是因为它们的发展历史往往具有一个时代发展的典型意义；二是因为它们的名气往往具有较好的推广和教育作用。

不管是在研究大企业还是小企业的成长时，我们都会得出这样一个论断：工商企业的成功路有千万条，但只有那些工商企业领导者具有长远眼光、企业活动具有战略考虑的才可能长久地发展。华为集团的发展历程也同样印证了这一论断。1987 年，创立于深圳，成为一家生产用户交换机的香港公司的销售代理。1995 年，其公司销售额达 15 亿元，主要来自中国农村市场。2000 年，华为集团在瑞典首都斯德哥尔摩设立研发中心，海外市场销售额达 1 亿美元。2003 年，与 3Com 合作成立合资公司，专注于工商企业数据网络解决方案的研究。2004 年，与西门子合作成立合资公司，开发 TD-SCDMA 系统(Time Division-Synchronization Code Division Multiple Access)解决方案。获得荷兰运营商 Telfort 价值超过 2 500 万美元的合同，首次实现在欧洲的重大突破。2005 年，海外合同销售额首次超过国内合同销售额，与沃达丰签署《全球框架协议》，正式成为沃达丰优选通信设备供应商。成为英国电信(Britain's Telecoms，BT)首选的 21 世纪网络供应商，为英国电信 21 世纪网络提供综合业务接入网(multi-service access network，MSAN)部件和传输设备。现在，华为已经成为全球第二大通信设备供应商，全球第三大智能手机厂商，也是全球领先的信息与通信解决方案供应商。公司围绕客户的需求持续创新，与合作伙伴开放合作，在电信网络、企业网络、消费者和云计算等领域构筑了端到端的解决方案优势，并致力于为电信运营商、企业和消费者等提供有竞争力的信息通信技术(information communication technology，ICT)解决方案和服务，持续提升客户体验，为客户创造最大价值。目前，华为的产品和解决方案已经应用于 140 多个国家，服务全球 1/3 的人口。华为实施全球化经营的战略。产品与解决方案已经应用于全球 100 多个国家和地区，服务全球超过 10 亿用户。国际市场已成为华为销售的主要来源。2009 年华为实现合同销售额 302 亿美元，同比增长 30%，其中超过 2/3 的销售额来自国际市场。2010 年华为实现合同销售额 340 亿美元，2011 年预期实现销售额 400 亿美元。

华为对国际市场的开拓始于 1996 年，开始与我国香港的和记电讯初步合作，提供以 C&C08 窄带交换机为核心的"商业网"产品。当时华为的市场基本上在国内，除了参加几次日内瓦世界电信展之外，没有多少经验可言。华为国际市场开拓的轨迹依然是采用类似于国内"农村包围城市"的策略。从 1996 年开始，先易后难，华为逐步开始开拓国外市场，先开拓独联体/俄罗斯市场，后进入美洲和印度市场，再进入东南亚、中东和非洲，最后进入欧美主流市场。从英国电信到沃达丰，这些全球电信运营商大佬们，正逐步将华为列入其最核心的供应商名单中。到 2008 年年底，华为主流产品已全面规模服务欧洲、北美和日本等发达市场的领先运营商，在中国及广大新兴市场的份额稳步提升，奠定了优势格局。

从华为的发展历程中我们可以看到华为的企业战略是一个类似于"农村包围城市"的发展道路。当时全球通信市场的绝大部分市场份额都被欧美工商企业所占据，华为要想打破这样的局面就必须找到市场的突破口，所以就把亚非拉发展中国家作为进入市场的缺口。

1996 年，华为与长江实业旗下的和记电讯合作进入中国香港市场，这个市场是世界上电信最发达的地方，在这个市场能站稳，就为进入国际市场打下了坚实的基础。同年中俄达成了战略协作关系，华为抓住这一重大的政治机遇进入俄罗斯市场，同时逐步进入独联体国家市场。当时华为在俄罗斯获得的第一个订单只有 12 美元，但它坚持不懈地耕耘市场，经过 7 年的艰苦努力，终于在这个市场和客户建立互信，业务得到了极大的发展。

1997 年华为进入非洲市场，非洲市场一直被西方工商企业所垄断，许多国家都背负着巨额债务。中国政府对非洲很多国家提供了大量的政府援助，这一方面使得这些国家的电信业务得到了快速发展，也为华为进入非洲市场提供了机会。

华为在开拓国际市场过程中，在战略上采取了“本地化”、“权力下放”的策略。每到一个国家，一是和当地的工商企业合作，二是大量雇佣当地员工，三是充分尊重所在国的法律、文化、宗教信仰、民族习惯，在企业管理和企业制度上实施国际化和本地化的政策。

华为一边在发展中国家“蚕食”，一边在发达国家中逐步扩大“战果”。在欧洲市场，华为采取了先找到一家有实力、有信誉、有知名度的优秀代理商，与其建立良好的合作关系，并借此进入本地市场。当然华为的进入引起了欧美工商企业如思科等的高度紧张，随之而来的就是思科与华为的专利官司，这是必然要发生的。这样的交锋一方面是国际化的必然结果，另一方面也是华为不断成熟的标志。2002 年，华为在路由器、交换机市场已经直逼思科，成为其最大的竞争对手。华为直面和思科的竞争，在全球市场积极迎战，使得思科无法再祭“诉讼”的法宝来阻止华为的竞争。

作为一个民族企业，华为的发展是令人骄傲的。华为在企业发展上有着与其他国企和民营企业太多的不同和优势。坚持走国际化发展道路与极具侵略性的狼文化让企业得到了长足的发展，在与 IBM 的合作中让华为的组织形态变得愈发成熟。而面对市场的竞争和变化，华为也在不断转变和调整企业战略，如进入消费者市场。尽管华为并没有完全成功，但一直在努力，我们有理由相信华为在消费者市场一定会和它在运营商业务的发展一样取得辉煌的成绩。

可以说华为的成功，很大程度上是华为的企业战略的成功。这说明了小企业只有在生产经营过程中重视战略，才能够在激烈竞争中得以生存，并且能够不断发展壮大。

对于工商企业战略而言，确实不像一个好的投资项目那样能够很快给企业带来丰厚的利润，但是，战略对于企业利润的影响是潜移默化的。一个比较明显的道理就是，任何工商企业要想取得利润，都会面临激烈的市场竞争，即便再好的投资项目在投产之后也会被其他工商企业效仿，同样会面临竞争。在日益激烈的市场竞争中，企业要想赢得利润，就不得不花一定的时间来研究自己的优势和劣势；研究行业的竞争者、新进入者和替代品；研究本企业的供应商、分销商和顾客，以便能够制定正确的相关的政策。而上述的手段，都是属于企业战略的范畴。另外，赢得利润是工商企业经营的目的之一，而能够赢得利润，是需要靠企业的竞争优势做后盾的。不仅企业的盈利，企业的生存，能否发展壮大，能否持续地发展，都取决于工商企业在市场竞争中是否具有优势，以及能否根据自己所特有的经营优势制定正确的经营决策。而这些同样属于工商企业战略的范畴。

很多工商企业在经营上陷入困境，甚至最后破产倒闭的主要原因是没有考虑工商企业战略，或者是工商企业战略的失误。例如，有的是因为战线太长、战区太多，处处需要资金注入，造成资金紧张；有的是因为开发出一种新产品，市场反应良好，但没有继续进行新产品的开发，结果在别的企业推出了更好的产品以后，就无力应对，陷入困境；有的是因为只顾追求高利润，没有注意对企业的核心竞争力的培育，结果在竞争中总是处于劣势地位。这些都是企业经营没有重视战略的表现。

二、工商企业战略的重要性

工商企业战略的选择，是一个极其重要的问题。具体来说，工商企业战略的重要性主要表现在以下几个方面。

(1)工商企业经营战略是决定工商企业经营活动成败的关键性因素。工商企业战略研究工商企业的整体发展问题。对于工商企业而言，局部有局部的问题，整体有整体的问题，解决好整体问题是工商企业发展的基本条件。所以说，决定工商企业经营成败的一个极其重要的问题，就是看工商企业经营战略选择是否科学，是否合理，是否能够时刻把握工商企业的整体发展。换一句话说，工商企业能否实现高效经营的目标，关键就在于经营战略的选择，如果经营战略选择失误，那么，工商企业的整个经营活动就必然会全盘皆输。

(2)工商企业经营战略能够为企业指明前进的方向。没有战略的工商企业，就如同大海中航行的轮船没有罗盘一样。假如没有好的战略，工商企业就容易迷路，迷路后走入歧途的工商企业，失败是早晚的。战略的重要性之一是为工商企业明确未来发展的方向。只有方向正确才能在经营活动中提高经营效率。战略还能为我们明确工商企业未来的目标。清晰、可达到的目标是增强企业全体员工信心、鼓舞企业全体员工斗志、激发企业全体员工热情的重要工具；远大而可以实现的目标是工商企业推进事业发展的动力。

战略不仅为我们指明方向和目标，还将告诉我们实现目标的正确方法。工商企业为了实现自己的生存、盈利、发展的理想目标，就必须要选择好经营战略。战略作为一种思想方法和思维方式，能够极大地拓宽我们的视野，提高工商企业总览全局、把握未来的能力。如果战略选择出了问题，结果就是工商企业的目标无法实现。目标有赖于战略，战略服务于目标，这是贯穿于工商企业的全部经营活动的一个重要规律。因而工商企业战略是工商企业目标得以实现的重要保证。

(3)工商企业战略是工商企业可持续发展的重要基础。工商企业是一个有机体，存在着寿命。工商企业要可持续地发展，一个极其重要的问题就是要对自己的战略做出正确的选择。如果经营战略选择失误，那么，其结果必然是：即使企业在某一段时间里具有较强的活力，但是最终难以发展成为百年老店，只不过是一种过眼云烟式的短命企业。

在现实经济生活中，不少工商企业就是因为它们的经营战略选择出现了失误而使得企业一蹶不振。战略更多的是针对工商企业的未来，工商企业的经营者不能对企业的未来漠不关心。对未来问题不但要提前想到，而且要提前动手解决。预测未来是困难的，但总可以把握事物发展变化的趋势。人无远虑必有近忧。

(4)工商企业战略是工商企业竞争力的有效保证。战略还能帮助工商企业更好地组合和利用资源。由于战略明确了工商企业较为长期的发展目标和方向，理清了工商企业的业务结构，从而有利于工商企业根据战略的需要，前瞻性地组织和配置工商企业有限的资源，使资源的利用效率更大更好，增强工商企业的综合竞争能力。没有活力的工商企业是没有竞争力的，也是无法发展壮大的。工商企业具有活力的一个关键性因素，就是工商企业要有效地发挥自己的比较优势，而比较优势的发挥，则在于自己对经营战略的选择，即能够在战略中体现自己的比较优势。工商企业进行战略选择时的一个重要因素就是能否发挥自己的比较优势。经营战略的选择，实际上是工商企业对自己的比较优势的选择，选择好了，这个工商企业才能充满活力，所以说经营战略是工商企业竞争力的有效保证。

总之，工商企业经营战略的选择，是工商企业高效发展的一个重要问题，它的选择直接关系到工商企业的成败，是决定工商企业兴衰的一个关键性因素。因此，无论是研究工商企业经营活动的人，还是经营工商企业的人，甚至是那些想了解工商企业问题的人，都应该对工商企业战略如何制定、如何选择、如何实施进行全面深入的了解和学习。

第四节 战略管理理论的变革与创新

战略管理作为管理学的一个分支，一直存在很多的争议。战略管理的重要性毋庸置疑，但它不像管理学其他分支如财务管理、生产管理、人力资源管理这些针对具体业务的管理那样，理论体系那样完整，方法手段成熟，可操作性强。战略管理往往不针对具体业务，重视的是在组织内部形成统一的指导思想，似乎让人产生虚无缥缈之感。从20世纪90年代开始，战略管理研究出现了不断深化的情况，从只强调内部能力去适应外部环境到注重内部能力与外部环境的相互促进；从只重视静态能力、静态环境到强调动态能力和生态环境；从只重视竞争到强调竞合及战略联盟。

从发展路径上可以看到有两个基本方向，一是在原来理论学派之后的升华和丰富，二是从其他领域的新的认识和见解中获得发展。前者如普拉哈拉德(C. K. Prahalad)和哈默尔(G. Hamel)所提出的核心竞争力理论就是对能力学派和资源学派的升华和发展，1990年两人在《哈佛商业评论》上发表了《论企业核心竞争力》，以及在1995年考林斯(D. J. Collins)和蒙哥马利(C. A. Motegomery)在《哈佛商业评论》上发表了《资源竞争：90年代的战略》一文，标志着该学派的建立。20世纪90年代后期的战略联盟理论也同样是对竞争理论的升华发展，以前企业注重对抗性竞争，侧重于讨论竞争和竞争优势，90年代以后，人们将关注的焦点转向了企业间各种形式的联合。这一理论强调竞争合作，认为竞争优势是构建在自身优势与他人竞争优势结合的基础上的。

20世纪90年代后期出现的“战略转折点”理论同样是在原学习学派的基础上发展起来的，该学派的代表人物是奎因(J. R. Quinn)和明茨伯格。该学派的主要观点是：战略的形成并非是一个严格的计划过程，考虑到组织的权力和行为等因素，战略的形成与演变带有明显的“逻辑渐进主义”(logical incrementalism)色彩——既有计划性，又有权力与行为因素的影响，因而战略形成应被看成是一种有目的的、能动的、既包含分析又涉及行为因素的发展过程。这必然在对工商企业行为和战略方面存在认知上的局限性。1994年，明茨伯格发表的专著《战略规划的兴衰》，对传统的战略规划理论进行了批判性分析，并进一步探讨了战略构思和形成过程中计划、计划者的不同作用和角色，后来在布格尔曼(Burgelman)和葛洛夫(Grove)的完善下形成了“战略转折点”理论，该理论的最大贡献就是针对动态环境中的新战略意图的制定与形成过程，提出了以战略矛盾、战略转折点、战略认知为基础的基本分析框架，明确了高中层管理者在其中的作用方式和适应性学习组织在转型式战略变革中的重要性。

后一种趋势主要体现在20世纪90年代末21世纪初形成的对战略管理理论的认识上。例如，莫尔提出的企业生态系统使用演化(business system coevolution)理论。从战略管理理论发展史的角度看，该理论超越了90年代以前的战略管理理论偏重竞争而忽视合作的缺陷，给出了在产业融合环境下理解工商企业经营的整体画面，工商企业生态系统的基本框架，以及工商企业如何在其中发展并取得领导地位的战略管理方法。从产生背景看，它适应了20世纪90年代以来产业环境激烈变化、创新和创造未来成为发展战略焦点的趋势要求，并吸收了产品生命周期理论、有关生态进化理论的合理成分。从理论的经济学基础看，它把理论建立在网络经济而不是传统的规模经济或范围经济的基础上，并且从均衡演化的角度进行分析，这是它的一个特色。

回顾过去几十年的发展，学者们研究的重点是寻求对非常复杂的现象的理论解释，目的是想对发生在真实世界的各种现象进行深入了解，以便建立一个可进行理论描述的基础。社会科学的基础科学，尤其是经济学，第一次与工商企业管理的实际问题有了联系。在20世纪60年代曾经是相当简单的战略概念，本来只是用于对案例中描述的现象加以解释，结果却发展成了探究其理论基础，建立具有解释性和预测力量的严肃研究。

理论上的分析为工商企业在实践中的行为提供了指导性的思想和方法，通过对中外企业不同案例的总结，要找到工商企业发展的战略突破口关键是要遵循以下基本原则。

一、工商企业领导者必须树立战略发展的思想

工商企业经营不是做生意，什么赚钱就做什么。工商企业经营需要坚守，需要有明确的经营理念，长期发展的战略愿景。工商企业当然需要去抓住市场机会，但这种机会是建立在工商企业自己所具备的资源条件的基础上的。工商企业战略的选择不光以市场环境为条件，更应该建立在自身资源能力的基础上，一个工商企业的资源特征在很大程度上就决定了这个工商企业的经营方向和领域，也决定了工商企业的战略取向。如果不是行业发生改变或者处于衰退，一般来说，工商企业肯定应该根据行业发展的趋势制定长期的工商企业战略。工商企业的发展不可能是在一夜之间形成的，质变也是以量变为基础的，战略突破看似在某一时点某一方面，但却是工商企业积累的结果。所以建立长期发展的战略思想是工商企业战略突破的首要条件。

二、善于把握和合理利用政府产业政策

在任何国家，工商企业都是社会经济发展的中坚力量，它们发展的好坏直接关系到国家、政府的稳定，因此，政府必然会在制定经济政策和产业政策的时候，对工商企业进行倾斜和照顾。工商企业如果能利用好这些政策，一是能使工商企业发展符合国家整体战略，少走弯路；二是能使工商企业获得和掌控更多的资源，更能促进工商企业的快速发展。当然更重要的是，中小企业实力有限，它们不可能完全地做好对机会的分析，利用好政府的产业政策就能使工商企业较为容易地获得战略突破的机会。

三、能观察和把握行业的特征和变化趋势

每个行业都有自己的特点，分析行业的经济特征，把握行业发展变化的趋势，对处于行业中工商企业的生存发展至关重要。行业特征包括行业规模与结构、行业集中度、市场

需求、影响行业变化的技术、行业中工商企业的竞争策略及其战略取向等。对这些指标的分析和判断，能使工商企业清楚地做出定位选择，并制定恰当的竞争策略和整体战略。同时通过对行业变化趋势的分析，工商企业的战略调整和转向能更有针对性，使工商企业战略符合环境变化的要求。

四、技术创新和产品开发

工商企业战略管理的核心是建立工商企业的战略优势。要想获得战略突破，就必须建立自己的战略优势。在战略优势中技术创新和产品开发又是基础。现在有的工商企业通过虚拟经营、资本运作获得了成功，使我们的一些工商企业产生了迷茫，甚至于放弃了实体经营，把工商企业资金投入资本市场，更不愿意花精力来搞技术创新和产品开发。我们国家的知识产权制度还不健全，仿冒抄袭大行其道，更是直接导致了技术创新和产品开发动力不足。不过我们在最近这次的金融危机中看到，当危机到来，市场萎缩，需求下降时，大批倒下的工商企业都是因为产品没有自己的品牌和特点，技术不是自己开发或者没有自主知识产权的，而那些搞技术创新和产品开发，拥有自己品牌和自主知识产权的工商企业不仅得以生存，还通过兼并收购其他工商企业，规模实力得以提升，市场份额扩大，工商企业获得了新的战略发展机会。

五、市场开发

工商企业经营活动离不开市场，只有市场规模不断扩大，产品销量不断增加，工商企业才能发展壮大。而对一个工商企业而言，一个市场的容量是有限的，而且竞争会越来越激烈，利润水平会随之下降。不进行新的市场开发，工商企业就不可能获得新的战略发展机会，市场开发就成为工商企业获得战略突破的一个窗口。

六、经营机制和管理模式的创新

工商企业体制、经营机制、管理模式都应该与工商企业战略相适应。计划经济条件下，行政管理的工厂制就能满足需要。随着市场经济制度的建立，工商企业成为市场的主体，工商企业体制就应该根据现代企业制度加以改变。工商企业产权的清晰，工商企业所有权、经营权的分离，导致了工商企业治理在制度设计、经营机制、内部结构、工商企业管控方面都发生了新的变化和调整。这种改变一方面使得工商企业在市场经济的环境中经营更合理、产品更符合市场需要、管理效率更高、经济效益更好；另一方面工商企业能更主动地根据环境的变化做出战略调整，寻求战略突破。

七、方法和手段的创新

工商企业战略的实施必须与一定的手段、方法相结合。工商企业战略管理是一项复杂的系统工程，管理是否合理，不仅与人员素质、工商企业制度有关，也与管理的方法、手段有直接的关系。

总之，任何工商企业的发展都不可能停留在一时一地一事上面，而应该从整体上把握，根据趋势，以战略目标为指导，抓住机遇，寻求突破，使工商企业发展到更高层次。

第六章

工商企业组织发展

第一节　工商企业组织结构概述

一、工商企业组织结构

系统论认为，结构是系统内各组成要素之间的相互联系、相互作用的方式，即各要素之间在时间或空间上排列组合的具体形式。

组织结构就是安排各部分的排列顺序、空间位置、聚焦状态、联系方式以及各要素之间相互关系的一种模式，它是执行组织管理和经营任务的体制。就像人类由骨骼确定体形一样，组织由结构来确定其形状。组织结构在整个组织中起着“框架”作用，有了它，组织的人流、物流、信息流才能正常流通，组织的目标才有可能实现。组织结构有静态和动态两层含义：静态含义指的是组织结构的框架体系，它可以用组织结构图、职位说明书和组织手册等来表示；动态含义指的是组织各要素之间的相互关系，即组织的责、权、利的分配关系，这一关系是由组织的分工协作引起的。

工商企业的组织结构，是指工商企业全体员工为实现企业的目标，在工作中进行分工协作，在职务范围、责任、权力方面所形成的结构体系。

(1)工商企业组织结构的目的是实现企业的目标。组织结构是实现工商企业目标的一种手段，因此，组织结构的创新是围绕工商企业的目标而进行的。由于工商企业所处的环境条件不断发生变化，企业目标也在不断调整，所以企业的组织结构处于不断的创新变化中。

(2)工商企业组织结构的本质是员工之间的分工协作关系。专业化的分工，可以提高工作的质量和效率；分工的同时，又要进行部门间的协作配合，加强横向协调，发挥整体工作效率。

(3)工商企业组织结构的内涵是员工在职务范围、责任、权力方面形成的结构体系。所以，组织结构又可简称为权责结构。这个结构体系的内容主要包括：职能结构，即完成企业目标所需的各项业务工作关系；层次结构，即各管理层次的构成，又称组织的纵向结构；部门结构，即各管理部门的构成，又称组织的横向结构；职权结构，即各层次、各部门在权力和责任方面的分工及相互关系。

二、工商企业组织结构的特点

组织结构的特性就是构成组织结构的维度，对此不同的研究者从各自的角度进行了分类。罗宾斯认为主要的结构维度有以下13个：管理者构成、自主性、集权性、复杂性、职权代理比率、差异化、规范化、一体化、职业化、控制幅度、专业化、标准化、垂直层级。而达夫特将组织的维度分为两种，即结构性维度和关联性维度。结构性维度描述的是一个组织的内部特征，为衡量和比较组织提供了基础；关联性维度则反映了整个组织的特征，包括战略、技术、环境、组织规模、文化等因素，描述了影响和改变组织结构性维度的因素。可见，结构性维度实际上反映的是组织结构的特征。达夫特认为，组织的结构性维度有8个，即规范化、专门化、标准化、权力层级、复杂性、集权化、职业化和人员比率。罗宾斯在综合其他研究者的基础上，提出了组织结构的三大特性，以此来描述组织结构的内部特征，这三大特征是复杂性、规范性和集权性。

1. 复杂性

组织结构性维度中的复杂性是指组织结构各要素之间的差异性，它包括横向差异性、纵向差异性和空间分布差异性。这三个差异性表现为组织结构中整体的差异性，即组织结构的复杂性，其中任何一种差异性的变化都会导致组织结构的复杂性程度的变化。

组织结构的横向差异性是指由于一个组织内成员之间受教育和培训的程度、专业方向和技能以及工作的性质和任务等方面存在差异而产生的组织内部部门与部门之间或单位与单位之间的差异程度。横向差异性主要体现在组织中专业化和部门化方面。专业化是指一个组织把它的总任务分成最小而又有机相连的部分，并据此形成专业化系统或部门；劳动分工必然会产生专业化，而专业化又会产生对从事某一专门或相似工作的人的活动和行为进行协调或管理的部门，即部门化。因此，一个组织的专业分工越细，部门化就会越多，部门之间进行协调的难度也就越大，其组织结构的横向复杂程度自然也就增强了。

组织结构中的纵向差异性是指组织结构中纵向垂直管理层的层级数及其层级之间的差异程度。管理层级越多，纵向沟通就越困难，层级之间信息传递失真的可能性也就增加，纵向的协调就越困难。因此，组织中的纵向管理层级数越多，纵向差异性就越大，纵向的复杂性程度就越高。与纵向差异性密切相关的是管理幅度，它是指一个管理者所能直接有效地指导、监督或控制其下属的人数。根据管理幅度的宽窄，可以将组织结构分为两种类型，即高耸型和扁平型。

组织结构中空间分布差异性是指一个组织在其管理机构、部门及其人员的地区分布上形成的差异程度。空间分布差异性可以看做组织结构的二维立体结构中除了横向性和纵向性之外的又一维度。这种分布包括分布距离的远近和分散数目的多少，空间分布越广，分布的数目越多，组织的沟通与协调就越困难，其组织结构的复杂性程度就越高。

横向差异性与纵向差异性两者相互关联，当一个组织的规模不变时，分工越细，协调的任务就越繁重，监督和控制越难。解决这些问题，既可以通过缩小管理幅度，即增加管理层次，提高纵向差异性的方法解决，又可以通过扩大管理幅度，即减少纵向复杂性，增加横向复杂性的方法解决。

空间差异性与横向、纵向差异性之间也存在关联，如果一个组织的不同层次机构分布在多个不同地区，它的管理要比对集中在一个地区的组织管理复杂得多。地区即空间分布越广，地区之间的环境差异越大，空间差异性的增加势必会带来横向、纵向差异性的增加，整个组织结构的复杂性也会增加。

2. 规范性

组织结构中的规范性是指组织中各种工作的标准化程度。具体而言，就是有关指导和限制组织成员行为和活动的方针政策、规章制度、工作程序、工作过程等的标准化程度。在一个高度规范化的组织中，方针政策具体而清楚，规章制度严密，对每一工作程序都有严格而详细的说明，这些都明确地规定了每个人应该做什么、何时做和如何做。而在规范化程度较低的组织中，组织成员在工作中有较大的自由度，他们的行为也不那么规范化和程序化。因此，组织成员在工作中自由发挥的程度与其行为的规范化成反比。

一般而言，对从事非技术性、简单而重复工作的员工，多采取“外部的”规范方式，如由组织制定规则、程序和制度等规范他们的工作和行为，对其工作细节进行详细的描述、限制和监督；对技术人员和专家则多采取“内在的”的行为标准规范，减少外部规范方式。组织中常用的规范员工行为的方法如下：选拔，即通过选拔来寻找合适的人员，筛掉不符合组织规范的人员；对角色期待进行明确说明；制定相应的规章制度、工作程序和政策；培植良好的企业文化。

3. 集权性

组织结构中的集权性是指组织内的决策权力的集中程度。集权和分权是相对的，衡量的标志主要有四个：①决策的数量。组织中较低管理层级做出决策的数目或频度越大，则分权程度越高。②决策的范围。组织中较低层级决策的范围越广，涉及的职能越多，分权程度越高。③决策的重要性。组织中较低层级做出的决策涉及的费用及影响越大，则分权程度越高。④决策的审核。上级对组织中较低层级做出的决策审核程度越低，这个组织的分权程度越大，如果做出决策后还必须报批，则分权的程度就更小。

一般而言，集权性和复杂性是负相关的，高复杂性总是与分权相随。而集权性和规范性则没有明显的关系，如在非专家、非技术专业人员占绝大多数的组织内，高层管理者会采用高度规范性和集权性的组织结构形式；而在专业性组织中，则往往采用低规范化和低集权性的组织结构。

第二节　工商企业组织结构的历史演进

工商企业组织结构的历史演进指的是工商企业组织结构随着企业生存发展的环境等成因的变化而不断调整，变化规模形态，改变进程，重新组织。

第一，工商企业组织结构的演进是一个规模不断变化、单一企业向多元企业形式发展的自然历史过程。在传统经济形态中，工商企业从诞生之时起，就是一个不断扩张规模的过程，通过规模扩张获得竞争能力和竞争优势。但是，当企业的核心资源由传统的自然资源、资本转向知识的时候，企业的规模扩张就不是最主要的了。这时，一个具有核心竞争力的小企业，可以通过信息技术，广泛运用外部的各种资源，特别是知识资源，取得大规模生产的效益，得到迅速的发展。它正好集合了小企业的灵活性与大企业的竞争实力的优点，体现了规模不大却不断成长的组织变革新理念。

第二，工商企业组织结构的演进是一个由渐变到突变的循序渐进的历史过程。任何事物的发展变化都是量的积累和质的突破相统一的过程，量的积累表现出事物变化的渐进性，而质的突破和飞跃则体现着事物发展的突变性。工商企业组织结构也不例外，在变迁过程中，工商企业组织结构在管理、市场、技术等方面不断积累，不断微调，进行局部的改变，当所有的变革因素达到一定值时，工商企业的组织结构就会发生质的变化。

第三，工商企业组织结构的演进是一个程度不断加深的过程，体现为工商企业管理变迁、流程再造(business process reengineering，BPR)和整体再设计不断深化。工商企业组织结构的变迁是社会发展过程中人和人之间利益关系的重新调整和建构。

一、古典组织结构形式

古典的工商企业组织结构形式包括直线制、职能制和直线职能制。这三种组织结构形式在19世纪下半叶一直居于主导地位，具有如下基本特征：规模小、人员少；出资者直接从事经营管理，甚至直接参加生产劳动；出资者对工商企业中“人”的管理直接达到每一个员工，对“物”的管理直接达到各类机器设备、工具器具；出资者有精力，也有时间对工商企业经营过程中的各种事项进行逐一过问；多数工商企业只从事一种产品的生产或者少数几种商品的买卖。这些特性决定了早期的工商企业必然选择简单的组织结构形式。

1. 直线制

直线制形式是最古老的一种工商企业管理形式，它以典型的等级原理为基础。在这种组织结构中，职权直接从高层开始向下传递，经过若干个管理层次到达底层。每个下级人员只对他的直接上级负责。工商企业的一切管理工作，均由厂长(或经理)直接指挥和管理，不设专门的职能机构。厂长既是经营者，又是劳动者，也是出资者或出资者代表。

直线制组织结构的优点：一是机构比较简单，指挥系统单纯，决策迅速，命令易贯彻到底；二是责任和权限明确，每个职员都知道自己向谁汇报、谁向自己汇报；三是便于全面执行纪律和进行检查监督；四是组织费用(管理费用)低。

直线制组织结构的缺点：一是下情上达和横向联系差。由于直线制组织注重上意下达，每个员工都听上级指示，但下情上达、横向联系显得较差。二是必须有一个全能型管理者。由于直线制组织的管理职能都集中由一个人承担，因而需要全能的管理者，而这是比较困难的。三是管理者必须事必躬亲。由于没有职能部门，不能依靠各方面的专家，许多具体事务只得由主管人员亲自处理。

直线制组织结构形式一般只适用于那些没有必要按职能实行专业化管理的小型工商企业，或应用于现场作业管理工商企业。

2. 职能制

职能制组织结构最早是由弗雷德里克·泰勒提出的。泰勒被誉为“科学管理之父”。他认为，随着社会的进步和工商企业的发展，工商企业的内外环境发生了很大的变化，表现在企业规模扩大，社会产品开始丰富，工商企业之间出现竞争，企业出现经营风险和财务风险。在这种情况下，任何管理者或上司都不能仅凭自己的专门知识来指导他的全部下级。此时，职能制组织结构应运而生。它首先要求业主从生产者行列中退出，只从事工商企业的决策和日常管理工作。之后，业主放弃对事务性工作的直接管理，在工商企业内部出现了专门从事某一方面管理工作的职能人员和部门。这种结构的特点是采用专业分工的管理者代替直线制的全能的管理者，在组织内部设立职能部门；各职能机构在自己的业务范围内，有权向下级下达命令和指示，直接指挥工商企业的生产经营活动；各级负责人除了服从上级行政领导的指挥外，还要服从上级职能部门在专业领域的指挥。

职能制组织结构的优点：一是能够适应现代化工业生产技术比较复杂、管理工作分化比较细的管理需要；二是能有效地发挥专家的作用，减轻直线领导者的工作负担，并能对下级工作进行细致领导；三是有利于管理的选用和培养。

职能制组织结构的缺点：一是由于实行多头领导，妨碍对工商企业生产经营活动的统一指挥，容易造成指挥混乱；二是不利于明确划分直线领导者和职能机构的职责和权限，不利于健全管理责任制；三是各职能机构往往立足本体，相互之间不能较好地进行配合；四是不利于培养高层的全面管理人才。

因此，这种模式不宜单一使用。从实践来看，这种组织结构模式在现代工商企业中也很少采用。

3. 直线职能制

直线职能制是对职能制的一种改进，是以直线制为基础，在各级行政领导下，设置相应的职能部门，即在保持直线制统一指挥的原则下，增加了参谋机构。这种组织结构的特点是只有各级行政负责人才具有对下级进行指挥和下达命令的权力，而各级职能机构只是作为行政负责人的参谋发挥作用，对下级只起业务指导作用。有些职能机构(如人事、财务、设备、质量等部门)，只有当行政负责人授予其直接向下级发布指示的权力时，才拥有一定的指挥职权。

直线职能制组织结构有如下特征：一是从其适应工商企业内外部环境来分析，它适应初级的常规技术环境和较稳定的工商企业外部市场环境；二是从其管理的出发点来看，它是以部门效率和技术质量为出发点的；三是从管理的难点看，主要在于各部门的协调；四是从其管理层级与管理跨度(即管理纵横链)来看，纵向管理链较长，横向管理链较短；五是从其管理者职权特点看，主要重点在于集权式管理和事务型管理。

直线职能制组织结构的优点：一是兼收了直线制组织和职能制组织的优点，使组织既能保持统一命令的效果，又能发挥专家的作用；二是受过专门训练的专家在一些专门领域起着参谋作用，直线的主管人员不需要处理高度专门的问题，而能腾出更多时间从事应做的工作。

直线职能制组织结构的缺点：一是直线部门和职能部门之间的工作不容易协调，容易产生矛盾，会对工商企业的经营管理产生不利影响。二是如果给职能部门的权限过大，会扰乱直线部门的指挥系统；如果不重视职能部门的建议，会导致专家的不满，会影响专家积极性的发挥。三是与直线制组织结构相比较，增加了管理费用。

直线职能制组织结构模式一般在工商企业规模比较小、产品品种比较简单、工艺比较稳定、市场销售情况比较容易掌握的情况下采用。但是，随着规模的扩大，特别是对那些大型工商企业而言，由于产品种类越来越多，业务活动越来越复杂，工商企业从单纯的生产型转变为生产经营型，该模式的缺点就会越来越突出。直线职能制组织结构在现代中小型工商企业中应用较为普遍。

根据工商企业内部管理职能部门及职权的不同安排，直线制、职能制和直线职能制统称为工商企业组织的U型模式（unitary structure）或“一元结构”。

二、现代组织结构模式

19世纪末期，工商企业面临的生存环境再次发生变化：大型项目的建设（如铁路）需要投入巨额资金，单个业主和少数合伙人的资本无法满足要求，工商企业急需从社会范围内筹集资金；市场竞争日益激烈，工商企业规模不断膨胀，在决策和经营管理过程中，出资者越来越感到自身能力的不足；为了分散风险，一些出资者将自身的资本分散在众多不同领域，对于熟悉的产业，尚且可以直接进行经营管理，对于不熟悉的产业，束手无策；为了获得企业发展需要的资本，一些工商企业大笔借贷，不断出现因出资者经营失败而出现的混乱，出资者动辄倾家荡产。

为适应以上要求，公司制工商企业应运而生。现代公司制保证了工商企业在更加广阔的社会范围内定向或者公开募集股本，确保了企业生命的独立性，使出资者只是对企业承担有限责任，并且把出资者从日常的繁琐管理事务中解脱出来。公司制标志着现代工商企业的诞生，带来了工商企业组织结构的本质性大变革。

现代组织结构主要包括模拟分权化结构、事业部制和矩阵制。其中，事业部制或联邦分权化结构等又称为M型组织结构（multidivisional structure），是组织结构创新历史上的又一个里程碑。

1. 模拟分权化结构

所谓模拟分权化，是指组织结构中的组成单位并不是真正的事业部门，然而组织却将其视同事业部门。这些“事业部门”有最大的自主性，有自己的管理阶层，有自己的盈亏责任，至少是一种盈亏责任的模拟。这些“事业部门”相互间有购售关系，以内部自定的“转移价格”为基础，而非以外在的市场价格为基础。

模拟分权化结构很难适合所有的组织设计规范。这不是一种明确的结构，不易使我们重视绩效，不能使组织中的每一个成员都能了解其本身的任务，也不能使经理人与专业人员了解整个工商企业的全貌，其他如组织结构的经济性、沟通效能、决策权力等，也很难令人满意。这都是模拟分权化结构本质上的弱点。

采用模拟分权化组织的公司，大多处于化学工业和材料工业（玻璃业、钢铁业、铝业、造纸业等）。许多化学公司按照模拟分权化原则，组成三个事业部门。一个负责研究发展，另两个为行销部门与制造部门，这两个部门都要各负盈亏之责。对于大型材料公司，要解决有关组织结构上的问题，这种模拟分权化是唯一可用的组织原则。另一个例子是IBM公司。IBM只有一项产品，即电子计算机，但是IBM电子计算机事业的营业额巨大、复杂性强，职能制组织不能适用，所以IBM以模拟分权化为基础，将其事业部划分为两个部门，一个是行销与服务部门，另一个是发展与制造部门，它们均为自主事业部，各为一个盈亏中心。

模拟分权化显然有许多困难，但将来采取模拟分权化的工商企业却会增多。因为在今天的经济及社会的领域中，制造工业和民间及政府服务机构成长最快，而这些机构都不适用职能制组织或联邦分权化组织，应用模拟分权化组织的可能性非常大。

照工作性质来说，模拟分权化只适用于作业性工作，对于高阶层管理工作显然并不适用，对创新性工作也是这样。创新性工作如果不能组织成为联邦分权化的一个事业部，则需采用职能制结构或团队结构。

模拟分权化结构作为一种过渡的组织结构形式只有在不得已的时候才会被采用。如工商企业为小型的或中型的，能采用职能制结构或职能制结构辅以团队结构，就不宜采用模拟分权化结构；如工商企业规模过大，不适用职能制结构，则应该先研究能否采用联邦分权化结构。

2. 事业部制

20 世纪 20 年代末至 30 年代，发达国家经济高速发展，工商企业规模急剧扩大，多层次的金字塔形组织结构使大型工商企业日显笨拙；工商企业内部横向一体化和纵向一体化同时得到发展，一个公司同时生产多种产品、提供多种服务，业务活动扩展到多个国家；市场竞争加剧，如何在竞争中生存成为工商企业面临的紧迫问题。显然，这一时期工商企业经营环境及其经营方式的变化，要求其从原来的直线制组织结构思想发展为多维、多层次的系统组织思想。由此，管理学步入新的发展时期，管理学理论也出现了百花齐放、百家争鸣的局面。例如，经验主义学派的代表人物斯隆，为了解决美国通用汽车公司的管理问题，于 1924 年提出了事业部制的组织结构，并被大公司广泛采用。

事业部制组织结构又称 M 型组织结构，其特点是把工商企业的生产经营活动按产品或地区的不同建立起事业部，使得每一个事业部成为一个利润中心，在总公司领导下，实行独立核算，自负盈亏。这种组织结构形式按照“政策制定与行政管理分开”的原则，总公司主要负责研究和制定整个公司的各种政策，而不负责日常具体的行政事务；各个事业部在总公司制定的政策下，发挥自己的主动性，可以根据自身生产经营活动的需要设置组织结构。

事业部制使工商企业的管理层次增加，“金字塔”更加耸立，或者说事业部制使金字塔式的工商企业组织结构达到登峰造极的地步。事业部制是在一个工商企业内对具有独立产品市场、独立责任和利益的部门实行分权管理的一种组织形式。在总公司之下有一群“自主营运”的业务单位，即各“自主事业部”，其通常可以按产品、服务、地区等因素来组建，每一单位都自行负责本身的绩效、成果及对公司的贡献。此种组织结构，其业务营运是分权化的，但政策管制是集权化的，各事业部在不违背公司总目标、总方针和总计划的前提下，充分发挥主观能动性，自行处理日常经营活动。

研究事业部制组织结构可发现：①其专业化分工按照工商企业的产出业务活动组合起来，成立专门的生产经营部门；②其生产规模较大、生产经营业务具有多样性，著名管理学家钱德勒指出，它“将许多单位置于其控制之下，经营于不同地点，通常进行不同类型的经济活动，处理不同类型的产品和服务”；③其管理权和经营权相分离，在产权安排上实行所有权、经营权相互分离，在内部分工与协作中实行事业部制是大型工商企业普通采取的组织结构模式；④其实行层级制管理，事业部制尽管增加了分权色彩，但在事业部内仍采用直线职能制结构，从总体上看，它仍属于等级制组织，管理层级制仍然是现代化工商企业组织的典型特征。

进一步分析事业部制组织结构，可知其有如下特征：①从其适应工商企业内外环境来看，事业部制组织结构适应工商企业内部复杂的技术环境和不断变化的工商企业外部环境；②从其管理的出发点来看，它是以产品线和市场为出发点；③从其管理的难点来看，难点在于公司对各事业部的控制；④从其管理层级与幅度来看(纵横管理链)，纵向管理链变短，横向管理链也变短；⑤从其管理者职权特点来看，主要重点在于分权式管理和战略型管理。

评析事业部制组织结构，其优点主要如下：既有利于工商企业的最高管理层摆脱日常行政事务，成为强有力的决策机构，又能加强工商企业所属各事业部领导人的责任心，调动他们搞好生产经营活动的积极性和主动性，提高工商企业生产经营适应能力。此外，它还有利于多样化和专业化结合起来。这是因为，在这种组织结构形式中，一个工商企业可以实行多样化经营战略，生产种类较多的产品，从而形成大型联合工商企业；与此同时，其下属的每个事业部及其所属工厂又可以集中力量专注生产某一种或某几种产品，甚至只生产某些零部件，实现高度专业化。另外，在这种组织结构中，一方面，由于各事业部实行独立核算、自负盈亏，故能够看出从事哪种事业有利、哪种事业不利，便于工商企业调整生产经营的方向，更好地适应社会生产和需求结构的变化；另一方面，由于各事业部之间有比较、有竞争，可以促使各事业部竞相搞好自己的工作。最后，由于事业部一般都是具有产、供、销各环节的一个完整的生产经营实体，因此，它还能使各事业部的领导人从整体的观念出发组织事业部内的各项管理业务，从而在工作岗位上得到训练，有助于培养和提高他们的领导者素质，而且由于具有明确的责任界限，便于考核，能够更好地调动他们的积极性。

评析事业部制组织结构，其缺点主要如下：由于各事业部独立经营、自负盈亏，容易使各事业部只考虑自己的利益，影响各事业部之间的协作；工商企业总部与各事业部的职能机构容易重叠，用人较多。

事业部制组织结构形式一般适用于企业规模较大、产品种类较多、各种产品之间的工艺差别较大、市场条件变化较快、要求适应性比较强的大型联合工商企业。

3. 矩阵制

矩阵制组织结构出现在20世纪50年代，又称规划目标组织结构。这一结构改变了传统的单一直线垂直领导系统，使一位员工同时受两位主管人员的管理，呈现交叉的领导和协作关系。

矩阵制是现在还处于演变之中的一种组织结构形式，这是一种特殊类型的注重解决问题的组织形式。这种组织结构的特点是，为了完成某一项特殊任务(如为了产品创新)，组成一个专门的产品(或项目)小组去从事新产品开发工作，在研究、设计、试制、制造等各个不同阶段，由有关部门派人参加，力图做到条块结合，以协调各有关部门的活动，保证任务的完成。矩阵制组织结构的形式是固定的，但是每个专门的产品(或项目)小组是临时组织起来的，完成任务以后就可撤销，成员仍回原单位工作。在一项任务的执行过程中，不是把这项任务从一个部门转移到另一个部门，而是不断地更换专门小组的成员，每一专门小组都有负责人，直接对工商企业最高领导负责。

考察矩阵制组织结构，我们不难发现，在这种组织结构中，有两条权力线，一条是来自各职能经理的垂直权力线，另一条是来自工程部门的水平权力线。两条权力线的共存，决定了矩阵制组织结构纵横两套管理系统的共生。一套是纵向的职能系统，另一套是为完成某一任务而组成的横向项目系统。纵向组织系统是在职能部门领导指挥下的各职能科室，而横向组织系统则是以产品、工程项目或服务项目为对象组成的专门小组，小组成员从各职能部门抽调，他们同时受职能部门和项目组的领导。一旦项目完成，人员仍回职能部门。由此可以看出，项目小组成员在组织中的上下隶属关系是永久的，而水平协调关系则是暂时的。毋庸置疑，这一结构解决了职能部门之间缺乏横向联系的问题，从而使工商企业内营销、设计、生产等职能部门能更好地协作。

矩阵制组织结构有如下特征：一是从适应内外部环境来看，它适应复杂技术的内部环境与需求较为复杂的外部市场竞争环境；二是从管理出发点来看，它是以工商企业生产和技术为管理出发点；三是从管理的难点看，难点在于协调多头领导的制度管理方面；四是从管理层级与跨度(纵横管理链)来看，纵向管理链变短，横向管理链较长(工作管理)；五是从管理者职权特点来看，主要采用分权式管理与协调型管理相结合的模式。

矩阵制结构兼有职能制和事业部制两种结构的优点，既能充分利用职能部门的专业技术知识，又能促进职能部门之间的横向协作。然而，矩阵制组织同职能制组织在组织原则上又大不相同，职能制严格遵循统一指挥原则，矩阵制则从结构上形成了双头指挥的格局。但从组织结构的目标来看，两者又都以工作和任务为中心，组织的分工协作关系和权责的划分均以完成任务为目标。

评析矩阵制组织结构，其优点如下：①它能获得满足顾客双重需要所必需的协调；②它促使人力资源在多种产品线之间灵活地共享；③它适应不确定性环境中频繁变化的复杂决策的需要；④它为职能和产品两方面技能的发展提供了机会；⑤它最适于拥有多种产品线的中等规模的组织。

评析矩阵制组织结构，其缺点如下：①采用这种组织结构，会导致员工面临双重的职权领导关系，容易产生无所适从的混乱感；②采用这种组织结构意味着员工需要有良好的人际技能并接受高强度的训练；③采用这种组织机构，需要频繁开会协调及讨论冲突解决方案；④采用这种组织结构，工商企业领导需要做出很大努力来维持权力的平衡。

矩阵制结构能使工商企业迅速对外部环境的变化做出反应，满足市场的多样化需求，适合应用于因技术发展迅速而产品品种较多、管理活动复杂的工商企业，如军事工业企业、航天企业或高科技企业等。从实践来看，矩阵制组织结构适用于大型工商企业。

在传统经济中常见的工商企业组织结构形式大致有六种，它们分别是直线结构、职能结构、直线-职能结构、事业部结构、分权结构、矩阵结构。这些组织结构模式大致形成于资本主义工业化大生产时代，其中以直线制组织结构模式最为典型，其影响也最为广泛。资本主义生产关系的兴起，直接导致了社会资本的集中与工商企业生产规模的扩大化，小手工阶段形成的管理方法与工商企业组织方式已经不能满足社会化大生产的需要。为了加强大型工业工商企业的管理，直线制组织结构理论被管理学者提出，并被工商企业管理实践广为采用。直线制的巨大优势的确极大地促进了早期资本主义经济的发展，但随着经济的不断发展，直线制组织结构模式日渐暴露出其固有的缺陷。在资本主义经济发展的后期，为了弥补直线制组织结构模式的不足，管理界又先后提出了其他的组织结构模式。无论是直线制组织结构模式，还是在这以后的其他组织结构模式，都是以工业经济为前提的，它们均按照工业经济社会工业生产的要求组织与完善工商企业的微观结构。

在工业经济社会，上述组织结构模式的提出都有其特殊的经济理由与依据；同样，这些组织结构模式被工商企业管理者分别采用，更是说明了每一种组织结构模式存在与完善的合理性。各种传统工商企业的组织结构理论虽然都共同体现了工业经济的特性，但在实践操作中，每一种组织结构模式则是按照自身的独特性来构建工商企业内部的管理框架。在采用不同的组织结构的工商企业中，管理权的分配、管理的层次与幅度、组织内部不同部门之间的关系等均是有所不同的。考虑到各种组织结构的特性，它们在各种类型工商企业中的有效性也是不同的，也就是说，不同的组织结构模式适用于不同的工商企业。无论如何，对传统工业经济社会所形成的工商企业组织结构模式进行比较分析是必要的，也是有益的。准确地把握与认识传统组织结构理论，对于建设知识经济条件下的工商企业组织结构理论而言是必不可少的。通过对传统组织结构的主要类型进行比较分析，我们可以得到如表 6-1 所示的比较分析结果。

表 6-1 传统经济常见组织结构模式比较分析

组织结构形式	组织结构的优点	组织结构的缺陷	适用工商企业类型
直线结构	1. 命令统一 2. 职责明确 3. 组织稳定	1. 缺乏横向联系 2. 权力过于集中 3. 对变化反应慢	小型组织 简单环境
职能结构	1. 高专业化管理 2. 轻度分权管理 3. 培养选拔人才	1. 多头领导 2. 责权不明	专业化组织
直线-职能结构	1. 命令统一 2. 职责明确 3. 分工清楚 4. 稳定性高 5. 积极参谋	1. 缺乏部门间交流 2. 直线与参谋冲突 3. 系统缺乏灵敏性	大中型组织
事业部结构	1. 有利于回避风险 2. 有利于锻炼人才 3. 有利于内部竞争 4. 有利于加强控制 5. 有利于专业管理	1. 需要大量管理人员 2. 企业内部缺乏沟通 3. 资源利用效率降低	大中型、特大型组织
分权结构	1. 权责一致 2. 自我管理 3. 中度分权	1. 分权不彻底 2. 沟通效率低 3. 素质要求高	高度规模集中型组织
矩阵结构	1. 密切配合 2. 反应灵敏 3. 节约资源 4. 高效工作	1. 双重性领导 2. 素质要求高 3. 组织不稳定	协作性组织 复杂性组织

直线制组织结构虽然是因为工业化大生产的需要而提出的，但它却并不适合于运用在大型组织的管理结构设计中，而且直线制组织结构对组织的发展将带来明显的阻碍性影响。其他组织结构理论的提出在很大程度上是为了弥补直线制组织结构理论的不足，是为了更好地适应工业化大生产的需要而建立的、适应大型与特大型组织管理结构的组织结构理论。各种组织结构理论所共有的一个缺陷是：它们都或多或少地带有集权主义倾向，在组织中的分权程度低。正是由于这种低分权度，组织成员缺乏责任感、自律意识、决策权力，从而缺乏创新精神与学习积极性。所以，在组建知识经济社会的学习型组织过程中，传统工业经济社会的组织结构理论有时是不适用的。

三、后现代组织结构模式

为适应不断发展变化的生产技术条件，工商企业组织结构也在不断演化。当知识成为工商企业的核心资源之后，工商企业组织结构也逐渐出现了后现代的形式——虚拟企业

(virtual enterprise，VE)。

随着全球市场竞争的日益剧烈，消费者需求呈多元化，知识经济时代创新代替了重复工作；团队行为多于个人行为；多技能要求高于单一技能；以项目为核心的团队合作重于职能分工；顾客利益重于经理权力；横向协调重于从上而下的纵向协调。这些变化动摇了科层制生存的基础。在有限的资源情况下，工商企业为保持其核心优势，很难兼顾其他非核心优势功能，只能根据自身情况将一些技术、生产、销售虚拟于工商企业组织外部，通过外部资源整合策略弥补自身资源的不足，从而导致了虚拟企业对科层制的替代。

虚拟就是依靠信息技术，通过一种网络式的联盟实现经营目标的工商企业组织方式。虚拟的原则是充分利用每一个产品或服务提供者的知识，让他们做自己最擅长的工作。它是一种基于信息的知识管理、需求拉动的管理，建立灵活多变的网络，把用户定制、柔性生产和高效率有机地结合起来。

虚拟企业，又称动态联盟、虚拟组织(virtual organization)、扩展企业(extend enterprise)、网络企业(network of enterprises)等，是由一些独立的供应商、顾客，甚至竞争对手，以商业机遇中的项目、产品或服务为中心，充分利用各自的核心能力，广泛利用以电脑网络为核心的信息技术，通过虚拟联盟，用市场契约的方式，利用社会资源来实现规模效益，达到盈利目的的，动态的、网络型的经济组织。概括来说，虚拟企业是以计算机网络为支撑的诸种核心能力的动态联盟体。

虚拟企业是工商企业间通过网络把社会资源灵活地组合与分解以实现规模效益与快速满足顾客的个性需求。也可以说，虚拟企业是工商企业从外部取得所需的资源(而不是占有)，与其他工商企业结成伙伴或联盟关系，合作经营，共享利益。总之，虚拟企业是一种拥有以核心竞争能力为依托的坚固内核，以网络、市场契约为关联利用社会资源构建的柔性外壳，外壳边界模糊的组织，是一个临时性的垂直一体化组织。

虚拟企业的市场行为特征是分工、竞争、联盟、快速反应与团队学习。在一个虚拟企业中虽然有生产、营销、设计、财务、售后服务等功能，但工商企业内部并不一定拥有执行这些功能的全部组织。适合建立虚拟企业的组织需要具备一定的条件：市场上已有成熟的生产企业、科研公司、管理公司、金融公司和销售公司，这些企业或公司是组成虚拟企业的物质基础；市场上已有完善的信息通信系统，能及时地收集和传递企业所需的信息，并发布和传播企业所公开的信息；市场上已有完备的融资渠道，能迅速地筹集资金和实现资金结算；市场上拥有广泛承认的虚拟企业协议，这个协议规范虚拟企业操作、组建以及虚拟企业内部各成员间的权利义务，以减少虚拟企业组建的时间和盲目性。

虚拟企业有两种类型。一是形式虚拟，即利用信息技术使原来的实体企业改变形式。在传统的工商企业里，员工在固定的办公室内按照正常的作息时间工作。随着信息技术的发展，尤其是计算机的广泛应用和移动通信设备的普及，员工的工作空间逐渐扩大。他们可以通过信息网络在任何时间、任何地方沟通信息、商讨工作。原有的工商企业实体在某种程度上失去了存在的必要性，虚拟企业的优势便体现出来。虚拟企业的另一种形式是内容虚拟。工商企业可以通过契约的形式支配使用企业以外的资源以实现企业的目标。这种虚拟企业几乎没有边界，不同工商企业、供应商和客户之间的界限不断改变，工商企业可以通过内部与外部的合作，通过把核心业务以外的业务外包的方法实现组织结构扁平化，整合出比过去更多的资源，从而减少了工商企业对顾客需求的反应时间，提高了效率。这种虚拟企业不是依靠权威命令和控制维持运转，而是用市场契约联盟来抓住市场机会，以经济利益保障效率发挥，依靠信任和契约维系虚拟企业的运作。从某种意义上讲，它已不是一个真正的企业，而是一种概念化的企业。这种组织存在于一种有组织的体系之中，因此是一种虚拟化的实体。例如，耐克公司这样的工商企业，自己不拥有或拥有少量的制造设备，只配备几百名员工，每年就可以售出几十亿美元的产品，挣得相当可观的利润。这些公司所做的就是创设一个网络组织，在这个网络组织中，它们与其他公司如设计公司、制造厂商、物流公司、广告代理、销售商以及管理咨询公司等，按照契约执行相应的职能。

虚拟企业适应了多品种、少批量、多变性和不确定性的需求，有很强的应变能力。它成功的关键是能够迅速抓住市场机会。其核心理念如下：建立在核心能力上的劳动分工；以顾客个性需求为导向；以信息网络为技术工具；双赢共享的动态利益联盟；以反应速度为基础的竞争观。

虚拟企业的运作模式主要有以下四种：①虚拟生产。通过业务外包的方式尽量把低增值的生产环节外包给专业的、高效的服务提供商，以充分利用工商企业外部的资源，从而降低成本，提高效率，增加自身的竞争力。这是虚拟企业的主要经营形式。业务外包可以降低制造的前置时间、缩短交货给顾客的时间，以增加组织的灵敏度。核心工商企业一般只掌握关键技术、品牌与营销渠道，而将生产功能地方化。②战略联盟。工商企业战略从竞争转向竞合。工商企业为了实现创新的目的，与供应商、顾客甚至竞争对手建立战略伙伴关系。这是指两家或两家以上的工商企业，为了实现某一个战略目标及构筑独特的竞争优势，共同投入资源，结合成事业体的某一价值链而形成的战略伙伴关系。或考虑成本与保密的原因，工商企业不愿意外包某些业务，而是与同行企业共同组建一个协作机构研究与生产这些产品，共同负责成本、承担风险并分享收益。③营销网络。主要采取两种方法：那些缺乏有效经营能力的工商企业借助企业外部完善的分销体系，以迅速接近目标市场，消除区域保护障碍，低成本、高效益地实现其“分销”和“进入新市场”的目标；那些拥有相当市场份额，并能以自身的品牌和技术的优势保持其产品的稳定性的工商企业，对下属销售网络解放“产权”关系，使其成为拥有独立法人资格的销售公司，从而节约不必要的管理成本和市场开拓费用。④虚拟行政。通过电子商务实现办公自动化、办公虚拟化和行政共享。

虚拟企业尽管作为适应新的发展趋势的工商企业组织结构，有着很多的优点，但是也存在缺陷：虚拟企业强调灵活性而牺牲了忠诚。这包括顾客对产品的忠诚、员工对企业的忠诚、企业对供应商的忠诚。未来的工商企业是由少数掌握企业核心能力的固定员工构成一个核心组织，其余则是通过市场合约与供应商及外部专家联系。正如查尔斯·汉迪认为的，工人通常在许多不同的办公地点工作，或者以不同的身份工作，并且没有必要为一个组织贡献自己的全部忠诚。

虚拟企业的组织越来越像一个契约盒。虚拟企业注重短期利益，当市场需求发生变化后，市场合约将发生改变，原有虚拟组织解体，就会产生联盟机构的短期行为。因此，虚拟组织的健康发展依赖于很高的社会道德标准，具备道德风险。防止市场上的机会主义倾向是虚拟组织健康发展的关键。个人的机会主义倾向会促使他们隐瞒与扭曲市场信息，从而产生核心工商企业与联盟工商企业间的信息不对称，出现逆向选择与道德风险问题。

第三节 工商企业组织结构的选择

作为对工商企业的一种仿生研究，工商企业生命周期理论一直是工商企业研究的热点之一，对工商企业生命周期进行阶段划分，是对工商企业生命周期现象进行研究的前提，也是工商企业生命周期理论的重要内容。工商企业生命周期划分为创业期、成长期、成熟期以及再兴或衰退期四个阶段。每个不同的阶段又可细分为稳定发展和危机变革两个时期。稳定发展期是采用了新的组织形式和管理策略，工商企业得到发展的时期；危机变革期则是现有组织形式和管理策略不适合工商企业实际状况，需要逐渐导入新的组织形式和管理策略的时期。

随着工商企业生命周期的成长，企业的规模发展会促使工商企业组织结构创新，这主要表现在：企业规模的增大，直接影响组织结构的复杂性，一方面是管理层级的增加(纵向复杂性)；另一方面是分工细化，部门和职务的数量增加(横向复杂性)。而管理层级的增加，既促使分权增加，又引起对标准化的需要和对协调的需要增加。分工细化直接引起专业人员比率的提高，即各类专业人员的增加，这必然引起对协调的工作量和对标准化需要的增加。工商企业分权的增加，既增加了对标准化工作的需要，又有利于中高层领导人员的减少，而协调工作量的增加和标准化的加强，就会引起正规化的提高。最后，正规化程度的提高，部分地取代了领导的亲自监督，加上分权有利于上层领导摆脱日常事务，因而带来了领导人员比例的降低。影响机理如图 6-1 所示。

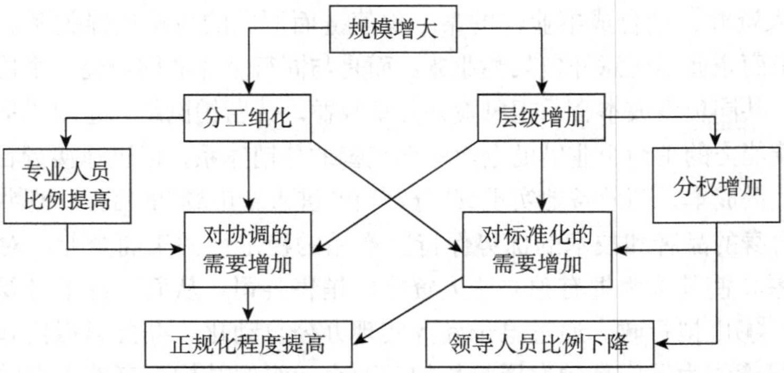

图 6-1 工商企业规模成长对组织结构的影响

一、创业期工商企业组织结构模式选择

直线制作为一种最早也最简单的组织形式，其由管理者直线指挥并全权做出决策的特点，能保证统一的生产指挥和管理、对外树立企业的统一形象，符合创业期小企业规模小、员工人数不多的结构特点及实力弱、抵御风险能力差的弱势。因此，创业期小企业适宜采用集权型的管理体制，构建直线制组织结构，这样控制性强、便于管理、节约成本，可以比较迅速地对市场变化做出反应，抵御风险，促进工商企业发展。当然，在创业期的最早阶段包括初创期，企业规模更小、员工人数更少，完全可以不建立正规的组织结构，这样会使企业更灵活，更节省成本。

从目前我国民营小企业中普遍采用直线制组织结构这一现状就可以看出直线制组织结构与创业期小企业有较为良好的适应关系。

规模大、员工人数众多的大中型工商企业，即便处在创业期，由于受管理幅度的制约，也并不适合采用简单的直线制组织结构；同时，该阶段的大企业整体抵御风险性能力很弱，管理制度和规则还不稳定，就像是个巨大的婴孩，仍然需要一种在保证集中统一的指挥调控的基础上适当分权以发挥专员作用、提高工商企业效率的组织形式，所以最好的选择就是直线-职能制。这种组织结构中高层领导对工商企业资源仍有极强的控制能力，保留了直线制的集权特征，同时又吸收了职能制组织结构的职能部门化优点，对创业期大型工商企业的成长及发展是有利的。

二、成长期工商企业组织结构模式选择

处于成长期的小企业与大型工商企业创业期的特征类似，规模比创业期更大，员工也更多，但整体抵御风险性还不强，管理制度和规则刚刚建立，还不太稳定，因此，仍然适宜选择相对集权型的管理体制，组织结构方面构建直线-职能制形式是较为适宜的选择，它有较强的控制性以制约该阶段固有的可控性差的缺点，同时其较高的资源共享性、较低的管理成本及较少的管理层次又不阻碍成长期灵活性的发挥，能增强对风险的抵御能力。成长期的大中型工商企业除人员规模、产能等方面可能会高于小企业之外，其他在灵活性及可控性、管理风格、市场竞争力等方面的特点与成长期小企业仍然一致，因此，同样适用直线-职能结构。大企业的另外两个阶段——成熟期及衰退期，同样可以与小企业对应阶段的组织结构选择相一致。

三、成熟期工商企业组织结构模式选择

成熟期工商企业规模庞大、员工众多、管理层级增多，此时若再采取集权型的管理体制，容易产生信息传递不畅、反应迟缓、控制不力、成本增加等弊端。在这种情况下，需要转变管理体制，采用分权形式。组织结构方面适宜选择 M 型结构，即事业部制。因为此种结构中的各事业部规模较小，自主经营，方便实现自我快速调整及对市场的变化做出迅速的反应，并将集权与分权相结合，以弥补成熟期工商企业灵活性弱的劣势。

另外，根据工商企业战略的不同，也可以选用不同类型的 M 型结构。例如，采取相关多元化战略的工商企业，宜选择按产品划分的事业部制，即产品事业部；采取跨国经营战略的工商企业，宜选择按区域划分的事业部制，即区域事业部；而采取大型不相关多元化战略的工商企业，宜选择组织结构相对松散、扁平的控股公司结构(H 型)。

超事业部制这种组织结构将事业部和高层管理者之间再设立一层事业部来管理下面的事业部，虽增加了工商企业的管理层级，但降低了高层管理者的管理复杂性。所以对于处于成熟期后期的超大型工商企业，尤其是跨国公司来讲，选择超事业部制能相对较好地适应该阶段企业的发展。

四、衰退期工商企业组织结构模式选择

矩阵制组织结构是一种实现横向联系的有力模式。矩阵制组织结构的独特之处在于产

品事业部结构和职能结构可以同时得到实现，利于集中优秀人才、调动各种资源，以便更好地攻关。处于衰退期的工商企业，为实现企业的创新发展，延续其生命周期，正迫切需要在加强管理的同时保证对市场环境变化等的灵敏快速反应，因此，适合选择矩阵制组织结构，管理体制上采用集权与分权相结合的方式。

工商企业不同生命周期阶段的组织结构与管理体制选择模式如表 6-2 所示。

表 6-2 工商企业不同生命周期阶段的组织结构与管理体制选择模式

工商企业生命周期	创业期		成长期	成熟期		成熟期后期	衰退期
	小型工商企业	大型工商企业		相关多元化	跨国经营		
组织结构	非正式	非正式/直线制	直线-职能制	产品事业部制	区域事业部制	超事业部制	矩阵制
管理体制	集权型	集权型	集权型	分权型			集权与分权结合

第四节 华为公司的组织结构

华为公司组织结构的建立和健全，必须有利于强化责任，确保公司目标和战略的实现；有利于简化流程，快速响应顾客的需求和市场的变化；有利于提高协作的效率，降低管理成本；有利于信息的交流，促进创新和优秀人才的脱颖而出；有利于培养未来的领袖人才，使公司可持续成长。

管理职务设立的依据是对职能和业务流程的合理分工，并以实现组织目标所必须从事的一项经常性工作为基础。职务的范围应设计得足够大，以强化责任、减少协调和提高任职的挑战性与成就感。设立职务的权限应集中。对设立职务的目的、工作范围、隶属关系、职责和职权，以及任职资格应做出明确规定。

组织的成长和经营的多元化必然要求向外扩张。组织的扩张要抓住机遇，而能否抓住机遇和组织能够扩张到什么程度，取决于公司的干部队伍素质和管理控制能力。当依靠组织的扩张不能有效地提高组织的效率和效果时，公司将放缓对外扩张的步伐，转而致力于组织管理能力的提高。

减少组织的层次，以提高组织的灵活性。减少组织层次，一方面要减少部门的层次，另一方面要减少职位的层次。

一、华为公司总体组织结构

(1)基本组织结构。华为的基本组织结构是一种二维结构：按战略性事业划分的事业部和按地区划分的地区公司。事业部在公司规定的经营范围内承担开发、生产、销售和用户服务的职责；地区公司在公司规定的区域市场内有效利用公司的资源开展经营。事业部和地区公司均为利润中心，承担实际利润责任。

(2)主体结构。华为对于以提高效率和加强控制为主要目标的业务活动领域，一般按职能专业化原则划分部门。公司的管理资源、研究资源、中试资源、认证资源、生产管理资源、市场资源、财政资源、人力资源和信息资源是公共资源。为了提高公共资源的效率，必须进行审计。按职能专业化原则组织相应的部门，形成公司组织结构的主体。

(3)事业部。事业部的划分原则采用以下两种原则之一，即产品领域原则和工艺过程原则。按产品领域原则建立的事业部是扩张型事业部，按工艺过程原则建立的事业部是服务型事业部。扩张型事业部是利润中心，实行集中政策，分权经营。应在控制有效的原则下，使之具备开展独立经营所需的必要职能，既充分授权，又加强监督。对于具有相对独立的市场，经营已达到一定规模，相对独立运作更有利于扩张和强化最终成果责任的产品或业务领域，应及时选择更有利于它发展的组织形式。

(4)地区公司。地区公司是按地区划分的、全资或由总公司控股的、具有法人资格的子公司。地区公司在规定的区域市场和事业领域内，充分运用公司分派的资源，尽量调动公司的公共资源寻求发展，对利润承担全部责任。在地区公司负责的区域市场，总公司及各事业部不与之进行相同事业的竞争。各事业部如有拓展业务的需要，可采取会同或支持地区公司的方式进行。

二、华为公司组织结构创新

华为在1996年就开始建立内部互联网，一直以来，不断地逐步完善，并在它的基础上形成了许多新的工作方式。内部互联网在华为的组织创新上发挥着重要的作用，具体表现如下。

1. 先进的信息技术使华为的运作效率更高

以传达一份文件为例。在电脑终端前轻轻一按鼠标，就可以完成文件的传递，文件在数分钟内传遍所有的送达目标，且只要是通讯录上有名单的人都能同时收到文件，决无错漏的可能。还可以有声音、图像、动画、幻灯片，甚至是一段可执行程序，内容可以非常丰富，而且节约了纸张、信封，省去了文件分发的工作，所以成本非常低。员工之间、部门之间还可以通过互相访问对方的数据库、网页、公告栏等进行交流，员工都可以成为信息的提供者。因此，信息在组织内的流动通过内部互联网变得非常高效、丰富、准确、及时。

2. 便捷的信息收集和传播提高了华为的组织反应能力

企业要贴近市场，捕捉市场信息，网络的使用使企业的触角伸得更广，空间也不再成为信息获取的障碍。无论是在深圳、上海还是遥远的印度，获取信息都同样地迅速。首先，通过适当的数据分析工具，数据可以及时自动处理，从而能够实现预警功能。在有异常的数据出现时，警报及时发出，而不是要等到月报时才被发现。其次，有关的信息能够被员工所掌握，使员工可以及时了解企业的状况，这也非常重要。一个优秀的企业需要作为一个整体来运作，员工需要从系统的角度出发来考虑问题。员工能自由快速获取企业的相关信息，就能够把握企业的脉搏，能够获得思考的素材和依据。这样企业才能变得更加智慧。最后，企业的中间层作用变为充当信息的中转站。在信息能够自由流动之后，中间层就可以被削减，这使组织的扁平化成为可能。

3. 中央数据库的建立，使信息的采集、归档、管理更加方便，检索查阅非常迅速

以华为公司的客户档案管理为例。客户的资料对于新产品的开发、维修服务、市场营销、战略决策都具有非常重要的意义。使用者可以在任何时候通过网络直接访问数据库，与真实、全面的资料打交道。信息的录入也可以由源头直接进入数据库，如一个工程师在外面做了安装或者维修工程之后，通过手提电脑和电话线则可以连接上公司的数据库，及

时录入有关的信息，数据的录入者由于对数据非常了解，其出错的可能性比交由专门的管理员来录入大为减少，数据的可靠性得到提高。网络的使用，可以使员工在需要信息时能够上网检索查询，而不是等待别人(往往是上级)来提供。也就是说，信息、知识的获得是主动性的，而不再是被动接受型的。这些微妙的变化却能够使信息的利用更为有效。

4. 网络作为一个虚拟的空间，在华为的内部提供了一个广泛而有效的交流空间

在网络上人们可以根据自己的兴趣爱好参加各种各样的讨论组，尽情发表自己的观点、看法，相互启发。讨论组的参加者是自发的，不需要正式的组织者，人们在这里可以发表在一般情况下甚至可能被认为是最大胆、荒诞不经的想法。这样人们的思维可以保持在一种高度活跃的状态。在这个空间里，参加者可以是匿名的，人们更愿意发表自己的真实想法，而参与又是那么方便，不需要额外抽出时间，只要在工作的闲暇之余，轻按鼠标就可以进入这里。在网上的空间里，无论是来自哪个部门、哪个领域的人都可以在这里交流，思想相互碰撞，人的思考潜能被激活，其中不乏有价值的创意的产生。思想的活跃对于一个需要不断创新的组织是非常重要的。传统的交流如正式的会议虽然有其不可替代的优点，却受到诸多条件的限制，如时间、地点、参与人员的范围等，它的应用远没有网络来得方便广泛、可以随时随地进行。

5. 网络的使用，扩大了华为与外界的接触和交流，企业的边界可以变得更加开放

为了适应不断变化的环境，企业的一个重要的转变是其目光不能仅专注于组织的内部管理和运作，应该把更多的目光转向外界，更多地与顾客、供应商、合作者进行接触，网络的使用无疑在促进企业边界的开放上起着重大的作用。通过互联网的连接，企业可以在网上宣传自己。顾客、潜在的顾客可能自动找上门来(在公司的销售人员没有发现他们之前)；通过和供应商的联网，特别是战略上重要的供应商，可以更紧密地相互跟踪对方的变化，及时主动地对自己做出相应的调整，实际上当数据流在两者之间同步流动时，传统意义上的企业边界已经变得模糊，企业的能力得以扩充，快速决策成为可能。华为公司为了增强技术方面的能力，还与许多大学、科研机构建立了合作关系，其中的许多交流就是通过互联网，靠互相访问对方的数据库来进行的。虽然在地理上企业与合作者相互隔离，但是在网上空间它们已融合为一个整体，智力上的合作有别于其他有形的形式，网上连接是理想的形式。通过网络，企业还可以和供应商、顾客、合作者组成虚拟团队，进行开发工作。

6. 网络的使用还使组织内采用许多新型的工作方式成为可能

在员工培训方面，网络提供了非常灵活有效的培训的方式。一个成功的开发案例，一项工程的失败教训，可以及时在网上传播，相关的人员在不同的岗位工作的时候，就可以加以学习，并可以通过网络与当事人进行互动交流。学习、评价、考核都可以在线上进行，学习的时间可以灵活地安排，与传统的集中培训相比，省去了许多参加专门组织的培训所消耗的时间、精力、金钱。

在调动员工创造性方面，网络可以有效地调动全体员工的智慧来解决问题。例如，一个开发上遇到的难题，可以通过求助网络公开寻求帮助，全企业的人员都可以为其出谋划策，即使不能直接提供技术上的帮助，但其他部门的人或许可以提供思路上的启发而使其茅塞顿开。一个维护人员在遇上疑难杂症时公司不必像先前那样组织一个专家小组来解决，因为通过网络，处在异地的专家也可以及时提供帮助，而且参与贡献智力的人员不再

限定在专家小组之内，其参加者可以遍及整个组织。

此外，网络使得并行地进行工作、虚拟团队的工作成为可能。围绕一个项目，有关人员不必要集中在一起工作，通过网络会议、电子邮件等功能，人们即使不在同一个地方也可以同时开展工作。

7. 网络的使用不仅在物理上极大地改变了组织的运作，而且对于改变员工的观念也起着很大的作用

在一个高效创新的组织之内，员工的关系要重新定义，要强调每一个员工在贡献智慧方面的作用，那种层层命令、控制的关系必须改变。员工不仅仅是等级链条中的上下级关系，每一个员工都应该是一个资源中心，类似于网络中的一个节点，可以和其他节点自由地发生交流，网络的应用则使这种关系得以具体化。

可以看到网络的应用对于改进一个组织创新的效率是非常有效的，也是非常必要的。但这是否表明为了提高一个组织的创新效率，一个计算机网络把大家联系在一起就可以了呢？当然不是，一个组织的改进，更重要的是员工观念的更新、智力的激发、知识的不断学习积累，是采用恰当的组织关系把员工的智慧综合发挥到极致。因为大部分的知识是不可以表达的，不可能放在网上供大家共享。在有形的连接中，如果人们不合作，连接也没有作用。我们看到过一个严格等级制的组织中，它也引进了网络，但它按照等级制的组织规则，每台电脑根据所使用的员工的级别设定了层层的限制，到了金字塔的底层，电脑甚至只能用来作为接受上级的指示和向他汇报的工具。这样，工商企业的本质还是没有什么变化，企业只是运作得更快，而不是更好。

所以，引进网络只是建立了一个物理平台，在此基础上还要组织在观念上、工作方法上围绕工商企业最重要的资源——人来做更多的文章，才能使企业更有智慧。

三、华为公司组织结构使其反应速度提升

组织对于外界的变化能够迅速感知，并快速反应是非常重要的。在加快组织的反应速度方面，华为又有哪些有效的方法呢？

1. 采用先进的信息技术使组织内信息流动速度加快，并在组织结构上做出调整使组织结构扁平化

在《华为基本法》中，明确地提出了组织的基本方针是“减少组织的层次”，一方面是“减少部门的层次”，另一方面是“减少职位的层次”。这种减少组织中间层的做法使得组织的结构扁平，提高了组织的灵活性。中间层次的作用是监督他人，以及采集、分析、评价和传播组织上下各层次之间的信息，它的功能随着电子邮件、声音邮件、共享的数据库资源等技术的不断发展而减弱，因而可被压缩。中间层的存在对信息起着过滤的作用，使得信息的传递速度被迟延，并存在一定的失真。减少中间层之后，信息的流动更加自由快捷，企业内部与其信息采集边界的联系更加紧密，企业的技术资源相应地向市场分散，和市场的结合也更加紧密，因而反应速度得到提升。

2. 弹性的组织原则使得公司能够对于机会做出迅速的反应

华为公司的任总对此做了精彩的描述：“我们所处时代的特点是不断发生变化的，……一旦出现机遇时，对象专业化的部门就得抓住，在它的牵动下，结构就会变形，相互关联

的要素没有变化，但联系的内容和数量变化了，一个系统发生了变化，所有的系统都跟着变化，这就是所谓的‘纲举目张’。”机会的出现犹如种子的发芽，如果没有相应的资源跟进配置、支持，就如不能对幼苗进行浇水、施肥，幼苗会失去发展壮大的机会。所以，我们看到，组织具有弹性，能够根据出现的机会做出迅速的调整，使得机会成为公司的增长点非常重要。这是公司迅速反应的重要保证。

3. 不仅是市场调研人员，华为的全体员工都成为信息采集的来源

华为公司是一个强烈的以市场导向为特征的公司，十分注重顾客的需求、市场形势的变化和发展趋势。公司成立了专门的市场调研部门为公司的决策提供参考，但也看到此部门所起的作用非常有限。外界的范围是如此之大，变化多样，发展迅速，专门部门的人员有限，精力有限，认识也有限，对于信息的反应也必然有限。所以，公司还注重全体人员与外界的全面接触，与顾客、用户打交道不仅仅是市场营销部门和用户服务部门的事，公司的研发人员、管理层等也被强调要与一线接触，倾听市场的声音。例如，在一个新用户的开局时，公司组织各部门的人员前往学习、考察，人员的构成具有广泛性，甚至包括看似离市场最远的秘书。全面的市场接触使得信息的来源广泛，信息更加丰富，更多的机会的种子被播下。另外，员工的认识范围也被拓宽，对外界的反应能力增强，华为公司把此形象地比喻为结网，“渔网的结比作是人生的总结，网结多了就能迅速捕捉信息和机会，网线是基础训练和知识的固定联结关系，训练和固定联系越多越能网住大鱼”。

4. 把关心延伸到顾客的希望上，延伸到顾客的关心上，提前一步满足顾客的需求

华为公司的用户中心以前是一个应急中心，随时待命，在用户有问题时就及时赶到。现在不止这样，他们在作为救火队之余，在用户没有问题时也定期与用户接触，了解自己的设备在他们那里的运作情况，帮助他们预见出现问题的可能性，使问题出现的机会大为减少，为顾客增加了价值。他们也关注顾客的心声，提出设备升级改进的建议，以帮助他们增加价值为出发点，也为自己赢得了市场机会。

5. 建立联盟，建立合作的伙伴关系

合作关系的建立包括与供应商、科研机构、顾客和分销商等建立合作关系。合作关系的建立，可以使大家分享互补的能力，追求到更短的产品开发周期和降低风险。在联盟中，通过电子网络进入对方的信息系统，信息的交流非常快捷，促进了不同群体之间的交流，相互之间获得新产品发布、新闻公告、改组等多方面的信息。在一定的意义上，企业的边界变得更加开放，触角伸展得更广。

广泛的伙伴关系，实际上是构建了企业的情报网络，这使企业一方面获得与外界的最佳联系，网络到达各个层面或角落，因为合作伙伴们具有不同的视野，并且离发生的事情最接近。例如，作为合作伙伴的用户对于我们的竞争对手的接触，比本企业有更多的信息来源；另外，他们也把企业的信息广为传播，如当企业在某一方面取得成功，有市场前景时，往往企业未找到合作者时，合作者可能会自动找上门来。

在合作伙伴中，大家甚至可以跨边界进行共同的战略规划，使企业的反应更超前；共同的设计，使产品的开发具有先天的适应性。例如，与供应商的合作，企业在充分了解供应商的能力时，在产品的概念化阶段就可以考虑生产问题。无疑，这使企业的动作变得更为迅捷。华为公司与其顾客一直致力于建立一种“利益共同体”的合作关系。对于其用户，

华为公司不仅出售其产品，还出售它的股票。由于公司有良好的信誉和盈利能力，它的许多大用户也非常乐意拥有它的股票。华为公司与它们形成了水乳交融的关系，不仅稳定了市场占有率，还获得了智力共享、信息资源等许多好处，此时，信息的获得不是被动的，许多重要信息会自动找上门来，华为公司在掌握市场时不仅是把手搭在其脉搏上，而是和他一起跳动，有先知先觉的优势。

6. 哑铃式的人力资源配置结构使华为公司取得快捷的反应

公司的人力资源配置做到“两头重，中间轻”。即 R&D(研究与开发)占 40%，市场营销占 35%，生产占 10%，管理占 15%。生产系统以关键部件加工和最终产品的组装调试为主，其他的任务大量外包给协作厂，生产的灵活性好。这种人力资源的配置非常适应市场发展速度快、变化快的特征。生产系统中大量的中间环节转包给外协厂，一方面，当企业为适应市场的需要进行调整时，通过选择改变合作的外协厂就可以实现生产能力的转变，省去了工厂改造、设备更新等许多麻烦的工作；另一方面，生产体系可以按比较成本的原则和贴近顾客原则，在全国和世界范围内合理规划生产，优化供应链，其体系是敏捷的。

四、华为公司组织结构存在的问题

横向职能部门的不清晰定位(IT、采购、人力资源、财务)，导致应行使的“检查和调衡”的职能不够。这就使得关系到整个公司利益、使各方面协调一致的政策和规章没有很强的推动力。这些部门为全公司的各直线职能部门提供服务和检查，因此，它们的费用要均摊到各个利润中心，而且这些部门需要职权。

职能部门缺少对服务水平的关注，如 IT 部门不向它所服务的部门收取费用，也无法与服务对象达成一致的服务水平。

横向的职能部门与直线职能部门在角色和责任上有重叠和混淆，如人力资源部与下面各部门干部之间就存在这种问题。

考核指标在分解到各个部门时，一方面要保障被分解的小指标能为大目标作贡献；另一方面，指标不宜于分解过细，如研发部门的计划及时完成率指标，是从产品投入市场的及时性分解的，但这样只能鼓励 R&D 的人只关注自己的成绩，而越来越少地考虑下游环节。华为目前在考核指标方面也存在一定的问题，过分强化部门的绩效，还需进一步探讨。

公司的高层管理没有发育起来。公司的规模从小到大，在管理方法上应有所改变。公司规模小的时候，只要有人能根据公司各方面的情况做出决策，其他的人只需要执行即可；而公司规模扩大后，会把个人的经验稀释，造成每天都是开会、救火。所以公司还有一个根本的问题就是如何搞好从小到大的转型。公司的管理不能依靠个人，规模扩大后，其运作只能靠管理体系和制度。

第五节　工商企业组织结构理论的新观点

著名的管理学大师明茨伯格在他与范德海登合著的发表于《哈佛商业评论》的《画组织

运作图而非组织结构图》一文中提到，在今天的世界上，组织结构图已经变得毫无意义。传统的等级制度渐渐退出历史舞台，新颖、复杂的组织形式正在取而代之，人们急需了解自己公司的运作方式。他们希望知道哪些部门相互关联，各流程和人员是怎样联系在一起的，信息又是如何流动的。这些问题的答案不仅有助于个人正确地把握自己在企业环境中所处的位置，还可以揭示企业获取竞争优势的机遇。

明茨伯格尝试着用一种称为“组织运作图”的新方法来绘制、观察组织。组织运作图并不完全排斥原先组织结构图中的那些小方框，但它引入了新的形式——“中枢”和“网络”，这些形式反映了今天人们在组织中的工作方式。

通过绘制组织运作图，能够更加有效地说明工商企业的性质——工商企业存在的原因、经营的内容等方面。组织运作图展示了工商企业的运作方式，描绘了员工、产品以及信息之间关键性的互动关系。高层经理们也可以利用组织运作图激发讨论，探讨怎样进行最佳经营管理以及哪些战略选择最为合理。

以一家石化公司为例，图 6-2 是一家石化公司的组织运作图。这幅图表明了该公司是如何以传统的“链条”形式运作的：首先找到或购买原材料，很可能通过贸易获得原材料，然后进行提炼和销售。这些活动构成了石油产业的主要内容。这幅组织运作图还表明了该公司的化工事业部是如何以一种循环往复、网络状的方式与产业链相连接的：化工事业部从炼油厂获取材料，又在另一个阶段向炼油厂提供材料，如通过气泵零售燃气给后者。不同形式的业务关系要求不同的管理方式。例如，顺序的业务关系自然可以由一个中央集权的规划办公室来管理，而更网络化的关系（如需协商内部转移价格等）则可能需要较为分权的管理方式。查看这些业务关系的图解可以帮助公司了解整个组织需要哪些不同的管理思路。

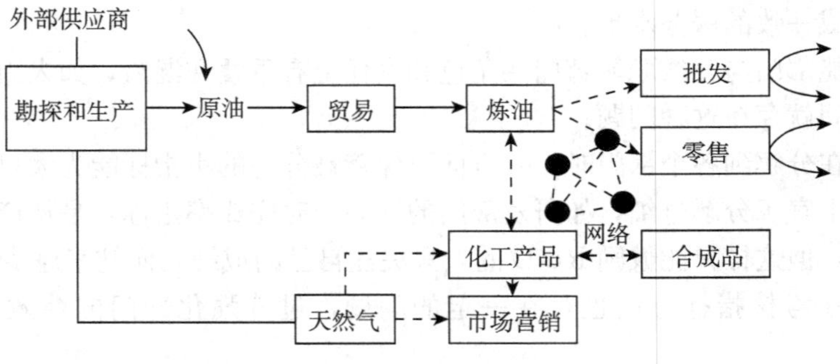

图 6-2　一家石化公司的组织运作图

1. 组织运作图的基本组织形式

组织运作图有两个较为传统的形式。第一个形式是“集合”。每个组织都是机器、员工等各种物件和个体的集合。有时这些物件、个体之间几乎没有什么联系，它们仅仅是在一起而已。很多专业服务企业，如律师事务所，都是以集合的形式运作的，这里的专业人士几乎只和自己的客户打交道，彼此很少联系。一个多元化企业集团的事业部或一所大学里进行教学和研究工作的教授们也是如此，他们所有的工作都是相当独立地进行的。他们不过是松散地组成了一个集体、一个群组或者一个组合。这些集合通常分享着共同的资源——设备、资金、综合管理，但除此之外，他们都是独立自主的。

在一般情况下，组织的存在并不是为了存放众多的集合。它们的存在是为了联系。联系通常是由第二个传统形式——“链条”表现出来的。例如，汽车制造厂的装配线就是这种线性联系过程的典范：原材料进入工厂转变成零配件，零配件组装成部件，部件再组装成最终的产品，然后装运给客户，链条在这里占据着主要地位。

链条是线性的，它们可以促进标准化，从而提高可靠性。链条可以阐明当今复杂的商业流程并使之系统化。但是，链条难以绘制出公司内部所有的活动和关系。明茨伯格提出，以“中枢”和“网络”来描述这些现象。

首先是中枢。中枢是一个协调中心。它是任何一个真实或虚拟的人员、事物或信息流动的交汇点。中枢可以是一座建筑物，如学校或机场；也可以是一台机器，如计算机；中枢还可以是一名管理者，如足球教练；核心竞争力也可以是中枢，如佳能公司的光学技术或 3M 公司的焊接与涂覆技术。实际上，那些我们通常认为是链节的地方也可以被看成中枢。沿着一座工厂周围画一个大圆圈，将装配线(链条)包括在内，整个地方就会看起来像一个中枢，零配件和人员向内运动，产品则向外运动。

中枢描述的是一个中心点上的内外双向运动。但是事物间的联系常常比之更为复杂。这就要用到“网络”了，网络是没有中心的网格，可以允许自由开放的沟通和人员、创意的持续流动。

以新产品开发为例。在产品投放市场的过程中，包括经理人员、技术人员、销售人员和顾客在内的所有人员都会相互交流，而且往往是以非常迂回曲折的方式进行交流的。如今，任何一项复杂的工程都可以被看成是一个网络。

由于目前组织的构成有了中枢化和网络化的倾向，传统的组织结构图难以适应发展的需要。传统的组织结构图用一个个独立的方框来代表所有的人和物。每一个方框都由一条垂直链相连，也就是管理链。正是由于过去以这种方式来审视组织，才会有如此频繁的机构重组和组织层次精减，以及如此频繁的合并和外包。由于这些改革行动最初的驱动力就是在纸上重新排列那些方框，但是它们往往没有认真考虑一个组织经营业务和创造价值的真正方式。

2. 组织运作图的绘制

与排列规则比较严格的组织结构图不同，组织运作图要求管理者按照自己公司的具体情况灵活绘制图像，要发挥想象力，开放思想。组织运作图在更大程度上和关系、流程有关，而不是和姓名、头衔有关。

明茨伯格以一家报社的组织运作图(图 6-3)为例，介绍了组织运作图是如何起作用的。报社从社会获得新闻、照片等各种各样的材料。报社员工对这些材料进行筛选、改编，撰写成文章。然后文章被送往工厂复制，复制品又返送给社会，实际上返送给了报纸内容的提供者，如给报纸写信的读者以及做分类广告的广告商。

该报社的组织运作图显示，尽管该组织的总体流程是链条状的，但其中也有其他的形式并存。例如，记者与社区的关系就可以看做一个网络，许多记者的常用工作方法就是建立资源网络。而整个报社可以看做一个中枢，各种各样的输入信息(分类广告和其他广告、读者来信、文章创意等)在此汇集，然后又向社会散发。由于采购、财务等各种后勤支持和行政管理职能不属于主要的线性流程，故它们没有显示在中枢里面，而是出现在其周围。

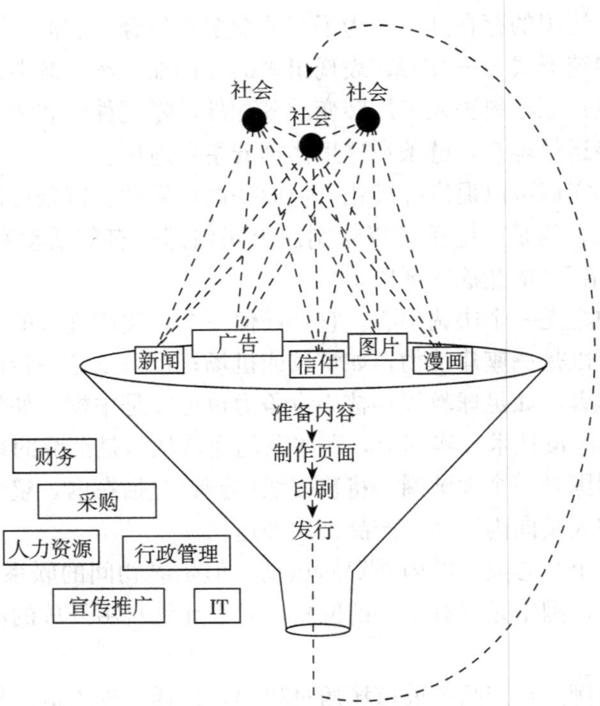

图 6-3 一家报社的组织运作图

由此可见，组织运作图与传统的组织结构图(图 6-4)完全不同，在组织结构图上，那些小方框叠置起来，表示的是一个由各自独立的员工构成的组织。该图没有显示广告商，而且显示着人力资源部在某种程度上处于该公司营运流程的核心。与此相反，组织运作图显示广告商既是内容的来源(网络的一部分)又是顾客，并将人力资源部放在了合理的位置上。组织运作图还让大家注意到业务范围，表明哪些活动应是公司的核心业务，哪些则可以外包，如印刷和发行。

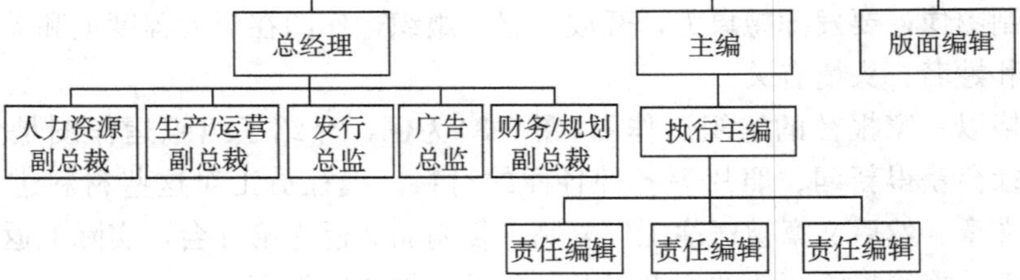

图 6-4 报社组织结构图

明茨伯格认为公司要想在当今的经济环境中茁壮成长，就必须将管理放在正确的位置上。管理不应该放在结构图的顶部，除非在控制最严密、高度程序化的官僚机构之中；它应该走下结构图的顶部，站到它应该站的地方。通过以这种方式审视管理，可以认识到管理应有的内涵——它是为组织服务的，不是组织的目的。

第七章

工商企业流程再造

亚当·斯密在200多年前提出的分工理论一直主宰着工商企业管理的理论和实践。随着时代的变迁、人们思想观念的变化和科学技术的发展，分工理论日益呈现出不能适应客观环境变化和社会发展需要的局限性，从而引起工商企业管理的理论研究者和实践者重新审视在分工理论指导下形成的业务流程和官僚体制，导致了工商企业流程再造运动的兴起。

第一节 基于分工理论的工商企业流程

一、工商企业流程的内涵

工商企业是一个“投入-产出”的转换系统，它将多种输入转换为多种输出，如将原材料、半成品等物品经过生产转换为对顾客有价值的产品或服务；将投资者或贷款人的资金转换为投资者红利、贷款人利息与国家的税金等；将普通人经过生产实践和教育转变为素质较高且有一定专业性的员工；将普通信息转变为有一定用途的信息。工商企业的有效运行实际上就是其物流、资金流、人流与信息流合理流动的过程。这种过程有一个显著的特征，即按照一定的逻辑顺序，由一个阶段向另一个阶段变换，这种变换过程实际上就是一种流程。

那么什么是流程呢？“流程”在英国朗文(Longman)出版公司出版的《朗文当代英语词典》中解释为：①一系列相关的、有内在联系的活动或事件产生持续的、渐变的、人类难以控制的结果，如沉陷的森林经过长期的缓慢的化学变化而形成煤就是此类流程。②一系列相关的人类活动或操作，有意识地产生一种特定的结果，如收看电视节目要经历插上电源、打开电视机、搜寻电视节目等一系列活动就是流程。从流程这一概念的两种解释可以看出，流程由一系列的活动或事件组成，前者是一种渐变的连续性流程，后者是一种突变的断续性流程。因此，流程实质上就是工作的做法或工作的结构，抑或事情发展的逻辑状况，它包含了事情进行的始末，事情发展变化的经过，既可以是事情发展的时间变化顺序，也可以是事情变化的空间过程。

流程对于工商企业来说已司空见惯，甚至可以说，工商企业就是依赖各式各样的流程而运作的。工商企业中的生产流程、财务流程、企业发展战略流程、新产品研发流程、采购流程及售后服务流程都是工商企业流程的一种表现。对于工商企业流程的定义，不同的学者有不同的提法，即使是同一学者，在不同的场合对其定义亦不完全相同。工商企业流程是为完成某一目标(或任务)而进行的一系列逻辑相关的活动的有序的集合。

二、分工理论的产生与发展

当代绝大部分工商企业的流程都是基于分工理论，分工理论是当代工商企业流程设计的一大理论基石。要了解目前大多数工商企业普遍存在的业务流程，有必要回顾一下分工理论及其产生与发展。

1. 分工理论的产生

工商企业管理已经有250多年的历史，它是随着资本主义制度的产生和发展而逐步形成的。18世纪60年代开始了一场产业革命，这场革命不仅是一场技术革命，而且是一场社会关系的革命。手工制造业开始向机器大工业过渡，社会的基本生产单位从家庭走向工厂。工厂制度的出现，导致了生产组织和社会关系的巨变，管理的必要性逐渐明显。一些西方早期管理思想家和企业主对管理问题进行了探索和实践，其中主要的代表人物是英国古典经济学家亚当·斯密。亚当·斯密于1746年毕业于牛津大学，当时正是英国产业革命前期。他费时10年，于1776年出版了代表作《国民财富的性质和原因的研究》(即《国富论》)。书中提出了对管理理论及管理实践的发展具有重大意义的劳动分工理论。

亚当·斯密指出："劳动生产力上最大的增进，以及运用劳动时所表现的更大的熟练、技巧和判断力，似乎都是分工的结果。[①]"他以制造扣针为例，具体说明了劳动分工的优点。在分工以前，每个工人连20枚针也制造不出来。但是如果将扣针的制造分解为十几道操作工序，每道工序由专门的工人操作，这些工人进行分工协作每天可生产48 000枚针，即每个工人每天平均可生产约3 000枚针，提高效率达150倍。因而亚当·斯密提出：为了提高生产效率，必须提倡劳动分工，把制造产品的过程分解为一连串简单的动作、一道道简单的工序，让每个工人只从事其中的一种或少数几种工作。

2. 分工理论的发展

亚当·斯密分工理论的问世成为近代产业革命的起点，大大促进了英国及其他西方国家工商企业的成长与发展。此后，有许多管理专家和学者发展了这种专业分工理论，并将其运用到工商企业具体实践中。其中代表人物有弗雷德里克·泰勒、亨利·法约尔、亨利·福特和艾尔弗雷德·斯隆。

泰勒是科学管理理论的创始人，他一生大部分时间所关心的主要事情，就是如何提高生产效率。他对分工理论的发展表现在以下两个方面：①对管理工作进行分工，明确划分计划职能和执行职能。计划职能人员负责研究、计划、调查、控制以及对操作者进行指导，逐步发展管理者专业化；而基层管理者负责执行职能。②采用职能制组织代替军队式组织，实行职能工长制。职能工长是按职能分工的工段长。为了提高工效，必须对管理工作进行细分，使每个职能工长只承担一方面工作。泰勒的科学管理理论反映了当时大机器工业生产中的某些客观规律，使管理由经验上升为理论，在20世纪初得到了广泛的传播，

---

① 斯密 A. 国民财富的性质和原因的研究(上). 郭大力，王亚南译. 北京：商务印书馆，1994：5.

并逐渐形成世界所重视的科学管理运动。泰勒所提倡的职能管理思想为以后职能部门的建立和管理的专业化提供了理论依据。

法约尔是经营管理理论的创始人，他和泰勒、韦伯一起创立和倡导了古典管理论。法约尔以大企业的整体作为研究对象，对经营管理活动、职能、原则等方面进行了全面系统的探索和论述。法约尔对分工理论的贡献在于：①将工商企业的全部活动分为技术活动、商业活动、财务活动、安全活动、会计活动和管理活动六类。②将管理分解为计划、组织、指挥、协调和控制五大职能。③提出实施管理的十四条原则，首条即为“劳动分工”。法约尔认为：劳动分工属于自然规律；工人总是做同一部件，领导人经常处理同一些事务，则对自己的工作就可熟悉、自信和准确，从而提高工作效率；专业化分工不仅适用于技术工作，而且毫无例外地适用于所有涉及一批人或要求几种类型能力的工作，其结果是职能专业化和权力的分散。

由于分工理论的产生、发展与成熟，其在工商企业生产和管理实践上产生了巨大的变革。20世纪初期，福特汽车公司的创始人亨利·福特率先将分工理论应用于生产，创立了“福特制”。福特制的主要内容包括生产自动化和生产标准化两方面。生产自动化是废弃由技工单独负责组装全车的做法，将生产过程分解为不同的作业，让每个员工只负责其中的一项或少数几项作业，然后利用高速传送的运输系统，把全部作业组成流水作业线，全部作业同时进行，连续不停地运作。生产标准化包括以下内容：①产品标准化，即将生产集中于唯一最佳的产品类型，实行单一产品的原则。②零件标准化。③车间专业化，即将各种不同的规格零件，分别交由各种不同的专业车间制造。④机器和工具专门化。⑤作业标准化，即实施工人操作的标准化。实行这种制度，由于简化了操作方法，降低了产品的生产成本，较大地提高了生产效率。根据福特汽车公司生产T型车的经验，在实行福特制以后，汽车的装配时间减少到原来的十分之一。

以福特所创造的“福特制”为开端，几乎所有的工商企业或行业都在机械化、自动化的基础上采用了劳动分工的方法。随后，这种劳动分工的思想又进一步扩展到工商企业内部的其他管理部门，使这些部门也按照专业分工的原则设立机构与安排职务，产生了计划、财务、技术等专业管理部门及其相应的专业技术管理者。几乎与福特同时代的通用汽车公司总裁艾尔弗雷德·斯隆在福特的基础上将劳动分工理论再次向前推进一步，斯隆实际上树起了劳动分工理论发展的第三个里程碑。福特根据劳动分工原理化解汽车装配工作，把它拆成一系列毫不复杂的任务，使每个工人的工作都简单易学。然而，人员协调和工人工作成果的组合过程却因此而变得非常复杂，管理方面显然跟不上高效率工厂系统的需求了。斯隆正是在此基础上，将劳动分工理论应用到管理部门的专业人员之中，并使之与工人的劳动分工呈平行发展之势。有了这样完整的工人及管理者的系统分工，汽车业才真正称得上“大规模生产”。他创造出层层上报的“金字塔”形组织结构，用以管理日益庞大的工商企业内部官僚体系。公司总部只要掌握下面各部门上报的生产与财务报表，就可以进行规划与监督。“金字塔”形组织的最大优点就是十分易于管理与规划。在精密的分工下，工作性质单一，管理阶层容易确保员工工作的一贯性和正确性，从而可以确保工商企业在庞大的组织体系下能够有效地运作。同时，“金字塔”形组织结构也有利于工商企业在经济快速发展的环境中迅速扩张。斯隆的这套管理分工方法逐渐发展成在现代大企业中所常见的分工极细、以职能阶层为基础的工商企业组织结构和管理体制，并成为了各个国家、各个行业及各个工商企业的通行模式。

三、基于分工理论的工商企业流程的弊端

分工理论的发展及其实践为提高劳动生产率、增强企业竞争能力和发展社会生产力发挥了巨大的作用。但是随着时代的变迁和人们思想认识的变化，尤其是进入 20 世纪 80 年代以后，分工理论及根据这一理论所产生的工商企业流程，日益显现出不利于工商企业的生存与发展的弊端。

工商企业是通过流程来运作的，工商企业流程是企业活动的集合。对于工商企业的活动，可以有两种不同的方式进行整合，一是按活动的相同性或相近性，将从事相同或相近活动的人合在一起形成职能型群体，即基于分工理论的职能型群体，如将从事财务工作的人合在一起形成财务部门；二是按活动的相关性，将从事相关活动的人合在一起形成流程型群体，即基于流程的群体，如将某一产品的设计、工艺、生产、检验等人员合在一起形成该产品开发的流程小组。

在职能型群体组织中，群体成员承担着同样的工作，可获得分工的效率与规模效益；群体的管理者是该领域中的专家，群体成员与管理者有着相同的工作态度和价值取向，因此，彼此之间有较大的融洽性，管理工作相对简单。然而，在基于分工理论的职能型工作群体组织中，一个完整的工作流程要跨越多个职能部门。图 7-1 是制造型工商企业中顾客订单落实流程所跨越的职能部门情况。在这类工商企业中，一些顾客的订单落实业务流程被销售部、财务部和生产部三大职能部门的若干个单位分割为一个个片段，各部门之间存在着频繁的协调与沟通。

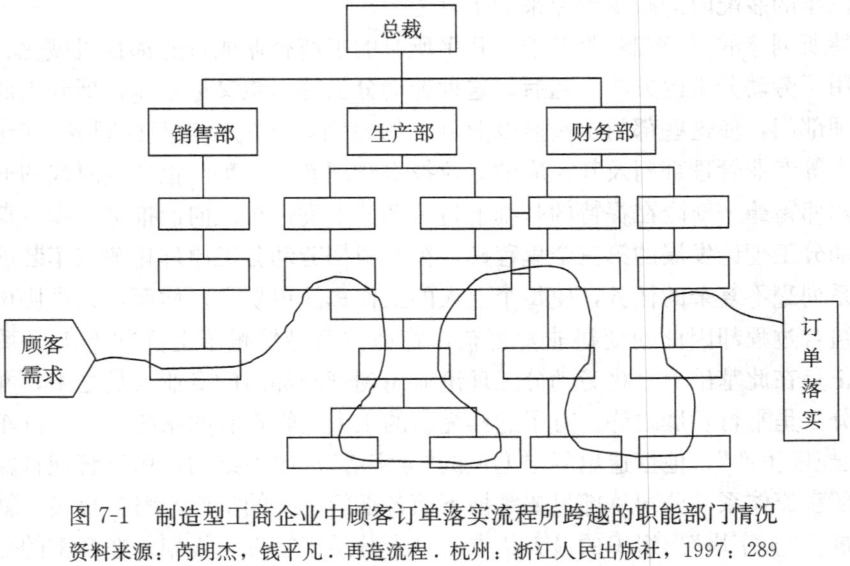

图 7-1 制造型工商企业中顾客订单落实流程所跨越的职能部门情况

资料来源：芮明杰，钱平凡．再造流程．杭州：浙江人民出版社，1997：289

在基于分工理论的职能型组织中，完整的业务流程常常被割裂得支离破碎，每一个部门所从事的工作，对于一个完整的流程来说只是其中的一部分，但对于这些部门来说却是

其工作的全部。因此，各部门往往是"只管自己门前雪，不管他人瓦上霜"。其结果是各部门的工作可能都是有效的，但整个流程的运作却是低效的。其弊端具体表现如下。

(1)分工过细。一个经营过程往往要经过若干个部门、环节的处理，整个过程运作时间长、成本高。工商企业的经营活动处于这种迟缓的运作状态就直接导致了它在快速多变的市场环境中处境被动。例如，美国一家大型保险公司，随着业务的迅速发展和管理工作的日益复杂化，客户索赔竟然要经过 250 道程序，结果客户怨声载道，客户数量不断下降。

(2)无人负责整个经营过程，缺乏全心全意为顾客服务的意识。各部门按专业职能划分，每个部门犹如"铁路警察"，各管一段，结果是各部门只关心本部门的工作，并以达到上级部门满意为准。"顾客就是上帝"只是营销人员的信条，企业的其他员工，并不关心生产的产品或提供的服务是否能真正满足顾客的需求。

(3)组织机构臃肿，助长官僚作风。为了把企业内部各部门、各环节衔接起来，需要许多管理者作为组织管理的信息存储器、协调器和监控器。当今，人事负担已成为美国各大工商企业难以承受的重负。此外，在执行任务时，各部门都从本部门的实际利益出发，这就不可避免地存在本位主义和相互推诿现象，这些都是不增值的环节，也造成了经营过程运作成本高。

(4)员工技能单一，适应性差。精细的分工增加了员工工作单调性，致使工作和服务质量下降，员工缺乏积极性和主动性，责任感差。

以上几个问题严重阻碍了工商企业的生存与发展，人们迫切需要新的管理理论，借助它的力量在工商企业中进行一场根本性的管理革命，使工商企业再度在市场竞争中成为强者。

按照劳动分工的观点，工商企业人员并不是以流程为导向，而是把工作重点放在工作流程中的各项任务上，这种以任务为基础的思路在过去两百多年的时间里对工商企业组织机构的设计有很大影响。如今思路变了，转向以流程为基础。

第二节　工商企业流程再造产生的必然性

传统的分工理论曾为工商企业生产效率的提高和社会生产力的发展做出了巨大贡献。但是，任何理论的存在与运用都具有一定的客观条件。随着时代的变迁，传统的分工理论日益受到挑战。如今，由于经济飞速发展，科学技术与管理模式日臻完善，工商企业的经营环境发生了巨大的变化。如果仍沿用一二百年来的运作方式，就显然不合时宜了。因此，需要从一个崭新的角度来重新审视并变革基于传统分工理论的工商企业运作方式。"顾客"、"竞争"、"变化"是促使工商企业流程再造的三个重要的外部环境因素，"劳动者素质的提高"、"信息技术的普及和完善"是工商企业流程再造得以实施的重要内部保障。

一、工商企业外部环境的变化

1. 顾客

顾客就是上帝的说法由来已久，但顾客真正成为上帝却是最近 20 年的事，这是因为商品的丰富性使卖方市场变为买方市场，形成所谓的顾客主权。自从 20 世纪 80 年代以来，厂商-顾客关系中的决定性力量就发生了转移。厂商不再占上风，顾客开始起决定性作用，顾客可以告诉供应商：他们想要什么，什么时候要，如何要，以及愿意付多少钱。这种新形势使得那些只适应大规模市场的公司十分不安。

(1)顾客在与厂商的关系中之所以能取得优势，其中一个重要原因是消费品缺乏的情况不复存在了。20世纪的30～70年代，美国的消费品一直供不应求，在第二次世界大战之后的30年里，旺盛的需求更是给厂商创造了极大的发展机会。反观现在，绝大多数消费品市场(尤其是发达国家)都已经成熟，电视机、电冰箱、计算机、汽车等都已经普及，不少这样的产业已经进入“满足产品更新换代”的状态。市场的需求饱和了，顾客自然就更挑剔，更有讨价还价的资本。回想一下中国改革开放以来市场的巨大变化，也经历了同样的过程，而且速度更为惊人。改革之初，中国刚从“文革”的磨难中走出来，面对刚刚进入中国市场的日本家电产品，根本顾不上选择，只求拥有。一时间，在发达国家早已成为淘汰品的小黑白电视、单声道收录机、单开门冰箱等，全都成为紧俏商品，需要凭票购买。也正是在这样旺盛的市场需求下，各地纷纷引进电视、冰箱、洗衣机生产线，以至在1985年时全国的家电品牌有数百个之多。然而10年之后，随着家电产品在中国的普及，市场日益饱和，卖方市场转向买方市场，一波又一波价格大战、质量大战席卷市场，原来风光一时的工商企业纷纷落马，烽烟迭起的市场上如今只剩下为数不多的幸存者——长虹、海尔、康佳等工商企业在激烈厮杀。今天的中国消费者，就像他们曾经羡慕的外国百姓一样，有许多的产品可以选择，每一个品牌都提供几十至上百种不同规格、不同性能和档次的产品，以争取客户的青睐。

(2)从供应方来说，世界各地的生产者越来越多；从需求来说，发达国家的人口越来越少，许多产品的市场已经饱和，所以消费者有了更多的选择，因此他们可以更加挑剔。

(3)向后一体化的威胁同样也推动了市场决定性力量从生产者向消费者转移。工业消费者可以购买、雇佣和供应商相同的机器设备和职员，所以，以前只能靠供应商做的事情，现在工业消费者自己也可以做了。向后一体化的威胁不仅来源于工业消费者，而且也来源于消费者。

(4)信息也是改变买卖双方关系的一个助推器。除了琳琅满目的各色商品可以选择，现代消费者的另一大优势在于信息灵通。发达的市场经济社会里总是有铺天盖地的广告、商情向消费者们展示许许多多新奇商品的性能、优点，有各种各样的购物指南、市场调查评估机构向消费者介绍它们对各个品牌的商品性能价格的评比结果。不仅如此，今天的消费者还可以通过互联网查阅各个知名厂家、商家提供的产品和服务的详细资料，而近来取得高速发展的网上商场、网上购物更是为消费者提供了很大的便利性。现在的消费者早已不满足于“货比三家”，而可以足不出户就在自己的计算机上“货比十家”，甚至“货比百家、千家”。新的通信技术使顾客坐在家里便可以了解许多商业信息。

(5)由于种种原因，顾客的购买行为不再像以前那样有整体的特征，越来越表现出个性化需求的趋势，顾客(消费者或公司)要求产品和服务按照他们的需求进行设计和生产。大规模市场已经分解成细小的市场，有的小到单个顾客，工商企业已经从面向市场转向面向顾客。

总之，20世纪50～70年代那种不断扩大的大规模市场已经不再存在，当今的顾客，不管他是个体消费者还是工业用户都知道自己需要什么，应该为此付出多少以及如何使交易条款更符合自己的要求。如今工商企业不了解这一点，就不能生存，更谈不上发展。

2. 竞争

竞争从来都是市场的法则。但是，以前的竞争十分简单，只要企业的一个产品或服务以最优的价格获得了市场，该工商企业就能获取竞争优势。现代工商企业竞争不仅是要靠质量、产品的品种、交货速度和销售前后的服务。换言之，现在不仅存在更多的竞争，而且存在多样的竞争。概括起来，现在的竞争存在以下几个显著的特点。

(1)竞争范围空前扩大。随着贸易保护壁垒的消失，日本、美国、德国、法国、韩国等国家的商品相互进入各自市场，从国内竞争变为国际竞争，世界上任何一个工商企业所能提供的最优的价格、最好的质量和服务，会迅速成为各个工商企业所效仿和遵循的标准。随着我国加入WTO(世界贸易组织)，我国的经济开放程度会有很大提高，在我国工商企业可以自由进入国际市场的同时，也面临着外国工商企业在海外和中国市场上的直接挑战。我国工商企业必须清醒地意识到，中国市场不再仅仅是国内市场，更重要的是它将是国际市场的重要组成部分。某个工商企业，如果不能肩并肩地与世界上最好的工商企业站在领导世界新潮流的工商企业行业之内，便会很快地在市场上失去立足之地。任何一个有良好前景的行业，只要一出现，就会有许多工商企业进入，资本不再是瓶颈，每天有超过2万亿美元的游资在寻找投资机会。就算在国内，这种情况也屡见不鲜，许多著名厂商都在不断扩大自己的经营范围，如海尔就从制造冰箱、冰柜扩展到生产空调、洗衣机、彩电等几乎所有的家用电器。

(2)竞争手段越来越多。传统的竞争手段主要集中于产品价格和服务质量两方面，现在竞争的焦点往往出乎预料，产品款式、广告、售后服务、信贷支持甚至品牌的文化象征意义都成为吸引消费者的手段。高新技术使企业常常能在合作、服务等方面创造出令同行企业瞠目结舌的新的竞争形式。例如，奥的斯(OTIS)所创造的用计算机控制的服务系统可以在24小时之内为北美9 300个电梯和自动扶梯用户提供优质服务，当维修人员到达需要服务的现场时，电脑已经把问题的性质和电梯的维修历史查清了。依靠技术革新，诸如奥的斯这样的公司，提高了顾客对其他公司的产品和服务的期望值，把竞争的标杆又升高了一级。

(3)竞争规则频频改写。竞争规则是在长期的市场竞争中逐步确立起来并被市场参与者认同的，但是现代市场中层出不穷的新技术和随之而来的新兴竞争手段已经使许多旧规则失去作用，特别是那种掌握着崭新技术的工商企业，一旦进入市场就带来了全新的竞争法则。新成立的公司没有组织上的负担，不受公司历史的束缚，可以在老公司重新获得新产品开发的资金之前，带着一批新产品进入市场。老公司庞大的组织规模不再是牢不可破的优势。现在，任何公司都必须警惕那些新崛起的公司。新兴或新建工商企业最大的特点是不墨守成规，它们常常以崭新的管理法则、经营法则和对新技术的开创性应用而一跃成为新星。

(4)竞争的结果空前残酷。现代市场竞争的一个显著特点是结果残酷，不管多大规模的工商企业，一旦在重大经营决策上出现失误，结果往往是灾难性的，很少有机会缓过劲，卷土重来。

3. 变化

顾客在变化，竞争在变化，而变化本身的性质也在变化，变化无处不在，变化持续不断、永无休止。纵观世界历史上几次大的产业革命，都会发现技术的进步在改变生产方式的同时，无一例外地改变了人们的消费方式、生活方式和思维方式。电的发明，汽车的发明，电报、电话、电视的发明，直至计算机的发明，无不深刻地改变了整个社会形态。

(1)变化的内容更加丰富多彩。除了产品方面的变化，工商企业在服务上的创新也层出不穷，金融机构为企业融资而推出的花样不断翻新的金融工具就是典型。又如，不久之前发达国家的人寿保险公司还只提供两个险种：一种是定期保险，另一种是终身保险；而现在它们所提供的是经常变化的拼盘险种，顾客可以自选各式各样的险种，从而使各保险公司在开发新险种方面的竞争压力与日俱增。

(2)变化的速度在加快。随着新技术的不断出现，随着经济的全球化和竞争对手的增多，产品的寿命周期和服务的寿命周期大大缩短。管理学家汤姆·波特斯(Tom Perters)在1992年提出，现在是奈秒(10^{-9})变动的时代。美国英特尔公司总裁安德鲁·格鲁夫(Andrew Grove)在《十倍速时代》一书中指出，现代工商企业环境充满了十倍速变化的威力。过去，福特汽车公司所生产的T型黑色轿车为整整一代人所用；而现在所推出的计算机产品的生命周期只有两年，或许还不到两年。一家美国养老基金管理公司最近开发了一种利用税法与利率特点的特殊服务，这种服务的市场寿命平均值只有3个月。

(3)难以预料和出人意料的变化。各公司必须注意这方面的变化。工商企业的高级管理者往往认为他们的公司已经装备了对变化敏感的观测系统或报警器，因而可以预测各方面的变化，事实上并非如此。有一家消费品制造商的品牌经理为了发现影响他们产品销量的因素，而对消费者对其产品的态度和意见进行了认真的跟踪调查。奇怪的是，调查结果总是给他们带来好消息，但市场份额却急剧下降。他们又做了很多调查，发现顾客的确喜欢他们的产品，但市场份额仍然在下降。事实证明，是公司的订货支付过程得罪了零售商，是零售商的报复行为减少了他们的产品摆在货架上的数量。这是品牌经理所没有预想到的。可能使公司彻底失败的原因就是那些难以预测和出人意料的变化，这些变化也正是当今工商企业经营环境变幻莫测的重要原因。

二、工商企业内部环境的变化

1. 劳动者素质的提高

能否提高员工的素质，充分发挥员工的积极性和创造性，从来都是决定工商企业管理思想、组织结构、运作方式及业务流程的重要因素。在当今时代，由于企业员工工作、生活和学习条件的改善，以及员工素质和技能的提高，工商企业中人的因素也发生了明显变化。源于泰勒科学管理理论的制度化管理思想主导着美国工商企业的管理实践。从工商企业内部生产的专业化分工到业务流程的严格控制，曾是美国工商企业大规模发展的“核心技术”。但是，由于忽视工商企业中人的因素的改变所造成的深刻影响，上述思想和“核心技术”日益显现出不利于提高和发挥员工积极性与创造性的弊端。这些弊端主要有：①制度化管理思想与分工理论往往假设员工几乎没有一技之长，希望从事简单的工作；他们既没有时间，也缺乏能力接受培训；员工执行的任务越简单，其表现就越有效率。根据这一假设，工商企业将整体流程过于精细地分割为一道道工序，虽然每道工序的工作大大简化了，但是，将每道工序的工作整合起来的工作极其繁琐，从而导致效率低下、成本高昂。

更为重要的是，精细的分工增加了员工工作的单一性，使员工成为业务流程中的“零件”，束缚了员工人性的正常发展，压抑了员工的积极性和创造性。②制度化管理思想与分工理论常常假定：人们生来就懒惰、好逸恶劳，只要有可能，就会逃避工作、侵占企业利益。根据这一假设，工商企业为了防范员工的渎职，在业务流程中设置了许多审核与监督的环节。这种做法耗时费力，在有些情况下，审核与监督的成本甚至超过没有审核与监督时可能会造成的损失，并且这种做法使员工在层层节制和公文往来中丧失了创造力和变革精神。③制度化管理思想与分工理论假定：一般人宁愿接受指挥，也不愿承担责任，缺乏进取心；处于第一线的员工既没有能力，也缺乏意愿做出决定。根据这样一些假设，工商企业常常采取集权和职能化的官僚主义运行机制，决策由高一级管理层做出，然后层层下达，处于生产经营第一线的员工没有责任也没有权力做出决策，员工自主管理的愿望受到压抑，从而极大地阻碍了员工的积极性和创造性的发挥。上述弊端表明，制度化管理思想与分工理论对工商企业中人的因素的认识，或者说对员工人性的认识，依然停留在20世纪初的科学管理阶段。而事实上，由于生产技术水平和生活环境的不断提高，员工的构成和文化素质也在提高。

美国公众议事日程基金会在1983年的一份调查报告中指出，当今员工对工作有10种要求：①和尊重自己的人一起工作；②工作要有趣味；③工作出色能受到表扬；④有机会提高自己的技能；⑤为那些能倾听自己意见的人工作；⑥有独立思考的机会；⑦能看到自己工作的最终结果；⑧为有水平的经理工作；⑨不希望干太容易的活；⑩对所发生的情况感到十分了解。员工所提出的上述要求正是当今工商企业所需求的。今天，企业员工素质大大提高，工作灵活性和主动性的能力远高于以往，他们不再满足于从事单调、简单的重复性工作，对分享决策权的要求日益强烈。事实上，工商企业流程再造理论就是经过对人性的重新审视而产生的。根据再造理论，一方面，可对原有业务流程进行水平式的压缩，即将所有的责任和不同的步骤整合起来，全都交由员工个人或员工小组来承担，从而明确职责，并提高员工工作的兴趣；另一方面，也可对原有业务流程进行垂直式的压缩，即减少管理层次，实现组织结构的扁平化，允许第一线员工自行做出决策，从而让员工享有更大的自主权。此外，由于员工职责明确，对他们的监督与控制也就变得更加简单，只有在符合经济利益的情况下，新流程中才会出现监督与控制的环节。通过流程再造，可以较好地满足员工的成就感，促进员工积极性和创造性的发挥，最终导致工商企业整体利益的提高。

2. 信息技术的普及和完善

信息技术的发展与应用为流程再造理论的出现提供了强有力的支持，利用信息技术能够有效地帮助工商企业实施流程再造。例如，利用建模仿真工具可以重新设计经营过程；采用计算机网络、数据库和多媒体等技术建立企业级、地区级乃至全球级网络，能够加快信息传递，实现信息共享，其结果是将传统的串行工作方式变为并行工作方式，将工商企业组织结构的层次由垂直变为水平，使工商企业成为协同工作的组织；利用专家系统和决策支持系统，可以使原来只能由专业技术人员和领导担当的工作转为由一般员工也可以担当；等等。美国在20世纪80年代投资1万亿美元进行信息化装备，在1993年又掀起了一股建设未来信息产业基础设施——信息高速公路的热潮，到1995年国内工商企业计算机联网率高达90%，雄厚的技术基础使美国工商企业得以在90年代推行以流程再造理论为指导思想的变革，并取得立竿见影的效果。

第三节 工商企业流程再造的内涵及特点

一、工商企业流程再造的内涵

工商企业流程再造的实践始于 20 世纪 80 年代，但流程再造这一概念则是 90 年代提出的。美国哈佛大学的《哈佛商业评论》于 1990 年第 7/8 期刊出一篇题为“再造：不是自动化，而是重新开始”(*Reengineering work：don't automate，obliterate*)的文章，作者是曾任美国麻省理工学院计算机教授的迈克尔·哈默。几乎是同时，麻省理工学院的《斯隆管理评论》1990 年夏季刊推出了由托马斯 H. 达文波特等合写的文章《新工业工程：信息技术和企业流程再设计》(*The new industrial engineering：information technology and business process redesign*)。由此揭开了流程再造的序幕。

1993 年，伴随着迈克尔·哈默与詹姆斯·钱匹合著的《再造公司——企业革命的宣言》(*Reengineering the Corporation—A Manifesto for Revolution*)一书的出版，一场蔚为壮观的工商企业流程再造革命掀起了高潮。“流程再造”一词迅速成为美国企业界的流行语。《再造公司——企业革命的宣言》出版后，在管理学界引起了巨大的震动，连续 8 周被美国《时代》杂志评为全美最畅销书，被认为是工商企业流程再造的权威著作，几十万本随即售空。在该书中，哈默和钱匹将工商企业再造定义为：为了在衡量绩效的关键指标上取得显著改善，从根本上重新思考、彻底改造业务流程。其中，衡量绩效的关键指标包括产品和服务质量、顾客满意度、成本、员工工作效率等①。工商企业流程再造的内涵包含四个方面。

(1)工商企业再造需要从根本上(fundamental)重新思考业已形成的基本信念，即对长期以来工商企业在经营中所遵循的基本信念如分工思想、等级制度、规模经营、标准化生产和官僚体制等进行重新思考。这就需要打破原有的思维定式，进行创造性思维。工商企业在准备进行再造时，必须自问一些最根本性的问题，如“我们为什么要这样做”、“我们为什么要做现在做的事”。通过重新思考这些问题，可以迫使工商企业对经营企业的策略和手段加以审视，找出其中过时、不当和缺乏生命力的因素。一般来说，向传统的经营理念挑战，必须跳出传统的思维框架。例如，工商企业不能这样来自问：“我们怎样才能提高审核顾客信用的效率?”因为这样的自问方式设立了一个前提，即必须审核顾客信用。试问，有谁规定必须审核顾客信用？事实上，在大多数情况下，审核顾客信用所耗去的成本比顾客呆账所损失的金额还要多。工商企业进行再造的第一步，就是要先决定自己应该做什么以及怎样做，而不能在既定的框架内实施再造。

(2)工商企业流程再造是一次彻底性的(radical)变革。工商企业流程再造不是对组织进行肤浅的调整修补，而是要进行脱胎换骨式的彻底改造，抛弃现有的业务流程和组织结构以及陈规陋习，另起炉灶。只在管理制度和组织形式方面进行小的变革，对根除工商企业的顽疾无济于事。

---

① Hammer M，Champy J. Reengineering the Corporation—A Manifesto for Revolution. New York：Nicholas Bredey Publishing，1993：32.

(3)工商企业通过再造工程可以取得显著的(dramatic)进步。工商企业流程再造是根治企业顽疾的一剂“猛药”，可望取得“大跃进”式的进步。哈默和钱匹为“显著改善”制定了一个目标，即“周转期缩短70%，成本降低40%，顾客满意度和企业收益提高40%，市场份额增长25%”①。通过抽样统计表明，在最早进行再造的工商企业中，有70%达到了这个目标，取得了工商企业再造的初步成功。

(4)工商企业再造从重新设计业务流程着手。业务流程是工商企业以输入各种原料和顾客需求为起点，以创造出对顾客有价值的产品(或服务)为终点的一系列活动。在一个工商企业中，业务流程决定着组织的运行效率，是工商企业的生命线。在传统的工商企业组织中，分工理论决定着业务流程的构造方式，但同时带来了一系列弊端。工商企业再造之所以要从重新设计业务流程着手，是因为原有的业务流程是组织低效率的根源所在。

从上面的分析中，可以看出工商企业流程再造与以前的渐进式变革理论有本质的区别。工商企业流程再造是组织的再生策略，它需要全面检查和彻底翻新原有的工作方式，把被分割得支离破碎的业务流程合理地“组装”回去。通过重新设计业务流程，建立一个扁平化的、富有弹性的新型组织。

二、再造后的工商企业流程的特点

总的来说，再造后的工商企业流程具有如下特点②。

(1)组织扁平化，决策权下移和外移。由于流程再造是充分利用信息技术整合工商企业的流程，削减了纷繁复杂的科层组织，使“流程小组”和“一线人员”有了充分的自主权，权力从上层向下层移动。同时顾客被纳入了工商企业的新的业务流程，工商企业的出发点即为“顾客的有效需求”，因此，顾客的权力越来越大，权力从工商企业内部向外部顾客转移。

(2)在新的业务流程中，减少了审核和监督。在传统的流程中，由于被分开来的工序较多，因此，需通过审核与监督来把分开的工序再“黏合”起来，而在新流程中，减少了接触点，就减少了审核与监督，同时也减少了冲突。

(3)新流程没有装配线。这是整合后流程最普遍的特点，因为许多原本被分割开来的工作又被合理地组装回去了或是被压缩成一个完整的工作，在新流程中，由专员对顾客的问题和要求一手包办或由工作小组的成员来共同解决。通过压缩平行的工序，装配线自然消失了，同时减少了监督工作，也精简了人员。

(4)打破了连续性的作业方式，代之而来的是同步工程。即将多道工序在互动的情况下同时进行，各工序之间随时可以交流，从而能大幅度提高流程效率，缩短运行周转时间。

(5)新流程中顾客的服务由“流程小组”或“通才”来完成，使顾客的要求在尽可能少的程序中就能得到回应。

(6)信息和知识共享。由于网络等技术在新流程中的广泛运用，工商企业内产生了共同的信息平台，原来只有具体部门具体人员才能了解到的信息与知识被所有员工了解，提

① 王云．业务流程重组——企业获得突破性成长的有效途径．http://www.nanhai.gov.cn/xinxiban/service/brp/brp01.htm，2003-03-06.

② 吴晓明．BPR，业务流程再造．重庆工业管理学院学报，1999，(2)：46～47.

高了工商企业的综合能力。

(7)管理者角色有较大转换。在新的业务流程中，经理人员的角色在很大程度上将从“领导者”转换成“公仆”，从较多地对下属进行监督、控制转变为指导、帮助和支持基层工作，更多地发挥服务的功能。

(8)对工作人员的考核将发生变化。过去对员工的考核基本上是根据其个人业绩进行考核。在改造后的流程内，将会逐渐过渡到根据员工业绩与流程小组业绩按一定比例共同考核，然后完完全全过渡到只通过流程小组业绩对员工进行考核。

三、流程再造的基本原则

(1)以顾客为中心：全体员工建立以顾客而不是“上司”为服务中心的原则。顾客可以是外部的，如在零售商业企业，柜台营业员直接面对的是真正的顾客；也可以是内部的，如商场的理货员，他的顾客是卖场的柜台小组。每个人的工作质量由他的“顾客”做出评价，而不是由“领导”做出评价。

(2)工商企业的业务以“流程”为中心，而不以一个专业职能部门为中心进行。一个流程是由一系列相关职能部门配合完成的，体现于为顾客创造有益的服务。对“流程”运行不利的障碍将被铲除，职能部门的意义将被减弱，多余的部门及重叠的“流程”将被合并。

(3)“流程”改进后具有显效性：改进后的流程的确提高了效率，消除了浪费，缩短了时间，提高了顾客满意度和公司竞争力，降低了整个流程成本。

四、流程再造的意义

(1)对组织机构的影响：流程再造对工商企业的冲击是巨大的，现代工商企业的职能部门数量及级别会大大压缩，工商企业的组织机构不再是“多级管理”，而是呈现“扁平化”趋势。以专业技术组织的职能部门仍将存在，但部门之间的“边界”大大淡化。部门经理权力有限，一般只是制定战略、培训及管理人员，员工的直接服务对象是顾客，而不是“上司”。

(2)TEAM(流程团队)在工商企业中重要地位的体现：按照一定的流程组成的 TEAM 活跃在工商企业经济活动中，TEAM 可以是临时的，也可以是永久的。一个 TEAM 可以跨越许多专业部门，如在一个计算机公司内，为了一个项目，可以由市场部、销售部、技术部、维修部、财务部等多部门共同组成一个临时的 TEAM。这样，工商企业以一个整体共同面向用户，避免了在销售时，同一公司的不同部门络绎不绝地出现在同一个用户面前，而在系统维护时，用户则不知道去找谁的局面。在一个商场，对某类商品的进货，可由商品部、采购部、财务部、小组、库房等组成一个永久的 TEAM，用以提高商品进货的效率、商品的适销度。

(3)对人事管理及考核、薪酬制度的冲击：由于采用“流程”为工作重点，对以官本位为基础的专业职能及人事管理体制，产生了极其猛烈甚至是残酷无情的冲击，分析并量化工作流程将是一项复杂及崭新的挑战，对各级管理者的评定将不再是各种行政级别，整个流程的执行结果将是人员的考核、薪酬评定的标准。

(4)对员工的积极要求：在运作中，员工将分为具有领导及沟通能力的“流程领导者”和各类应用专家，每个人可以根据自身特点选择自己的发展方向，这样只要认真努力，自然会拥有名义及地位。例如，在微软公司的项目组中，一个级别较低的项目经理(project manager，PM)可以领导一个技术级别等同于比尔·盖茨的技术专家。在此情况下，每个人追求的将不再是各级“经理”或“处长”等，而是各种“专家”。

(5)对工商企业管理方式的冲击：国内有些工商企业有个误区，提起加强管理，就是制定出数大本《××企业管理制度汇编》，然后监督执行。但我们同样可以看到，许多管理制度健全并严格执行的国有企业仍然被市场无情地抛弃，这就是只重局部管理、不看整体流程所造成的，我们可以称之为见木不见林。我们可以在事后埋怨体制，但事实上，整体流程僵化的绳索往往是我们自己套在脖子上的。

综上所述，流程再造对工商企业的改造是全面的、彻底的，大部分的现行体制将被打破、重组。只有重视顾客、关心流程、运行效率高的工商企业，才能在今后的市场中得以生存。

五、工商企业流程再造的类型

哈默教授首先提出业务流程再造的概念，但他在业务流程再造的方法中并没有为工商企业提供一种基本范例。不同行业、不同性质的工商企业，流程再造的形式不可能完全相同。工商企业可根据竞争策略、业务处理的基本特征和所采用的信息技术的水平来选择实施不同类型的流程再造。

根据流程范围和重组特征，可将流程再造分为以下三类。

(1)职能内的流程再造。通常是指对职能内部的流程进行重组。在旧体制下，各职能管理机构重叠、中间层次多，而这些中间管理层一般只执行一些非创造性的统计、汇总、填表等工作，计算机完全可以取代这些业务而将中间层取消，使每项职能从头至尾只由一个职能机构管理，做到机构不重叠、业务不重复。例如，物资管理由分层管理改为集中管理，取消二级仓库；财务核算系统将原始数据输入计算机，全部核算工作由计算机完成，变多级核算为一级核算；等等。

宝钢实行的纵向结构集中管理就是职能内流程再造的一种体现。按纵向划分，宝钢有总厂、二级厂、分厂、车间、作业区五个层次。在1990年年底的深化改革中，宝钢将专业管理集中到总厂，二级厂及以下层次取消全部职能机构，使职能机构扁平化，做到集中决策、统一经营，增强了企业的应变能力。

(2)职能间的流程再造。其是指在工商企业范围内，跨越多个职能部门边界的业务流程重组。例如，北京第一机床厂进行的新产品开发机构重组，以开发某一新产品为目标，组织集设计、工艺、生产、供应、检验人员为一体的承包组，打破部门的界限，实行团队管理，以及将设计、工艺、生产制造并行交叉的作业管理等。这种组织结构灵活机动，适应性强，将各部门人员组织在一起，使许多工作可平行处理，从而可大幅度地缩短新产品的开发周期。

又如，宝钢的管理体制在横向组织结构方面实行一贯管理的原则。所谓一贯管理，就是在横向组织方面适当简化专业分工，实行结构综合化。凡是能由一个部门或一个人管理的业务，就不由多个部门或多个人去管；在管理方式上实现各种物流、业务流自始至终连贯起来的全过程管理，克服传统管理中存在的机构设置分工过细及业务分段管理的情况。

(3)组织间的流程再造。这是指发生在两个以上工商企业之间的业务重组，如通用汽车公司与 SATURN 轿车配件供应商之间的购销协作关系就是工商企业间流程再造的典型例子。通用汽车公司采用共享数据库、电子数据交换(electric data interchange，EDI)等信息技术，将公司的经营活动与配件供应商的经营活动连接起来。配件供应商通过通用汽车公司的数据库了解其生产进度，拟订自己的生产计划、采购计划和发货计划，同时通过计算机将发货信息传给通用汽车公司。通用汽车公司的收货员在扫描条形码确认收到货物的同时，通过 EDI 自动向供应商付款。这样，使通用汽车公司与其零部件供应商的运转像一个公司似的，实现了对整个供应链的有效管理，缩短了生产周期、销售周期和订货周期，减少了非生产性成本，简化了工作流程。这类流程再造是目前业务流程重组的最高层次，也是重组的最终目标。

六、福特汽车公司采购流程再造

20 世纪 80 年代初，福特汽车公司为降低间接成本和管理成本，首先从财务部门着手改革。当时，仅福特在北美的公司，财务会计部门员工就有 500 多人。为减少开支，福特公司试图借助办公自动化减少百分之二十的间接成本，并把员工人数减为 400 人。但当知道日本马自达公司的财会人员仅有 5 人时，福特公司不得不重新思考这件事。由于财务会计部门只是一个部门，而非整体，仅改善财务会计部门，无法使工商企业发生决定性的变化。因此，福特公司决定必须改造整个采购流程。

福特公司原有采购流程可以称得上是传统的业务流程，如图 7-2 所示。首先由采购部向供应商发出订单，并将订单的副本交财务会计部，供应商把货物运到公司后，仓库便会将有关信息详细登录在表格上，并转交给财务会计部，同时，供应商也开出发票，送交财务会计部。于是，财务会计部便收到三种有关货物的文件，即订单的副本、入库验收单和发票。如果这三个文件一致，财务会计部就付款，否则，就进行调整，写出报告，送交有关部门。

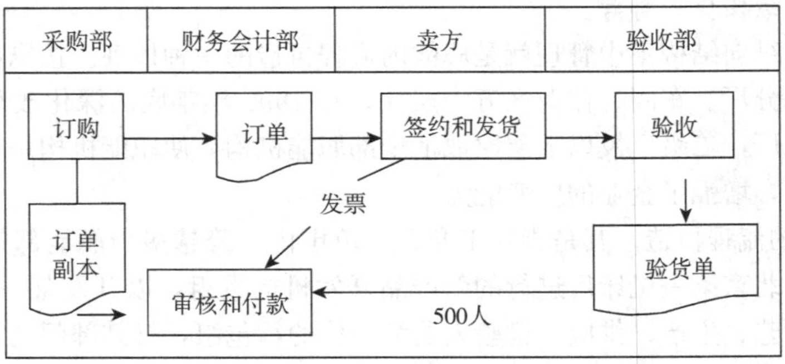

图 7-2 福特北美公司财务会计部的旧流程

佩皮帕德 J，罗兰 P. 业务流程重组 . 潘宪生，张明宝译 . 北京：中国人民大学出版社，1997：4

通过分析流程，发现在财务会计部员工的大部分时间都用于核实三者是否一致。如果把“收到发票以后就付款”改为验收货物以后就付款，则流程就会发生戏剧性的变化。再造后的流程如图 7-3 所示。在采购部门向供应商发出订单的同时，把采购信息输入计算机中，当供应商将货物运抵仓库后，验收员便查询数据库中有无相一致的订单，若有，则验收入库，并把入库信息输入数据库，计算机在接收到货物验收信息后便会在适当的时间内自动签发支票给供应商；若货物不符合订单的要求，验收员便会拒绝收货，并退货。通过采购流程的再造，财务会计部的员工下降到 125 人，而且工作效率大大提高。

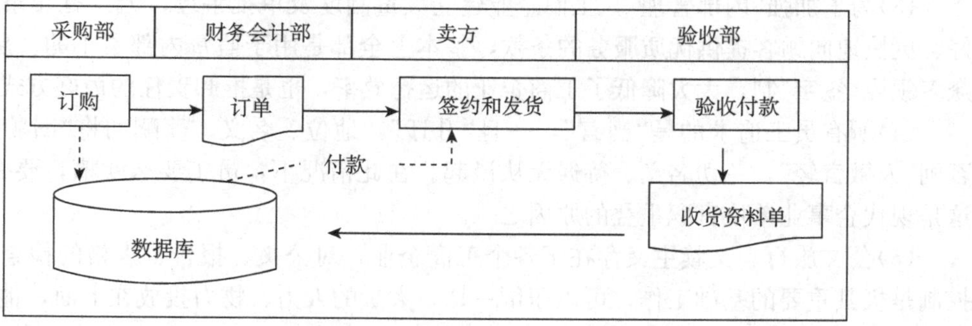

图 7-3 福特北美公司财务会计部的新流程

资料来源：佩皮帕德 J，罗兰 P. 业务流程重组．潘宪生，张明宝译．北京：中国人民大学出版社，1997：5

第四节 工商企业流程再造实践

虽然流程思想源远流长，但是现代意义的流程再造思想却是源于迈克尔·哈默博士于 1990 年发表在《哈佛商业评论》上的“再造：不是自动化，而是重新开始”。近 10 年来，该文已被西方管理学界公认为新的工商企业管理革命的理论基石。不少美国大公司如福特(Ford)汽车公司、沃尔玛(Wal-Mart)公司、美国电话电报(AT&T)公司、杜邦(Du Pont)公司、IBM 公司、塔科贝尔(Taco Bell)公司以及瑞典的沃尔沃(Volvo)汽车公司、德国奔驰(Benz)汽车公司等都运用再造理论进行改革创新实践，并取得非凡的成功。

工商企业流程再造，是近年国外管理界在全面质量管理(total quality management，TQM)、准时生产(just in time，JIT)、工作流(workflow)管理、团队(work team)管理、标杆管理等一系列管理理论与实践全面展开并获得成功的基础上产生的，是西方发达国家在 20 世纪末对已运行了 100 多年的专业分工细化及组织分层制的一次反思及大幅度改进。专业制分工及组织分层制是西方工业国家取得大规模工业化成功的前提，在托福勒的《第三次浪潮》一书中，对“大就是好”的大规模生产时代进行了最详尽的描述，并预言其时代的终结。但十多年过去了，大企业并未消失，而是采用了流程再造及其他先进思想使自己获得了新生。

流程再造理论在 1995 年左右进入中国，目前上海复旦大学的流程再造理论研究较为深入，但至今未在国内见到有工商企业全面采用流程再造的系统报道。

一、工商企业僵化的主要原因及特征

“铁路警察，各管一段”式的专业分工精细化的组织机构、职能部门制是造成工商企业僵化的主要原因。工商企业僵化主要有如下特征。

(1)每个员工取悦的是自己的“上司”，因为上司掌握员工的地位、薪酬，每个员工可以冷落顾客，但丝毫不敢怠慢“领导”。

(2)职能部门以专业划分，在工商企业中形成一个个的利益中心，部门之间的边界极为明显，在一项业务涉及多个部门时，若发生利益冲突，各部门可以把全公司利益放到一边，维护自己的利益。协调内部矛盾耗去了大量的企业精力。

(3)为了加强“内部管理”，工商企业建立大量制度及审批手续，但没有几条是为了更好、更快地向顾客提供优质服务的条款，基本上全部是用于监督内部员工的。层层审批、众多领导“签字”制，大大降低了工商企业的运行效率，也是推卸责任的最好方式。

(4)所有员工追求的是“当官”，一旦“升迁”，地位、名义、薪酬均将“旧貌换新颜”，否则“人微言轻”，一切名义、待遇无从谈起。在此情况下，员工要么跳槽，要么混日子，这是现代企事业单位官职重叠的原因之一。

(5)公文旅行、文牍主义存在于各个工商企业，对公文、报告、表格的检查、校对及控制是极其重要的基础工作，可以压倒一切，大量的人力、物力投放在上面，他们都忘了企业的真正生存目的是什么。当然，以上是属于较为严重的情况，在国内工商企业中最为常见。而国外一些工商企业中最常见的是各种制度均已健全，但已出现老化，有的已严重阻碍企业的发展，增大了企业的运营成本，使企业失去了竞争力。

不同的是，许多西方工商企业早已意识到此类问题，尝试了各种解决办法，在流程再造理论刚出现时，立即进行实践，甚至到了“狂热”的地步，许多工商企业获得了新生，如IBM、HP、沃尔玛、宝洁、福特等。

二、流程再造的应用

案例一：改进工商企业内部票据流程

企业的票据工作是工商企业管理的基础工作，对票据的简化及流程的改革是一项重要的工作。据国外报道，在处理票据流程中90%的时间是在传递、审核、签字，可以说，预防措施极为严格，但问题仍层出不穷。

票据及流程改革的要点：先考察票据、报表、公文的走向，简化合并票据，将票据的部门之间的接触点减少到最少，建立标准作业程序，减少工作环节，减少调整及纠错工作。在可能的情况下，采用自动化技术传递票据，缩短传递时间，加快流速。

福特公司是一家美国大型汽车制造厂，由于现代工商企业均采用专业化协作，故其70%以上的零配件来自于其他协作厂。在福特，对协作厂资金往来的处理形成了拥有500人的大型部门，为了提高效率，准备采用计算机技术，将人员减少到400人。但对日本的汽车生产企业马自达考察后，发现对方的同一个部门只有5个人。福特意识到，冗员众多的原因不在于采取什么技术，而在于“应付款”的流程上出了问题。在对流程分析后，发现在具体工作中，财务会计人员大量的精力及时间均放在了对3张以上的票据的传递及对十几项核对项的审核和校对上，导致了一个流程可以执行2周。这样，福特改变了思路，从简化流程开始，采用计算机技术传递票据，将核对项减少至3项，使整体的流程得以大大改善，时间缩短为2小时，人员精简为125人。

案例二：沃尔玛与供货商合作，建立快速补货体系

我们知道，常规的零售商与供货商的业务流程一般如下：零售商进行销售—发现商品库存快到最低点—向供货商要货—供货商发货—零售商入库—进行销售，这是最常见的方

式。但沃尔玛却采取了另一种方式，其是在计算机及网络技术的基础上进行的。沃尔玛对于某供货商每天的销售数据，不仅要发到自己的总部，同时通过"RETAIL LINK"软件包，利用互联网，发送到供货商的计算机系统内。这样，供货商对其商品销售的数据不再是1～2个月后才能知道，而是可以做到"实时监控"，马上可以掌握该地区的商品销售组合、流行、顾客类型、销售时段，可据此按照自己的生产提前期，组织资源，进行生产和分销，而不是做一种想当然的"预测"。在与有些供货商的合作中，沃尔玛可以做到不用准备商品库存(货架除外)，因为供货商对其货架情况了如指掌，一旦发现沃尔玛某类商品货架的数量接近最低点，供货商则立即组织主动送货，零售商与供货厂家形成了真正的合作伙伴关系。由于库存费用、运输费用都非常低，沃尔玛的市场竞争力自然远大于竞争对手。这是改进补货流程的流程再造的典型案例。

在美国，与沃尔玛建立此类合作关系的供货商有宝洁、VF、BOSE等。宝洁公司与沃尔玛合并了它们的分销系统和仓储系统。宝洁公司可以随时根据掌握的各地区销售情况安排生产，在组织生产时，不再引用出库批发数据，而是零售数据，生产目的更加明确，自动为零售商补货。沃尔玛则免除了为保持库存量而产生的费用。

案例三：日本7-11的配送体系

在日本，最活跃的零售商是7-11便利店。据有人统计，一个日本人在其下班的路上，平均可以看到3家7-11便利店。这充分说明了日本7-11便利店的便利性。7-11的特点：门店小——平均100平方米左右，品种多——3 000个品种左右，每个品种的货架存放量少，送货频繁，商品无存储场地。7-11采取了一种全新的配送模式，即自己不建配送中心，由批发商实现共同建设。批发商是配送中心的管理者，每天7-11的销售数据均传送到配送中心，由配送中心进行处理，对其库存情况进行分析，产生需要补货的商品及数量，安排卡车及配送路线。商品的配送单位为最小零售单位(stock keeping unit，SKU)，可能是2瓶洗发水、30瓶可乐等。由于简化了进货流程，7-11只要专注于选择合理的地点开店及为顾客创造更便利的环境即可，这就是7-11在日本发展得如此好的原因之一。而在互联网时代，大批的电子商务企业看好7-11的发展，纷纷与其建立合作关系，原因也在于此。

三、华为企业流程再造案例

自从20世纪90年代初哈默和钱匹提出业务流程再造理论后，世界范围内掀起了工商企业流程再造的管理革命浪潮。虽然理论界和企业界投入了大量的人力、物力、财力进行研究和实践，但是成功的经验和模式还是不多，尤其是在中国。华为之所以从小农式作坊全部转变成规模化的运作，流程优化居功至伟。现在，华为专注于全球运营商企业，在全球化的路上小步快跑。我们不禁要问，它的流程优化是怎样实现的？它在流程管理中又是如何删繁除冗的？

1. 瞄准关键点——掌握时间优势

在建立互联网系统前，华为发出货物后并不会把货物的详细信息提供给客户，这导致客户在接到货物后必须重新填制收货单据。这种服务模式的影响是，入账重审、内部资产等后续环节停滞不前，不仅耗费了大量时间，也使得流程作业如泥牛入海。为解决这个问题，去除作业流程中的劣势，华为构建了电子化的客服流程服务，一方面让客户省时省心，另一方面己方也减少了等待时间，一举扭转乾坤，化劣势为优势。因此，华为要求员工：一旦开始操作，就必须对各个关键环节的执行情况进行监控，以确保工作任务按照计划进度开展，并在此基础上提升效率。那么，如何掌控作业流程中的关键点呢?

俗话说，“知己知彼百战不殆”。为获得更高的价值，任务执行者应对建立这种优势需要多长时间、获得的优势会有多少及竞争对手掉转矛头做出有力反应的时间差等问题了然于胸。然后，在此基础上，不断提升关键环节上占有的时间优势。

通过改变作业方式、引进新技术、强化员工熟练度培训等方式，来改变关键环节的劣势状态。有时劣势之处恰是优势转化的灵感来源。另外，通过梳理作业流程，找出可以加以整合的环节，通过减除、合并、重排等方式优化流程，也可以采用新技术代替旧技术，以缩短作业时间。对于影响时间优势的外部威胁要尽快化于无形。例如，一旦发现竞争对手引入新技术，就要迅速掌握新技术的优劣势，将其优势之处纳为己用，并形成具有时间优势的技术手段。

2. 发挥创造力——打破惯性思维

回溯到20世纪90年代初，华为以新兵姿态跻身电信设备制造商的行列。当时，摩托罗拉、思科、爱立信、北电等国外的老牌通信巨头，正以强大的产品供货能力牢牢占据着中国市场。因此，华为内部滋生了一种观点：华为作为后来者，应尽快获得产品低成本的竞争优势。不过，华为决策者则认为，必须尽快优化生产管理、质量控制和物流体系，拉近与那些老牌通信巨头的距离。

1993年年初，华为在西门子公司相关技术人员的帮助下，重新设计了整体生产流程。华为希望通过内部统一的物流体系，保障完整的质量控制和生产管理，并减少物料流通环节和生产周期，以全面提高华为的产品供货能力。

现在已无须再评价该项目对华为的深远影响，这一逆流而上、敢于挑战的思维方式，已经使华为发生了翻天覆地的变化。于是华为一直坚持在流程优化中打破惯性思维。

正向梳理：对已完成的流程进行一次正向梳理，以操作者的态度来预估实现过程中各个环节衔接的流畅度，或选择合适的思维工具分析各环节之间的联系，并预测可能产生的收益。

逆向发现：最利于发挥创造力的流程优化方法是采用逆向思维方法，挑出流程中的缺陷。在华为，每条产品线上会组建两支队伍——红军和蓝军，红军在对某个流程进行规划时，蓝军就要想尽办法来“捣乱”，“吹毛求疵”，找出红军设计流程中存在的缺陷。这种逆向优化方式使流程规划者更简单明了地看到流程的可待改进之处，而改进后的流程将使作业完成期限更易于掌握。

1)环节1——精简冗余

2009年，任正非向华为全体员工发出指示：让一线直接来决策。他曾经不遗余力地将一个庞大的企业集团牢牢地控制在手中，但是此时，在一线上奔忙的员工却渐渐缺少了当年创业时的激情和敏锐。他恍然发现，企业中设置了过多流程控制点，冗余的环节阻碍了上传下达的流畅性，降低了工作效率的同时，也磨灭了员工的热情。

任正非认为，去除流程中的冗余环节，让工作流程的各个环节得到精简，是优化工作程序、提高工作效率的第一步。

(1)发现和去除缺少价值的环节。如果流程中各个环节结束后未能如愿以偿地创造出预期的价值，那么，流程的执行也就失去了意义，执行流程只会平白地消耗资源。此时，只有删除那些冗余的流程，才能将有限的资源投入其他流程中，在总体上缩短流程周期。

华为中层管理者说："我现在最大的爱好之一，就是分析工作流程的网络图，每一次能去掉一个多余的环节，就少了一个工作延误的可能，这意味着大量时间的节省。这两年来，我去掉的各种冗余工作环节达 70 个，粗略评估一下，省下的时间高达 3 000 多个小时，也就是 120 多天啊！"

(2)剔除流程中多余的环节。充分、良好的内部控制才能保证流程输出结果的质量。不过，需要注意的是，最理想的状态并非控制越多越好，而是保证流程中"杂草不生，禾苗旺盛"。反过来，我们可以利用流程进行内部控制分析——确定一个控制目标后，根据内部控制目标来确定关键的内部控制程序，再分析这些关键的控制程序是否存在重复之处，是否存在优化的可能。一环扣一环地分析下来，冗余和重复的环节也就不存在了。

对流程进行内部控制分析时，流程设计者必须注意以下两点：第一，充分考虑工商企业的内部控制环境。工商企业不同，其内部控制环境也迥然不同，因而对内部控制程序的要求也不同。好的内部控制环境，控制风险相对较小，适当减少控制程序也不会影响控制目标的实现。第二，测试流程的实际执行情况。例如，对于"职责分离"这样的控制程序，只有通过实地考察才能确定该程序是否得到贯彻。

(3)改变任务中的问题环节。一些过于复杂的问题环节可能存在进一步简化的机会。但是，困难和危险的工作显然不会同样被最高效地完成。例如，华为曾由内部员工来专门开展环境清洁工作，但管理者发现外聘专业保洁人员来操作这项工作比员工亲自操作更节约成本，更节约员工的有效工作时间。一般说来，如果员工都不愿意操作某些工作任务，管理者就应寻根究底，分析原因，解决问题。

2)环节 2——合并同类项

除冗的另一种方法是合并同类项。庄子云："丘山积卑而为高，江河合水而为大。"合并的作用不仅在于化零为整，更在于能叠加优势，消除劣势。

在华为，如果当前的工作环节皆不能被取消，那么，管理者就会换个思路，是否可以将各个环节适当加以合并？合并是指将两个或两个以上的事务或环节合为一个。例如，工序或工作任务的合并、工具的合并等。很多情况下，各个环节之间的生产能力不平衡，有的人手短缺，有的则人浮于事，忙闲不均，将这些环节加以调整和合并，往往能去劣存优，取得立竿见影的效果。

(1)合并上下环节。将一项任务的多个环节分别交给几位执行者，可以大大加快工商企业内部物流和信息流的速度。但是，从上一个环节到下一个环节的交接过程，也可能发生错误。所以，为避免出现交接时的失误，可将多个环节的工作任务交由一位执行者全权负责。

华为通常指定一位员工负责一个产品或服务的全过程——从下订单到发货或服务开始至结束。这些员工在服务业组织中称为"个案员"或"个案经理"，是客户与企业的单一接触点。

(2)合并任务相似的环节。常言道，熟能生巧。任务相同或相似的环节并轨，由一位执行者来完成，能最大限度地减少人力和时间方面的浪费。

(3)借助信息技术整合复杂环节。信息技术可以成为一个加速流程的强大工具。如果用于基础扎实的流程，信息技术能够大大增强它的能力。以数据采集、数据传送为例，华为采用计算机代替部分人力数据采集工作，降低了人为差错率；而自动化的数据传送，避免了对已经存在于一个系统里的数据的重复录入，省掉数据不匹配带来的麻烦。

3)环节3——合理排序

任正非要求："员工参加管理，不断地优化从事工作的流程与工作质量……改革一切不合理的流程。"

那么，如何改进才能调整不合理的环节，保证流程的合理，达到化繁为简的目的呢？

(1)衡量各环节安排的合理度。华为通过"何人、何处、何时"三个问题，来确认流程中各个环节的安排是否合理。一旦发现不合理之处，立即推倒重来，以使各个环节保持最佳的顺序，保证工作环节的有序性。

何人：该环节由谁操作？操作技能是否娴熟？该环节是否为该员工最擅长的？是否存在岗位与员工能力不匹配的现象？如果让熟悉第一环节工作的员工从第二环节调回，可以节省多少时间？

何处：各环节的操作场所之间距离远近如何？是否便于工作交接？如果将某环节的操作场所加以调换，是否可以使工作交接时间更短？调整设备仪器的摆放位置后，操作者使用起来是否更方便、时间更短？

何时：从第一个环节开始至最后一个环节结束的时间，包括在各个环节之间的移动时间、加工时间及由于机器故障、部件无法得到等问题引起的延迟时间分别是多少？时间安排是否过于紧凑，使员工紧张、疲劳，或过于宽松，难以在交期前完成任务？

(2)理清逻辑顺序。工作流程中可能只有几个环节，也可能有数百个作业环节。如果对各环节排序不当，不合逻辑，将造成工作秩序的极大混乱，无形中延长了作业时间。

环节安排顺序是否符合逻辑、是否清晰，可以从以下两个方面加以评价。第一，是否等待：一个环节完成后，作业者是否需要等待其他环节结束，才能共同进入下一个环节。第二，是否混乱：一个环节的开展过程中，是否需要下一个环节完成结果的辅助。一旦出现等待或混乱的状态，必须予以调整，对此，我们可以采取这样的方法：①减少等待。了解各环节完成的时间，提前处理被等待的环节，保证各环节不必被等待，即可与其他环节直接进入下一环节。②避免混乱。了解各环节之间的联系，分清哪个环节应在前、哪个环节应在后，前一个环节结束后才能开展后一个环节，保证各环节之间的有序性。

第八章

工商企业文化培育

在企业界，人们常常会看到这样一种现象，有些工商企业能够办成百年老字号，长盛不衰，始终保持旺盛的生命力，而有些工商企业只有较短的寿命，昙花一现后，就销声匿迹了。就连那些借助政策优势、市场机遇一夜成名的大型工商企业也逃脱不了这样的命运。据美国《财富》杂志统计：1970 年名列世界 500 强排行榜的大公司，到了 20 世纪 80 年代已有 160 家销声匿迹，淘汰率高达三分之一。为查找这些工商企业衰落的原因，西方工商企业管理学界进行了认真的研究，发现这些工商企业都有一个共同特点：缺乏内动力、没有先进的工商企业文化。那么，什么是工商企业文化？工商企业文化由哪些内容构成？工商企业文化对企业经营产生什么影响以及如何建设和维系工商企业文化？

第一节　工商企业文化与工商企业文化管理

一、工商企业文化的定义

美国学者赫尔雷格尔(Hellreigel)等于 1992 年给出的定义是：工商企业文化是企业成员共有的哲学、意识形态、价值观、信仰、假定、期望态度和道德规范。清华大学教授、著名经济学家魏杰先生在其所著的《企业文化塑造》一书中，对工商企业文化的定义是：所谓工商企业文化，就是指企业信奉并付诸实践的价值理念。也就是说，工商企业信奉和倡导，并在实践中真正实行的价值理念，就是工商企业文化。

沙因在《组织文化与领导》中提出一个基本假设——学术只能解释世界，不能改变世界。沙因的研究，并不是努力去创建一种新的组织文化，也不是谆谆教导经理人怎样运用文化手段，而是在组织的现实行为中发现人们没有意识到的假设，并给出符合逻辑的文化解释。从这种解释中，人们可以发现组织文化的演变内在元素和发展趋势，可以使自己对文化的认知从无意识到有意识，甚至可以对文化的先进与落后、有利与不利做出更准确的判断。但是，不可能因此而去大刀阔斧地改造文化，也不可能像捏面团似的去新建一个文化。

工商企业文化就是工商企业在其形成和发展的过程中，在与周围环境的适应过程中形成的，并被组织成员普遍认可的精神、观念、心理、习惯等行为规范的总和。工商企业文化是一个给定的工商企业在其应对外部适应性和内部一体化问题的过程中，创造、发现和发展的，被证明是行之有效的，并用来教育企业员工正确地认识、思考和感受上述问题的基本假定。也就是说，工商企业文化是组织在生产经营活动中长期形成的工商企业管理的文化氛围，是企业员工认同的核心价值观指导下的企业管理行为和员工的工作习惯。哈佛大学的特伦斯・迪尔教授和麦肯锡咨询公司顾问阿伦・肯尼迪在1982年7月出版的《公司文化——公司生活的礼节和仪式》一书中，提出构成组织文化的要素有五项。

(1)组织环境——对组织文化的形成和影响最大，是决定组织成败的关键因素；

(2)价值观——组织的基本思想和信念，它们本身就形成了组织文化的核心；

(3)英雄人物——把组织的价值观人格化且本身为员工们提供了具体的楷模；

(4)礼节和礼仪——组织日常生活中的惯例和常规。向员工们表明对他们所期望的行为模式；

(5)文化网络——组织内部的主要(但非正式的)交际手段，是组织价值观和英雄人物传奇故事的"运载工具"。

二、工商企业文化的内涵

工商企业文化的内涵一般来说有以下五个方面。

(1)工商企业文化从形式上看是属于思想范畴的概念。也就是说，工商企业文化属于人的思想范畴，是人的价值理念。这种价值理念是和社会道德属于同一范畴的。我们在治理社会的时候，首先提出来要依法治国，但是完善的法律也有失效的时候。法律失效了依靠什么约束？依靠社会道德。所以既要依法治国，又要以德治国。管理组织也是一样，首先是依靠组织制度，但是对于任何组织制度来说，再完善都会有失效的时候，组织制度失效了依靠什么约束？依靠组织文化。由此可见，组织文化和社会道德一样，都是一种内在价值理念。也就是说，组织文化和社会道德一样，都是一种内在约束。即人们在思想理念上的自我约束，因而都是对外在约束的一种补充，只不过是发生作用的领域不同而已。社会道德是对社会起作用，而组织文化是对组织自身起作用，所以从形式上看，组织文化是属于思想范畴的概念。正是因为如此，组织文化是极为重要的。例如，财务制度失效了，但是一个人如果有不是我的钱就不拿的价值理念，那么即使是财务制度对他没有了约束，他也不会去拿不属于他的钱。相反，如果一个人有不拿白不拿的价值观念，那么财务制度一旦失效，他就会去犯错误。

(2)工商企业文化从内容上看是反映工商企业行为的价值理念。也就是说，工商企业文化在内容上是对工商企业的现实运行过程的反映。具体来讲，就是工商企业的制度安排，以及工商企业的战略选择在人的价值理念上的反映。或者说，工商企业的所有的相关活动，都会反映到人的价值理念上，从而形成工商企业文化。由此可见，从内容上讲，工商企业文化是与工商企业活动有关的价值理念，而不是别的方面的价值理念，它是反映了工商企业的现实运行过程的全部活动的价值理念，是工商企业制度安排和战略选择在人的价值理念上的反映。例如，一个工商企业如果在制度安排上要拉开人的收入差距，那么这个工商企业在组织文化上就应该有等级差别的理念；又如，一个工商企业要在经营战略上扩大自己的经营，那么这个工商企业就要在组织文化上有诚信的理念。

(3)工商企业文化从性质上看是属于付诸实践的价值理念。也就是说，如果从实践性的角度来看，价值理念实际上可以分为两大类，一类是信奉和倡导的价值理念，另一类是必须付诸实践的价值理念。工商企业文化既属于工商企业信奉和倡导的价值理念，又属于必须付诸实践的价值理念。真正地约束员工的行为的工商企业文化，是真正地在企业运行过程中起作用的价值理念，而不仅仅是企业信奉和倡导的价值理念。因此，我们在谈到工商企业文化的时候，就应该明白，它其实已经对工商企业产生作用了。工商企业文化没有付诸实践，就失去了应有的作用，就是一纸空文。

(4)工商企业文化从属性上看是属于工商企业性质的价值理念。文化如果从其作为价值理念的角度来看，是一个极为广泛的领域，可以说与物质相对应的范畴，都可以称之为文化，因而文化的内容是极其丰富的。也就是说，对于价值理念来说，如果从其拥有的主体上来划分类别，可以分为自然人的价值理念、民族的价值理念、国家的价值理念、法人的价值理念和组织的价值理念。而工商企业文化则是属于工商企业的价值理念，是工商企业的灵魂。工商企业文化虽然有的时候也会受到民族的价值理念、社会的价值理念，以及其他有关方面的价值理念的影响，但是就它的属性来看，它是属于工商企业的价值理念，所以人们把工商企业的价值理念，即工商企业文化，称为工商企业的灵魂。

(5)工商企业文化从作用上看是属于规范工商企业行为的价值理念。也就是说，工商企业文化作为工商企业的价值理念，是对工商企业真正发挥作用的价值理念，对工商企业的行为以及员工行为起到非常好的规范作用。例如，工商企业文化中关于责权利对称性的管理理念，规范着员工的责权利关系；工商企业中的共享、共担理念，规范着组织与员工在风险承担及利益享受上的相互关系。

三、工商企业文化管理

工商企业文化管理本质上就是工商企业个性的管理。工商企业文化管理是指工商企业文化的梳理、凝练、深植、提升。工商企业文化管理要求清晰确立组织运行的价值核心，强烈传达新的文化信号，直接从工商企业最关键的问题着手，展开架构、人力、流程等各个关键环节的调整，强化动力，消弭阻力，纲举目张地引动组织的系统变革，如GE的“换铁轨”(变革工商企业的软件以带动硬件的整合)、IBM的“让大象跳舞”，不仅旗帜鲜明，而且对每个员工的影响深刻并深远。工商企业文化直接从管理核心切入，由领导班子和管理者团队引领并身体力行(不仅仅是重视)，紧扣核心价值驱动要素，致力于改善企业状态。工商企业因企业文化管理而获得管理者素质的提升、核心员工保有率的提高、品牌价值的提升、竞争优势的保持等高价值回报。尽管工商企业文化管理部门和工作者只是规划者、组织者、辅导者和督促者，但由于其直接推动组织变革，所以工商企业文化管理部门会得到公司的高度重视并成为工商企业管理的职能机构。即使没有专门的机构，工商企业文化工作者的价值也会充分得到体现。工商企业文化管理是一个过程，不是起草一个纲领就完成了使命，纲领只意味着工商企业文化管理的一个开端，工商企业文化管理涉及以下几个方面。

(1)工商企业文化管理的关键要素是什么，这首先取决于企业家与企业家群体，因为工商企业文化的基因来源于企业家和企业家群体，那么工商企业的企业家团队决定工商企业文化管理的关键。作为高层有几项使命，第一个是树立企业的理念、使命和核心价值观，要有意识地了解和创造企业的核心价值体系，高层不断地讨论，这本身就是一个企业家有意识地引导和创造企业文化的过程。第二个高层要完成的使命是企业战略性系统思考——企业向何处去？在加入WTO之后，产业要向哪个方向升级？企业未来战略发展方向是什么？核心能力是什么？关键业务领域是什么？未来的商业运作模式是什么？第三个高层要完成的使命是高层要成为工商企业文化管理的忠实追随者、布道者、传播者、感召者、激励者。工商企业文化不是由学者来讲，而是由工商企业的高层来讲。通过讲文化，讲战略，迫使高层不断思考这些问题，高层如果能给刚来的员工讲明白，就说明高层真的理解了这些内容。整个工商企业不断地布道，这样就形成了一种氛围。

(2)工商企业文化管理的第二个要素是工商企业的核心人才和中坚人才，也就是除了高层以外的各层管理者也要承担文化管理的责任。但与老板、高层所承担的责任有所不同：第一要共同参与企业愿景与核心价值观的制定；第二是提炼经验，总结教训，探寻方法，确立准则，行为带动；第三是将核心价值观融入制度建设和流程建设之中。真正接触员工的是中基层管理者，所以企业文化的真正推动者是中基层管理者。而且员工大多会受到舆论导向和氛围的影响，所以对员工要有强化的过程，即通过开始的强制达到最终的自觉的过程。

第二节　文化管理发展历程

一、工商企业文化的由来

工商企业文化的提出源于日本经济发展奇迹而引起的美日比较管理学研究热潮。第二次世界大战后的日本，在20世纪50年代开始引进美国现代管理方法[戴明，全面质量管理(total quality management，TQM)]，60年代实现了经济起飞，70年代在平稳度过两次石油危机后再次创造了高速增长的经济奇迹，进入80年代之后大有取代美国经济霸主地位的趋势。而对日本经济快速发展的原因，以及如何解决困扰美国企业界的各项难题，成为许多学者研究的重要课题。这些学者的研究汇合成了一股美日比较管理学的研究热潮，并由此逐渐形成关于工商企业文化的相关理论与方法。

20世纪七八十年代以前，美国一直在管理方法和管理制度方面领先于全球。但到了七八十年代，一贯以理性管理著称的美国经济出现了衰退；而与此同时，日本经济却异军突起，对美国乃至整个西方经济构成了挑战。到底是哪些因素导致美国的衰退和日本的崛起？这个问题引起了美国管理学界和企业界的广泛关注。帕斯卡尔(Pascale)等学者研究发现：与美国工商企业强调管理方法、制度等刚性因素不同，日本工商企业更加注重管理的软性精神因素以及与企业长期并存的员工集体信念，并且塑造出了有利于企业创新、把价值与心理因素整合在一起的工商企业文化。工商企业文化这种软性精神因素对日本工商企业取得良好的经营绩效和长期发展起到了重要的作用。帕斯卡尔等学者认为，工商企业文化可用来解释日本工商企业超过号称竞争力全球第一的美国工商企业，并且呼吁应该重新关注工商企业深层次的软性因素，强调这种深层次软性因素对工商企业发展的重要意义。

除了经济背景的推动作用，工商企业文化理论的兴起也有其重要的社会思想背景。20世纪七八十年代，美国社会出现了一股后现代主义思潮，后现代主义者们对现代化导致的诸多弊端(如忽视人的情感因素、社会科学研究成果)以及过分看重科学实证等问题进行了无情的针砭。工商企业文化思想顺应了当时的时代潮流，强调对旧的管理模式进行反思的必要性，呼吁重新关怀人性、回归人本。

在多种因素的综合作用下，“工商企业文化”概念横空出世，并“一石激起千层浪”，20世纪80年代初期美国掀起了工商企业文化研究的热潮。从1981年到1984年，美国管理学界连续推出四部力作：威廉·大内(William G. Ouchi)的《Z理论》(1981年)、帕斯卡尔和阿索斯(R. Athos)合著的《日本企业的管理艺术》(1982年)、特雷斯·迪尔(Terence Deal)和阿伦·肯尼迪(Allan Kennedy)合著的《企业文化》(1982年)以及托马斯·彼得斯与小罗伯特·沃特曼(Robert H. Waterman)合著的《寻求优势》(1984年)。大内率先对工商企业文化进行了系统的阐述，并认为Z型管理是日本工商企业超越美国工商企业的主要原因，日本工商企业实施的Z型管理促进了“集体主义价值观”的形成。帕斯卡尔和阿索斯在《日本企业的管理艺术》中率先对工商企业文化进行了系统的阐述，并且深入探讨了日、美工商企业的差异问题，提出了著名的“7S”(即战略、结构、制度、人员、风格、技能、最高目标)管理理论，并且通过比较美、日工商企业发现：美国工商企业更加重视战略、结构、制度这三个硬性因素，而日本工商企业则不但重视硬性因素，而且更重视软性因素——人员、风格、技能、最高目标。这些软性因素属于工商企业文化的范畴，也是日本工商企业超越美国工商企业的关键所在。美国学者特雷斯·迪尔和阿伦·肯尼迪在深入调研80多家美国工商企业的基础上做出了“杰出而又成功的企业大多拥有强有力的企业文化”的论断，从而大大提高了人们对工商企业文化的关注和重视程度。随后，托马斯·彼得斯与小罗伯特·沃特曼致力于研究美国杰出而又成功的工商企业的共同管理特征，并在《寻求优势》一书中总结了美国最成功的工商企业管理的八个特征(即行动迅速、接近客户、锐意革新、重视员工、集中精力、扬长避短、简化结构、管理艺术)。可以毫不夸张地说，以上四部力作是吹响工商企业文化理论研究号角的“四重奏”。工商企业文化理论因它们而异军突起，并且持续影响全球管理数十年。

二、工商企业文化的分类

1. *桑南菲尔德的标签理论以工商企业文化与企业成员的适当匹配性将组织文化分为四类*

(1)学院型文化。对于那些想找一个做好分内工作，得到稳步提升的人来说，具有学院式组织文化的公司是最好的选择。这类工商企业喜欢招聘刚从学校毕业的大学生或研究生，对他们进行适当的培训，然后分配到各职能部门。例如，美国的IBM公司、可口可乐公司就属于这类工商企业。

(2)俱乐部型文化。这类工商企业提倡忠诚感和归属感的价值观，认为年龄、资历和经验非常重要。与具有学院型文化的工商企业相比，这种工商企业的主管人员大多为知识渊博的通才。例如，航空公司就属于这类工商企业。

(3)棒球队型文化。这类工商企业提倡冒险和创新。具有冒险和创新精神的人最适合于在这类工商企业中工作。企业会给予员工充分的自由，并按他们的工作成绩给予优厚的报酬。这类工商企业包括会计事务所、律师事务所、投资银行、顾问公司、广告代理商、软件开发商等。

(4)堡垒型文化。这类工商企业的首要任务是维持生存。前述三种类型的工商企业在遇到不景气或萧条的经济环境时，往往会转化为堡垒型工商企业。在这种情况下，工商企业主要的宗旨是维持生存、保护现有的资产，对员工提供的保障很少。但这种工商企业对于那些喜欢迎接挑战的人来说是较适当的场所。

桑南菲尔德发现，许多工商企业无法归入某一种类型的文化，其原因可能是这些工商企业具有混合型的文化。此外，各类工商企业文化也不是固定不变的，由于多种因素的影响，一类工商企业文化可能变为另一类工商企业文化。同时，不同类型的工商企业文化会吸引不同类型的人到该企业中工作。例如，具有冒险和创新精神的人在棒球型文化的工商企业中可能如鱼得水，但在学院型文化的工商企业中则可能无所作为。

2. 主导文化与分支文化

主导文化是指某一工商企业大多数成员具有核心价值观，它体现出该企业独特的个性。而分支文化是指大型工商企业由于部门的不同或地理区域的划分而形成各种不同的文化。

在一个工商企业中，主导文化和分支文化并不是彼此分开的。某一部门的分支文化应是企业共同具有的核心价值观与本部门特有价值观的有机结合。例如，某公司的研发部门由于其工作的特殊性而可以具有该部门员工的特殊信念、思想和观点，但不能脱离整个公司的核心价值观。这就是说，主导文化应渗透于分支文化之中并起指导作用。如果一个工商企业没有主导文化而仅存在许多分支文化，这样的工商企业就会是一盘散沙，最终会因为无法适应外界的变化而解体。在一个大型工商企业中，只有主导文化与分支文化有机地结合，才能对企业成员的行为起引导、凝聚和激励的作用。

3. 强势文化与弱势文化

从影响力来看，可以将工商企业文化划分为强势文化和弱势文化。在工商企业文化的研究中，区别强势文化与弱势文化，已成为一种发展趋势，尤其要注重强势文化的培育和发展。

强势文化是指具有强烈影响力的文化。在工商企业中这种文化的核心价值观会被企业成员广泛接受，企业成员会对这种价值观产生强烈的认同，因而强势文化具有很强的行为控制力，会强烈影响企业成员的行为。例如，一家商店的强势文化是强调为客户服务，这种观念已深入员工心中，在这种情况下，商店员工都知道，自己的行为在其他方面没有太多的约束，但面对客户时必须严肃、认真、负责。这表明“为客户服务”这一强势文化直接影响员工的行为。

强势文化的另一结果是降低员工的离职率。企业成员对强势文化中的价值观具有高度的认同感，因而会产生高度的凝聚力，以及对企业高度的忠诚感和归属感，因此离职意向会下降。此外，强势文化在某些情况下可以代替正式的规章制度，对人的行为起控制和调节作用。在任何工商企业中，都必须制定一定的规章制度，用于控制人们的行为，保证人们行为的一致性。如果工商企业中形成了某种强势文化，企业成员就会强烈认同这种文化的价值观，从而自觉地控制和调节自己的行为。这样，强势文化与正式的规章制度实际上起到了殊途同归的作用。

4. 迪尔与肯尼迪的分类

特伦斯·迪尔和阿伦·肯尼迪在《公司文化》一书中，把工商企业文化划分为四种类型。

(1)硬汉文化。这种文化可用“强悍”来形容，往往存在于风险很高、决策结果反馈最快的工商企业中，如广告公司、风险创业公司、电影公司等。这类工商企业决策时赌注高、决心大、冒大风险，口号都是强调“最佳”、“最大”、“最伟大”，企业内部充满相互竞争的气氛。由于要求在短期内获得利益，企业人员合作精神差，不重视长期投资，人员流动率高，很难建立坚强而又一贯的工商企业文化。

(2)努力工作——尽情享乐文化。这是一种“行动文化”，要求精力充沛，拼劲十足，但工作之后尽情享乐，工作与玩乐并重。大多数商业性公司、推销公司属于此类文化。这些公司一般风险不大，但节奏紧张。“有活快干，干完就算”这种环境很适合年轻人的胃口。这种文化在遇到麻烦时，会采取短期行为，缺乏长期深远打算。

(3)长期赌注文化。这是一种风险很大、反馈缓慢的文化。其价值观集中于对未来的投资，需要人们具有自信和长期经受考验的能力。具有此类文化的大都是基础工业企业，如冶金企业、石油企业、矿山企业等。这类文化尊重权威和专家，不能容忍心理不成熟的人和工作不认真的现象。优点是有助于产生高质量的发明创造和重大技术突破，缺点是行动速度慢，对迅速变化的环境不会做出灵敏的反应。

(4)过程文化。这是一个低风险、慢反馈的领域，包括银行、保险公司、水电公司、制药业等。由于反馈过慢，员工对自己工作效果的好坏全无观念，这会促使他们把注意力放在“如何做”上，而不是“做什么”上。例如，把公文往来、行政事务看得无比重要，其价值观集中在技术的完美上，过程和细节力求准确无误。在这种文化下工作的人，工作井然有序，完全照章行事，因而创造性容易被抑制，产生僵化体制和官僚作风。

三、工商企业文化理论与实践在中国发展的历程

工商企业文化这个理论在中国的传播和实践，大体上分为四个阶段。

第一个阶段是从 1983 年到 1988 年，这一阶段为知识的传播和认知阶段。在这一阶段争论的焦点主要是适合性问题，即工商企业文化理论是否适合中国的工商企业，是否有这种文化底蕴上的沟通，能否适合中国工商企业管理和改革的实践，争论的焦点是适合与否的问题。这个关键问题在于我们的接受性。所以，这几年的时间，大家在传播理论、知识和探讨、争论时，都是围绕着这几个方面来进行。当然，在这个阶段中也有一些地区的工商企业比较迅速地进入了实践，如山东、东北及沿海地区。

第二个阶段是从 1989 年到 1991 年，这段时间为低潮徘徊阶段。工商企业文化理论是一种舶来品，这个理论在当时受到了质疑，甚至被认为是自由化的产物，是被划在西化理论范畴中的。1989 年之后，有很多观点认为工商企业文化是自由化的产物。认为工商企业文化讲以人为本就是人本主义，人本主义就是人道，人道就是自由化。这段时间，争论的主要焦点在于内容的正确性，即工商企业文化是否正确，是否属于自由化的范畴，是否

是新型的管理理论、管理思想。另外一个焦点在于话语表述的科学性。应该怎样表述，关键在于“姓社”还是“姓资”。这是当时的状态，但是这并没有影响学者们对工商企业文化的研究。

第三个阶段是从1992年到2000年，这个阶段为知识普及和实践启动阶段。这几年知识的普及比较明显，第一个标志性事件是邓小平南行讲话，其把中国市场经济从本质上推到了一个新的阶段。市场经济越是深入，工商企业文化的必要性就显得越显著。因此，它和我国的企业改革始终是同步的，所以邓小平南行讲话以后，市场经济迎来了一个高潮，工商企业文化应用的方式和理论受到了重视。第二个标志性事件是十四大报告中写进了工商企业文化这个概念。十四届三中全会、十四届五中全会虽然只对工商企业文化建设具体工作做了一些比较简单的解释，但是必定起到了一定的推动作用。十四大报告和十四届三中全会、十四届五中全会把工商企业文化主要定位在企业的文化活动和思想政治工作方面，尽管这段时间的定位不像现在这么清晰、全面、科学，但是毕竟中央文件中出现了这个概念，而且就具体的工作进行了部署，所以对工商企业文化推动比较大。第三个标志性事件是建设中国特色的文化理论。工商企业文化作为一种亚文化，作为一种支流文化，作为大文化的一个分支，为建设中国特色的工商企业文化找到了一种理论依据，对实践推动起到了很大的作用。还有一个更重要的就是大的背景，即工商企业改革在不断地深入，对工商企业文化的需求越来越强。这个时期它的重点是传播知识，因此，部分工商企业启动了企业文化建设。

第四个阶段是从2001年到现在。第四个阶段可以概括为普遍实践，深入发展的阶段。所谓普遍实践，即现在工商企业都是有组织、有计划地进行企业文化建设。工商企业文化建设这项工作在20世纪90年代初到90年代中期，大体还都处于自发状态，如果企业家比较敏感、文化素养比较高、文化自觉意识比较强，对这个问题认识得比较超前，那么他就会自觉地进行企业文化建设，应用文化管理企业。但对大多数工商企业来讲，如果中央没有出台相应的文件，它们就不进行企业文化建设。这确实是中国社会的国情，但是到了第四阶段以后，这个实践就逐渐地由自发大面积地走向自觉，这个里面很重要的几个事件是什么呢？从组织工作来讲，国有资产监督管理委员会(简称国资委)发了好几个文件，要求要有系统地建设中国大型工商企业的企业文化，这样就极大地推动了企业文化建设的进程。像过去有些行业对工商企业文化根本不认识，一点不介入，可是最近两年介入得非常快。

在学术观点上，一个重要的观点是以人为本。以人为本这个理论是在前几年中央文件中提出的，具有划时代的意义，因为以人为本的话语权过去是由西方社会把握的，好像社会主义不能讲以人为本。例如，首钢最早的一个标语是“以人为本”，后来觉得“以人为本”会对社会产生影响，就改为“以人民为本”，后来又改为“以人为本”。总之，以人为本这个概念看起来很简单，实际上却牵涉到一个社会对于一个深刻理论问题的突出性和转变性的认识。因为这个理论本身在中国过去是不让讲的，现在已经取得了共识。

另外一个，就是建设核心价值理念观点的提出。在以前人们对价值观的问题讳莫如深，但是现在会讨论建设核心价值理念。实际上在工商企业文化著作中，也提到了核心价值理念。例如，肯尼迪尔认为工商企业文化的核心是价值观，一个国家思想体系和社会体系建立的基石也是价值观。所以，组织的核心价值观、工商企业的核心价值观、社会的核心价值观、国家的核心价值观，是其灵魂所在，核心所在。如果没有核心价值观，大家就失去了一个价值标准，就会出现一种价值失泛的现象。所以，这个问题的提出，对我们价值理论的提出，以及以人为本和核心价值理念的提出是非常重要的。

再一个就是和谐社会和工商企业社会责任，这两大命题在某种意义上都是工商企业文化涉及的核心问题。像以人为本，建设核心价值理念，实际上不管是自觉还是不自觉，其就是工商企业文化的话语内容。《改革政府》是20世纪90年代美国流行的一本书，它的副标题为“用企业精神改造公营部门”，这是这本书的亮点所在。克林顿当时当政，要求所有各州的官员读这本书，就是用工商企业文化的本质、理论的内容、规律性的东西来管理政府、改革政府和公营部门。这一概念的提出，标志着工商企业文化的理念具有规律性，不单单适合于工商企业，也适合于社会组织和事业组织。现在，我们正在实践工商企业文化这个理论，所以像以人为本，社会核心价值观这样的话语都借鉴过来了。现在的重点是自觉建设，探索路径。

《华为基本法》的来历

20世纪90年代中后期，经过10年艰苦创业的华为公司呈现了大发展的势头，展望未来十年，公司要实现二次创业，可持续发展，使各项工作与国际接轨，就必须淡化企业家的个人色彩，强化职业化管理。但是这种“职业化管理”从一开始就卡了壳。公司发起“华为兴亡，我的责任”的企业文化大讨论，却发现在一些基本观念上不能统一思想。为了适应大发展的需要，公司成立了工资改革小组，负责重新设计工资分配方案，结果发现缺少确定工资的基本依据；推行ISO9001质量标准，却发现新业务流程体系中各个部门职责权限的定位也缺少基本根据。最后的结论是，管理必须以公司的文化为基础，需要有一个纲领性的文件，作为组织建设、制度建设、文化建设的总依据。

《华为基本法》正是在华为已经初步具有了企业精神之后、试图固化为一个系统的企业纲领的情况下出现的。在《华为基本法》出台之前，包括任正非本人都没有一个对华为企业文化、治企理念和企业精神的系统化的思维。对于《华为基本法》应该是一部什么文件，一开始任正非自己也没有想明白，只是觉得华为这时已经需要一个类似于《香港基本法》这样的文件。

这个模糊的想法一开始是交给总裁办去做的，总裁办把华为的主要文件，如薪酬制度等放在一个夹子里再加上一个封面，贴上一个条，上面写着“华为基本法”，交到任正非面前。但任正非说：“这不是我要的基本法。”总裁办主任问道：“那你要什么基本法？”任正非回答说：“我要知道还用你来做吗？我自己就干了。”

当时吴春波等正在给华为市场部做考核项目，于是任正非决定“让几个中国人民大学的教授试试”。为此，任正非第一次敞开心扉，从个人经历等方面与起草者谈了整整三天，基本法总算破题了——华为要走出混沌，必须弄清楚三个问题：第一，华为为什么成功？第二，支撑华为成功的要素是什么？第三，华为要取得更大的成功还需要哪些要素？而这一破题的结果，在无意识中已经接近了德鲁克提出的做一个企业的三个命题，即我是谁，我从哪里来，我要到哪里去。

文化不是在第二次创业时产生的，而是在第一次创业时就有非常合理的内涵，然后在第二次创业中将它抽象、总结、提高，升华成为文化。起草小组与任正非经过了长时间的沟通，并深入员工层中间去摸索、总结华为既有的企业文化后得出了几个关键点，如高效益和压强原则等，在此基础上再进一步系统地形成各事业部的文化，基本上达到了任正非提出的“总结企业发展过程中能够促进发展的各个要素并使之成为企业发展的促进系统”的提法。

经过两年多的起草、酝酿，八易其稿，1998年，由公司总裁任正非倡议的《华为基本法》正式出台。《华为基本法》分为宗旨(核心价值观、目标、成长、价值分配)、基本经营政策(经营模式、研发、营销、生产、财务)、基本组织政策(组织方针、组织结构、高层组织)、基本人力资源政策(基本原则、员工权利与义务、考核、管理规范)、基本控制政策(管控方针、质管体系、全面预算、成本控制、流程重整、项目管理、审计、事业部、危机管理)、接班人与基本法修改六个主要方面，采用法律条文的书写方式编写。

在《华为基本法》中，对基本的价值观和共同的愿景做了清晰而系统的演绎。例如，“华为追求的是在电子信息领域实现顾客的梦想，并依靠点点滴滴，锲而不舍的艰苦追求，使我们成为世界级领先企业”，“决不让雷锋吃亏，奉献者定当得到合理的回报”，“为伟大祖国的繁荣昌盛，为中华民族的振兴，为自己和家人的幸福而不懈努力。用我们卓越的产品自立于世界通信列强之林；我们不单纯追求规模上的扩展，而是使自己更优秀……”。《华为基本法》把华为人心底的呼唤明白地表达了出来，使之明确化，发挥了强大的作用，成为强大的动力。正是华为的远大抱负，吸引和凝聚了一大批优秀的有雄心壮志的人才。

第三节　文化构建与培育

一、工商企业文化的功能

工商企业文化对工商企业来讲至关重要。可以举出三个例子来证明。

美国德克萨斯州一家电视机厂因经营不善濒临倒闭，老板决定请日本人来接管。在七年以后，产品的数量和质量都达到了历史的最高水平。日本人靠的就是尊重人，以人为本的工商企业文化。突出表现在三个方面：第一，日本人刚接管企业时，新任经理把员工聚集在一起，非但没有指责嘲笑他们的失败，还请他们喝咖啡，并给每一个员工送了一台半导体收录机，以示诚挚。第二，改善和工会的关系。日本资方一改过去美国资方和工会对着干的态度，主动上门拜访工会负责人，希望“多多关照”，从而使美国人解除心理上对日本人的戒备，使劳资关系融洽。第三，工厂的生产有所改观以后，日本的经理并不是去招聘年轻力壮的新人，而是把从前被该厂解雇的老员工全部找回来重新任用，以培育工人们的“报恩之心”，这样就充分调动了员工的主观能动性。

日本本田汽车公司美国分公司，只有高层管理者来自于日本，其余的中级管理者和普通工人都是美国人。而这些美国人本来都在三家美国较大的汽车制造企业中工作，但是该公司的生产率和产品的质量，都远远超过了美国的同行，秘诀在哪里呢？美国的《华尔街杂志》于1983年对该公司成功的经验做了如下总结：“本田汽车公司美国分公司突出的做法是缩小工人和管理者在地位上的差别，把工人当做群体的一分子。每个人，不论是工人还是管理者，同样都在公司的餐厅里吃饭，公司也没有专为高级职员设的停车场，职工被称为'合伙人'，管理者穿着和工人一样的白色制服而非西装革履。"这种"尊重人，团结和依靠广大职工群众"的管理思想和管理精髓，恰恰是优秀工商企业文化的灵魂。

在美国硅谷，有一家很有名气的坦德计算机公司。在20世纪80年代初，这个公司的利润以每季度25%的速率增大，年收入超过1亿美元，员工流动率很低。在计算机行业，要取得这样骄人的业绩，在当时是很难得的，其成功的源泉就在于它的企业文化。诀窍有四条：①在公司内部建立起一个被公司员工认可的哲学——"坦德公司的成员、创造性的行动和乐趣是其最重要的资源"。②在公司内部淡化等级观念，建立彼此平等的人际关系。坦德公司没有正式的规章制度，没有正规的组织机构，几乎不存在会议和备忘录，工作责任和时间也是灵活机动的，公司内不挂显示职位头衔的标牌，不给高级管理人员保留停车的场地。③在公司内部形成若干习俗和仪式。④在公司内部树立英雄人物，编成故事，广为传播。

1. 工商企业文化具有导向功能

所谓导向功能，就是通过它对工商企业的领导者和员工起引导作用。工商企业文化的导向功能主要体现在以下两个方面。

(1)经营哲学和价值观念的指导。经营哲学决定了工商企业经营的思维方式和处理问题的法则，这些方式和法则指导经营者进行正确的决策，指导员工采用科学的方法从事生产经营活动。工商企业共同的价值观念规定了企业的价值取向，使员工对事物的评判达成共识，有着共同的价值目标，企业的领导和员工为着他们所认定的价值目标去行动。美国学者托马斯·彼得斯和小罗伯特·沃特曼在《寻求优势》一书中指出"我们研究的所有优秀公司都很清楚它们的主张是什么，并认真建立和形成了公司的价值准则。事实上，一个公司缺乏明确的价值准则或价值观念不正确，我们则怀疑它是否有可能获得经营上的成功"。

(2)工商企业目标的指引。工商企业目标代表着企业发展的方向，没有正确的目标就等于迷失了方向。完美的工商企业文化会从实际出发，以科学的态度去制定企业的发展目标，这种目标一定具有可行性和科学性。企业员工就是在这一目标的指导下从事生产经营活动。

2. 工商企业文化的约束功能

工商企业文化的约束功能主要是通过完善管理制度和道德规范来实现的。

(1)有效规章制度的约束。工商企业制度是工商企业文化的内容之一。工商企业制度是工商企业内部的法规，企业的领导者和员工必须遵守和执行，从而形成约束力。

(2)道德规范的约束。道德规范是从伦理关系的角度来约束工商企业领导者和员工的行为。如果人们违背了道德规范的要求，就会受到舆论的谴责，心理上会感到内疚。同仁堂药店"济世养生、精益求精、童叟无欺、一视同仁"的道德规范约束着全体员工必须严格按工艺规程操作，严格质量管理，严格执行纪律。

3. 工商企业文化的凝聚功能

工商企业文化以人为本，尊重人的感情，从而在企业中造成了一种团结友爱、相互信任的和睦气氛，强化了团体意识，使企业员业之间形成强大的凝聚力和向心力。共同的价值观念形成了共同的目标和理想，员工把企业看成是一个命运共同体，把本职工作看成是实现共同目标的重要组成部分，整个企业步调一致，形成统一的整体。这时，“厂兴我荣，厂衰我耻”成为员工发自内心的真挚感情，“爱厂如家”就会变成他们的实际行动。

4. 工商企业文化的激励功能

共同的价值观念使每个员工都感到自己存在和行为的价值，自我价值的实现是人的最高精神需求的一种满足，这种满足必将形成强大的激励。在以人为本的工商企业文化氛围中，领导与员工、员工与员工之间互相关心，互相支持。特别是领导对员工的关心，会使员工感到受人尊重，自然会振奋精神，努力工作。另外，工商企业精神和工商企业形象对企业员工有着极大的鼓舞作用，特别是工商企业文化建设取得成功，在社会上产生影响时，企业员工会产生强烈的荣誉感和自豪感，他们会加倍努力，用自己的实际行动去维护企业的荣誉和形象。

5. 调适功能

调适就是调整和适应。工商企业各部门之间、员工之间，由于各种原因难免会产生一些矛盾，解决这些矛盾需要各自进行自我调节；工商企业与环境、顾客、其他工商企业、国家、社会之间都会存在不协调、不适应之处，这也需要进行调整和适应。工商企业哲学和工商企业道德规范使经营者和普通员工能科学地处理这些矛盾，自觉地约束自己。完美的工商企业形象就是进行这些调节的结果。调适功能实际也是工商企业能动作用的一种表现。

二、工商企业文化的构成

一般来说，工商企业文化的构成，最具代表性的是“同心说”。这种说法将组织文化的构成分为三个层次，即精神层、制度层和物质层(或叫器物层)，如图 8-1 所示。

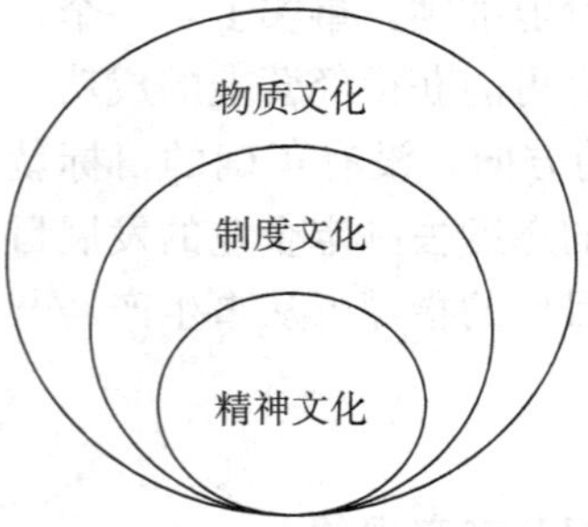

图 8-1 工商企业文化构成图

1. 精神文化层

精神文化层是组织文化的核心层。精神层组织文化，是工商企业在生产经营活动中，自觉形成并被认同和信守的组织理想、目标、价值观等意识形态的概括和总结，是工商企业文化的内核。它是工商企业精神、工商企业道德、工商企业哲学和工商企业价值观等的体现，表现的是组织文化的精神形态。

工商企业精神是指工商企业有意识地提倡、培养员工群体的优良精神风貌，是通过对工商企业现有的观念意识、传统习惯、行为方式中的积极因素进行总结、提炼得出的，是工商企业文化发展到一定阶段的产物；工商企业道德是指组织内部调整人与人、单位与单位、个人与集体、个人与社会、工商企业与社会之间的行为准则；工商企业哲学是指工商企业领导者为了实现企业目标而在整个企业的生产经营管理活动中的基本信念，是工商企业领导者对企业长远发展目标、生产经营方针、发展战略和策略的哲学思考；工商企业价值观是工商企业文化的核心部分，即使企业成员不断更新，这些价值观也会得到延续和保持。

2. 制度文化层

制度文化层是工商企业文化的媒介层。这一层主要包括工商企业领导体制、组织机构和组织管理制度三个方面，涵盖了企业中的各项规章制度以及生产方式，企业的各种规章制度以及这些规章制度所遵循的各种理念，它是工商企业精神、工商企业价值观的折射。

工商企业领导体制的产生、发展、变化，是工商企业经营发展的必然结果，也是文化进步的产物；工商企业的结构，是工商企业文化的载体，包括正式组织结构和非正式组织结构；组织管理制度是工商企业在进行生产经营管理时所制定的、起规范保障作用的各项规定或条例。制度文化包括工商企业的各种规章制度以及这些规章制度所遵循的理念，包括人力资源理念、营销理念、生产理念等。

3. 物质文化层

物质文化层是工商企业文化的外显层，主要通过物质形态表现出来，是看得见、摸得着的工商企业文化，是工商企业文化最终的外在体现，由核心层所决定，表征了工商企业文化的各种个性特征。工商企业物质文化的构成包括厂容、组织标识、厂歌、文化传播网络等。现在流行的形象识别系统(identity system，IS)就是工商企业物质文化层的最好体现。

工商企业文化的物质层较为稳定。例如，风靡全球的可口可乐，它那独特的红白两色标志，历经百年，基本上没有变更过。现在，世界各国的人们只要看见这个标志，就会立刻辨认出：这就是可口可乐。

工商企业文化的精神层为物质层和制度层提供思想基础，是工商企业文化的核心；制度层约束和规范精神层和物质层的建设；而工商企业文化的物质层为制度层和精神层提供物质基础，是工商企业文化的外在表现和载体。三者互相作用，共同形成工商企业文化的全部内容。

三、工商企业文化的创造

工商企业文化的创造可以从很多方面着手，但其核心包括三个方面。

1. 创造工商企业精神

工商企业文化包括精神文化、制度文化、物质文化等方面的内容，但其核心还是精神文化。工商企业精神作为一种群体意识，是这个群体中各种力量通过最佳组合而形成的一种优势力量。共同的精神力量可以使人们具有一种无形的自导力，胜不骄、败不馁的群体精神又是组织发展的应激力。工商企业精神是由各种因素组成的，如价值观可以赋予人们的行为以神圣感和使命感，可以使工商企业树立独特的发展目标，形成经营特色；工商企业伦理道德可以调整组织与员工之间、工商企业与工商企业之间、工商企业与社会之间的关系，是市场经济下求生存、求发展的主体性体现。所以，工商企业精神创造的重要性就在于它可以使组织获得永不枯竭的动力源泉。

2. 创造共同的价值观

工商企业中对共同价值观的认可，可以使员工相信企业的利益与自身的利益是一致的，企业不会做出任何伤害他们的事。日本工商企业通过多年的管理实践认识到了创造共同的价值观的重要性。它可以使工商企业产生巨大的凝聚力。创造共同的价值观需要工商企业认真地进行宣传教育，使企业成员对新的价值观达成共识。

3. 以人为中心的工商企业理念

工商企业的理念包括产品、服务、利润、消费者需求等多方面，但从一定意义上说，工商企业文化就是工商企业的“人化”。在众多理念中，以人为中心的理念是最重要的，人是工商企业文化理论和实践的中心和主旋律。工商企业文化创新与人息息相关，所以工商企业文化创新的一个最重要的内容，就是确立企业中以人为中心的工商企业理念。工商企业文化要创造并弘扬这种理念，就要在管理中为了人、关心人、理解人、重视人、依靠人、尊重人、团聚人、培育人。

四、工商企业文化的建设

1. 确定理念识别

(1)确定全体员工的价值观。工商企业价值观是工商企业文化的核心，决定着工商企业的命脉，关系着工商企业的兴衰。现代工商企业不仅要实现物质价值，还要实现文化价值，要充分认识工商企业竞争不仅是经济竞争，更是人的竞争、文化的竞争、伦理智慧的竞争。工商企业的最终目标是服务社会，实现社会价值最大化。

(2)确立工商企业精神。培育有个性的工商企业精神是加强工商企业文化建设的核心，培育具有鲜明个性和丰富内涵的工商企业精神，最大限度地激发员工内在潜力，是工商企业文化的首要任务和主要内容。工商企业精神是指企业广大员工在长期的生产经营活动中逐步形成的，由工商企业的传统、经历、文化和工商企业领导人的管理哲学共同孕育的，并经过有意识的概括、总结、提炼而得到确立的思想成果和精神力量，必须是集中体现一个工商企业独特的经营思想和个性风格，反映工商企业的信念和追求，并由工商企业倡导的一种精神。培养工商企业精神，要遵循时代性、先进性、激励性、效益性等原则，不仅要反映工商企业本质特征，而且要反映出行业的特点和本单位特色，体现出工商企业的经营理念。

(3)确立符合实际的工商企业宗旨是工商企业生存发展的主要目的和根本追求，它以工商企业发展的目标、目的和发展方向来反映工商企业价值观。工商企业道德是在工商企业生产经营实践的基础上，基于对社会和人生的理解做出的评判事物的伦理准则。工商企业作风是工商企业全体干部员工在思想上、工作上和生活上表现出来的态度、行为，体现工商企业整体素质和对外形象。

2. 确立视觉识别

统一标识、服装、产品品牌、包装等，实施配套管理。在工商企业发展中还要以务实的态度不断完善工商企业视觉识别各要素，做到改进—否定—再改进—再确定。视觉识别包含工商企业标识、旗帜、广告语、服装、信笺、徽章、印刷品统一模式等，以此规范员工行为，使企业在社会上树立良好形象。

3. 确立行为识别

行为识别主要体现在两个方面，一方面是工商企业内部对员工的宣传、教育、培训；另一方面是对外经营、社会责任等内容。要通过组织开展一系列活动，将企业确立的经营理念融入企业的实践中，指导企业和员工行为。

4. 以人为本，树立精干高效的队伍形象，打造精神文化

工商企业文化的实质是“人的文化”。人是生产力中最活跃的因素，是工商企业的立足之本，工商企业员工是工商企业的主体，建设工商企业文化就必须以提高人的素质为根本，把着眼点放在人上，达到凝聚人心，树立共同理想，规范行动以形成良好行为习惯，塑造形象以扩大社会知名度的目的。为此要做好建立学习型组织；抓好科学文化知识和专业技能

培训；培育卓越的经营管理者，带动工商企业文化建设；做好思想政治工作等相关工作。

5. 内外并举，塑造品质超群的产品形象，打造物质文化

工商企业文化建设应与塑造工商企业形象相统一，实现技术创新，做到文化建设活动持之以恒，使之具备独特的技术特色和产品特色。创品牌，教育员工要像爱护自己的眼睛一样爱护企业的品牌声誉，使企业的产品、质量在社会上叫得响、打得硬、占先机，展工商企业精华。要做到在经营过程中经营理念和经营战略的统一；做到在实际经营过程中所有员工行为及企业活动的规范化、协调化；做到视觉信息传递的各种形式相统一，为促进企业可持续发展奠定坚实基础。

6. 目标激励，塑造严明和谐的管理形象，打造制度文化

工商企业管理和文化之间的联系是工商企业发展的生命线，战略、结构、制度是硬性管理；技能、人员、作风、目标是软性管理。强化管理要坚持把人放在工商企业的中心地位，在管理中尊重人、理解人、关心人、爱护人，确立员工的主人翁地位，使之积极参与企业管理，尽其责任和义务。强化管理要与现代工商企业制度、管理创新、市场开拓、实现优质服务等有机结合，还要修订并完善职业道德准则，强化纪律约束机制，使工商企业各项规章制度成为干部和员工的自觉行为。提倡团队精神，成员之间要保持良好的人际关系，增强团队凝聚力，有效发挥团队作用。

7. 寓教于文，塑造优美整洁的环境形象，打造行为文化

人改造环境，环境也改造人，因此，要认真分析工商企业文化建设的环境因素，使有形的和无形的各种有利因素成为工商企业文化建设的动力源泉。采取强化措施，做到绿化、净化、美化并举，划分区域，明确责任，长期保持环境的整洁。要开展各种游艺文体活动，做到大型活动[即体育活动(趣味运动)会、企业文化艺术节等]制度化，小型活动(即利用厂庆、文体活动等形式丰富员工文化生活)常规化，赋予各种活动以生命力，强化视觉效应。

五、工商企业文化创造中领导者的作用

要创造强有力的文化，首要因素是工商企业的领导者。领导者在工商企业文化创造中的作用主要表现在四个方面。

1. 领导者是工商企业文化的塑造者

由于工商企业的领导者在企业中处于特殊的地位，他们对工商企业承担了更多的责任，相应地，对企业的经营哲学、组织精神、价值观等也都能施加较大的影响。工商企业文化要形成体系，就需要领导者的总结、归纳和加工，就需要领导者的才智和对工商企业文化建设的高度重视。很多工商企业的企业文化内容，甚至都是直接来自于领导者的思想和主张。所以，美国企业文化专家斯坦雷 M. 戴维斯在《企业文化的评估与管理》一书中指出："不论是企业的缔造者本人提出主导信念，还是现任总经理被授权重新解释主导信念或提出新的信念，企业领导者总是文化的活水源头。如果领导者是个有所作为的人，他就会把充满生气的新观念注入企业文化之中。如果领导者是个平庸之辈，那么企业的主导信念很可能会逐步退化，变得毫无生气。"当然，领导者只是对工商企业的实践活动中已存在的文化进行总结和加工，并不能独自创造出适合于一个组织的新文化。所以，《公司文化》

的作者迪尔和肯尼迪指出："是不是每个公司都能有强烈的文化？我们想是能够的，但要做到这一点，最高层管理者首先必须识别公司已经有了什么类型的文化，哪怕是很微弱的。总经理的最终成功在很大程度上取决于是否能够精确地辨认公司文化并琢磨它、塑造它以适应市场不断转移的需要。"

所以，领导者作为组织文化的塑造者，一方面要对组织已有的文化进行总结和提炼；另一方面又要对提炼后的文化进行加工，加入自己的信念和主张，再通过一系列活动，将其内化为员工的价值观，外化为员工的行为。

2. 领导者是工商企业文化的管理者

领导者所塑造或设计的工商企业文化是工商企业的目标文化，它源于现实工商企业文化，又高于现实工商企业文化。领导者对工商企业文化的管理过程，就是要在工商企业中形成预期的文化。为此，领导者要使员工明白企业提倡什么、反对什么，要及时处理推行新文化的过程中产生的矛盾和问题，必要时，还要对工商企业文化进行修正和补充。通过管理工商企业文化，领导者就能有效地管理工商企业，在《公司文化》一书中，这类领导者被称为"象征性的管理者"。美国管理学家埃德加 H. 沙因甚至说："领导者所要做的唯一重要的事情就是创造和管理文化，领导者最重要的才能就是影响文化的能力。"在美国著名的天腾公司(Tandem)，最高层经理大约花一半时间管理组织文化，这使它获得了巨大的成功。

3. 领导者是工商企业文化的倡导者

领导者在工商企业文化的建设中所起的示范和表率作用非常重要，领导者是以身教而不是言教来向员工灌输价值观的。领导者应身体力行，坚持不懈地把自己的见解化为行动，使员工树立正确的价值观。领导者必须持之以恒地倡导这些价值观，这样，价值观在员工中便可以扎根发芽。凯勒尔对西南航空公司的组织文化的示范和表率作用，就是最好的例证。

4. 领导者是工商企业文化的变革者

由于工商企业的内外部环境变化，也要求对工商企业文化进行变革，以适应变化了的新形势。这种变革必须依靠工商企业的领导者自上而下地进行，否则工商企业文化的发展就会陷入一种混乱、无序的状态，新的良性的工商企业文化就不可能形成。但是，并不是说只要内外部环境变化了，就需要对组织文化进行变革，工商企业文化具有相对稳定性的特征。一般来说，当发生以下几种情况时，领导者必须变革工商企业文化：①当工商企业的内外部环境发生重大变化时；②当工商企业业绩平平，甚至每况愈下时；③当工商企业的主导文化与宏观文化产生严重冲突时。

由于文化具有很强的惯性，领导者对变革工商企业文化一定要采取慎重的态度，要尽可能维持工商企业文化的稳定性；而一旦决定变革，就应当冲破层层阻力，构筑新的工商企业文化体系。

六、工商企业文化的维系

工商企业文化创造出来以后，工商企业就应推出一系列管理措施以维系工商企业文化。例如，人力资源管理措施，工商企业组织的甄选过程、绩效评估标准、奖酬措施、培训和职业开发活动以及晋升过程等，都可以保证雇用的员工与企业文化相适应，奖励那些支持和拥护企业文化的员工。在工商企业文化的维系过程中，有两个因素起着特别重要的作用，即人员选拔和社会化过程。

1. 人员选拔

工商企业进行人员选拔的目标是，识别并雇用那些有知识、有技巧、有能力来做好工商企业工作的人。但在一般情况下，能够满足工作需要的人很多，工商企业就要对这些人进行选拔。这时，谁能被雇用，就会明显地受到招聘者对候选人的判断的影响，而这种判断主要来源于工商企业的价值目标与工商企业精神。这一过程确保了员工与企业恰当的匹配，保证了所聘员工的价值观与企业价值观基本一致，至少与其大部分一致。现在很多工商企业招聘员工的过程中很重要的一个评判标准就是员工与企业价值观的吻合。微软、甲骨文、朗讯等公司就公开声明只选拔认同公司价值观的员工。另外，选拔过程也给求职者提供了一些工商企业的信息，候选人对工商企业有所了解后，如果发现自己的价值观与企业价值观冲突，就可以自动退出候选人之列。因此，选拔过程成了一种双向选择。这样，选拔过程通过筛选掉那些可能对组织的核心价值观构成威胁的人，可以维系工商企业文化。

2. 社会化过程

不管工商企业的人员选拔和录用做得有多好，新员工都难以完全适应企业文化的要求。也许最重要的原因是，他们对企业文化不太熟悉，新员工总是容易干扰企业已有的观念和习惯。因此，企业要帮助新员工适应企业文化，这种适应过程就是社会化过程。最关键的社会化阶段是员工刚进入企业的时候。在这个阶段，企业要尽力把外来者塑造成一个合格的员工。那些不能掌握角色行为要领的员工很可能被称为"不服从者"或"反叛者"，他们的下场往往是被开除。但工商企业会通过各种方式(虽然有时不明显)，让每一个员工在其职业生涯中完善社会化过程，这更进一步地起到了维系组织文化的作用。

社会化过程可以采取一些适当的方法，如强化员工事迹宣传。强化员工事迹就是强化企业的事迹，使企业文化及员工的行为方式得到确认，使符合企业文化的员工事迹通过这种强化得以流传。最普遍的宣传形式是包含有这个工商企业想强化的道德品质的故事。例如，惠普公司的创始人比尔·惠利特因为一个大家经常讲的关于他用一把螺丝刀打开仓库的锁的故事而闻名。"此门永远不再上锁"是要把惠普公司关于信任的重要文化价值观永远传下去。表扬和提升也是一种社会化的方法，工商企业对工作做得好而且可以作为新员工的行为榜样的个人，予以表扬和升职。通过指出这些人是优胜者，工商企业使其他人学习这些榜样。在拥有强势文化的工商企业里，行为榜样被认为是所有当前训练模式中最强有力的。

华为企业文化特征

(1)以人为本的文化。公司给予员工充分的信任，帮助员工通过组织实现自己的需要，为人们追求成功提供必要的条件渠道，使得员工对于所在的组织具有极高的满意度和忠诚度，从而在行为上表现得更有主动性，更愿意合作，更具有责任心和奉献精神。公司的管理因而也能够在采取高度灵活性、较少监督的方式下达到高效率。

(2)鼓励创新的文化。华为公司不断地强化员工的危机意识，任正飞发表过一篇文章《华为的红旗还能打多久》，他指出公司所处的领域强手林立，变化迅速，公司必须不断地创新，要做好准备迎接变化，要求公司的所有层次开展创造性的工作。公司鼓励员工自我批评，自我否定，防止经验主义，从而实现一次次的升华。华为鼓励员工去"犯错误"，当然不能犯重复性的错误，而是要犯因为创新、因为探索未知领域而不可避免的错误。什么都不做，则永远不会有错误发生；要创新，不要怕犯错误。因此，华为公司的内部刊物上，可以见到员工勇于暴露问题，剖析自己，把经验教训与大家分享的文章。在这种气氛下，华为员工的创新热情很高涨、思维很活跃。好的想法和创意、改进等源源不断地涌现出来。

(3)开放的文化。一个高效创新的组织，对内对外都必须有开放的态度。乐于接受新鲜的事物、不同的思想，愿意相互合作、资源共享是非常重要的。严格的等级制度不利于开放的原因之一就是目光专注于组织的内部，而内部条块分割，本位主义限制了合作。华为公司开放的文化表现为：对外，华为公司强调要倾听顾客的意见，并与广大的顾客和合作单位结成利益共同体；对内，则强调部门是公司的资源，要向大家开放，实现资源共享。它开放的文化，也可以体现在它的办公场所中，各个部门的办公室的门永远是打开的，走廊一侧的墙是落地玻璃，造成一种开放的感觉而又不被来访人干扰工作，人们可以自由出入进行交谈。主管与一般工作人员使用同样的办公桌，坐在一起办公，随时和大家交流，不再独门独室，显得高高在上，神秘莫测。在这种气氛下，大家之间的隔膜明显消除，互相之间更愿意袒露自己的真实想法。

(4)合作的文化。无论是在团队的内部还是在整个公司都必须展开紧密的合作。通过合作，激发对话、产生创意，在创新过程中能够更好地综合各人的能力和技巧。华为公司强调“集体奋斗”，强调资源共享，强调充分利用求助系统，正是建立在对于创造活动群体动力特点的认识基础上的。公司要求员工要相互合作，避免单兵作战，避免个人英雄主义，要在集体奋斗中实现自己的价值。华为员工的口号“胜则举杯相庆，败则拼死相救”正是公司合作文化的生动写照。华为公司把合作的群体称为“狼群”，其在创新实践中表现出了强大的威力。

(5)关心的文化。华为明确地写道“爱祖国、爱人民、爱事业、爱生活是我们凝聚力的源泉”，落到实际处，则培养员工从小事开始关心他人，要尊敬父母、帮助兄弟姐妹、对亲人负责，在此基础上关心他人。平常关心同事，以及周围有困难的人，进而修养好个人，才会关心祖国前途。公司关心员工，领导关心下属，员工相互关心、关心公司、关心客户。在华为，关心的文化使公司呈现出一种大家庭的氛围。

(6)奉献的文化。产业报国一直是华为人的共同追求，也是华为企业文化的重要内涵。华为公司以其宽阔的胸怀、直率和无私，积极为公司所在社区做贡献，特别是为自己家人的幸福而努力。在为祖国的繁荣昌盛、为民族的振兴、以科技兴国的神圣使命的驱使下，华为人表现出了极强的奉献精神。在华为，员工不计报酬，自愿地加班加点工作、赶进度是家常便饭。正是这种奉献精神，使华为获得了超过其他工商企业的发展速度。

(7)树立员工的自豪感，有利于刺激创新。自豪感也作为创新的结果出现并得到加强。自豪的文化使公司能依靠自己的员工，而不是靠外界的人得到所有的新思想。“成功繁殖成功”，在过去成功的基础上建立“自豪的文化”时，人们对于自己的信心也就得到加强，从而更可能去冒风险；对其他的员工感到自豪，则更能实现团队的合作。变革需要超越的信心，有自豪文化的组织就更有创新能力。华为公司培养员工对于自己作为华为人的骄傲。其中一个有趣的做法是：华为公司联系了许多餐馆、酒家、影院、体育场馆、度假酒店和娱乐设施等，只要是华为的员工到此消费都可以得到打折优惠，这样使员工们得到实惠的同时，也牢记这是因为自己是华为人，是公司的实力和成功在外受到尊敬的结果，从而增强对公司的自豪感。

(8)不让雷锋吃亏，奉献者定当得到合理的回报。华为秉承"不让雷锋吃亏"的理念，建立了一套基本合理的评价机制，并基于评价给予激励回报。公司视员工为宝贵的财富，尽力为员工提供好的工作、生活、保险、医疗保健条件，为员工提供业界有竞争力的薪酬，员工的回报基于岗位责任的绩效贡献。创业之初，华为根本没有资金，是创业者们把自己的工资、奖金投入公司，每个人只拿很微薄的报酬，绝大部分干部、员工长年租住农民房。正是老一代华为人"先生产、后生活"的奉献精神，才让华为挺过了最困难的岁月，使其得以生存、发展，才有了今天的华为。当年他们用自己的收入购买了公司的内部虚拟股，到今天获得了一些投资收益，这是对他们过去奉献的回报。没有他们当时的冒险投入和艰苦奋斗，华为不可能生存下来。更重要的是，他们奠定与传承了华为优秀的奋斗和奉献文化。"不让雷锋流汗又流泪"的思想被称为雷锋理论，得到了企业界的普遍认同和学习。

华为公司的宗旨、核心价值观、基本战略经过了员工的充分讨论，而不是领导拍脑袋写下的，因此，它有广泛的代表性，并得到了广大员工的认同，形成了强大的凝聚力。《华为基本法》的制定以务实的态度进行，在制定过程中，公司在各种场合动员干部员工参与讨论，广大员工也以极大的热情参与其中并提出了许多建议和意见，在这一过程中，《华为基本法》的理念如同春雨润物一样渗入华为人的心田，起草的过程成为一场文化运动，公司的文化建设取得一次飞跃。当文化被多数人所接受时，它就形成了一个"场"，具有强大的感召力，通过新员工培训、企业内部宣传以及荣誉奖励等制度巩固下来，无论公司怎样变化，人员怎样流动，公司都能保持其文化特色。

《华为基本法》近2万字，是继40年前的《鞍钢宪法》之后，又一个名称响亮的工商企业基本管理思想和政策大纲。《华为基本法》对华为内部原来的文化进行了一次梳理，在传承原有文化的基础上将行为准则具体化。袁宝华评价说："华为有了基本法，就做到了从心所欲而不逾矩。"《华为基本法》是中国民营企业第一次面向未来的系统总结和全面思考；作为中国现代工商企业里最早、最系统、影响最大的文化大纲之一，成为以后工商企业制定类似企业内部文件的典型范本，对中国工商企业文化的影响深远。

第四节　文化管理理论前沿

在今天的管理学界，工商企业文化研究不再是一个热门的话题，但围绕工商企业文化的研究也并没有间断过。而关于工商企业文化的最新研究主要包括三个方面，即工商企业文化"基因理论"、工商企业并购后的文化整合问题以及跨文化管理。

一、工商企业文化"基因理论"

工商企业是一个组织，是由一群人组成的，是由一种文化把大家凝聚在一起的一个大家庭。人是有遗传基因的，工商企业文化也是这样。所以，不同的工商企业就有不同的文化基因，这个基因既是工商企业的灵魂，也是工商企业文化的灵魂。众所周知，基因具有传承性与变异性，传承性就是继承基因的基本属性，变异性则体现在基因的创新性方面。

就事物的本质而言，工商企业文化也同样具备生物基因的基本功能。一个工商企业的文化，既要传承其传统中的优秀部分，又要根据工商企业生存环境的变化而有所创新。只有如此，才能适应不同工商企业、不同时期的发展需要。这就是工商企业文化的“基因”论。工商企业文化的基因性质表现在以下几个方面。

(1)工商企业文化具有独特性。每个成功的工商企业都是在不同的背景下形成的，具有与本企业的发展过程相适应的独特个性。此外，个性鲜明的优秀的工商企业文化不但有力地促进了本企业的发展进步，也为其他工商企业提供了非常有益的成功经验，进而使其核心价值观得到普遍认同。

(2)工商企业文化可以被复制和遗传。在工商企业进行扩张时，首先被复制到新的扩张领域的就是工商企业的核心价值观。麦当劳在全球的扩张就是典型的案例，麦当劳向其连锁店复制的是它的核心理念、规章制度和行为规范。

(3)工商企业文化会发生突变。当工商企业所处的内外部环境发生变化时，如经济危机、技术变迁、市场结构变化和内部核心人员变更等，为适应环境的变化，工商企业文化就会在思维模式上产生变异的需求，工商企业在技术创新的同时需要创新管理制度。当工商企业发生合并或兼并时，需要进行文化整合，改变其核心价值观。只有适应社会发展的需要，工商企业才可能持续发展。

(4)工商企业文化反映了工商企业的根本性状。通过工商企业文化的作用，工商企业的价值观在不同程度上影响着工商企业形象塑造的整体水平、工商企业精神理念的导向、工商企业制度行为的素质和工商企业外部形象的特色。

根据工商企业文化基因在工商企业发展过程中所发挥的促进、维持和阻碍作用，工商企业文化基因可分为三类，即完好基因、一般基因和缺陷基因。

(1)完好基因。完好基因是指那些能在工商企业特定时期表现其完好品质，具有很强环境适应能力，在激烈市场竞争中保持核心竞争力，而且对工商企业的可持续发展起促进作用的工商企业文化基因。完好基因是导致工商企业具有独特个性的主要因素。北京同仁堂作为长寿工商企业具有300多年的历史，其核心价值观“同修仁德，济世养生”，体现了以“仁”为本和以“和”为贵的精神内涵，是推动同仁堂长寿发展的核心动力。“炮制虽繁必不敢省人工，品味虽贵必不敢减物力”的理念为同仁堂带来了广大的忠实客户，同时为企业带来了可观的利润，极大地促进了同仁堂的发展和壮大，奠定了同仁堂在本行业中的领导地位。

(2)一般基因。一般基因是指那些保证工商企业遗传信息顺利传递，保证工商企业稳定发展的基因，对工商企业可持续发展起着一定的促进作用，而且经过优化转化为完好基因，能够提高企业优势竞争力的工商企业文化基因。20世纪90年代，IBM的创新理念属于公司的核心竞争力，但IBM创新产品化的能力较差，其优异的技术创新能力并未给企业带来丰厚的利润。经过调整后，IBM将以技术和产品创新为中心转向以客户和服务为中心，转变了创新方向，为企业带来了丰厚的利润。

(3)缺陷基因。缺陷基因是指那些稳定性较差，不能适应外部环境变化，甚至对工商企业发展有一定阻碍，但经过自我诊断，持续不断的学习、创新之后，可以转化为一般基因甚至完好基因的工商企业文化基因。IBM企业文化中的“不解雇政策”导致员工的懒散与平庸，一度阻碍公司的发展。1993年，IBM撤销这一政策，实行大规模裁员，形成精简的组织结构，加强领导与员工之间的沟通了解，强化了团队合作精神。精简组织结构以及对组织建构进行再造是对“不解雇政策”这一缺陷基因的修复和改良，最终使其成为企业发展的巨大推动力。

二、工商企业并购后的文化整合问题

近几年的事实表明，并购作为中国工商企业快速扩张的主要手段正在被广泛使用。波士顿公司的马克·赛罗沃(Mark L. Sirower)博士指出，中国的购并额在过去的五年里以每年70%的速度增长，这使中国成为亚洲第三大购并市场。但是，研究表明：工商企业并购的成功率并不高。导致工商企业并购失败的原因很多，其中重要的原因之一是并购后的工商企业文化整合问题，即忽视并购双方文化的差异，没有妥善解决文化冲突，未能有效地进行文化融合。所以，应高度重视并购双方的文化整合过程中的作用机制。

工商企业文化整合是指工商企业不同特质的文化通过相互接触、交流进而相互吸收、渗透融为一体的过程。当不同特质的工商企业文化共处于某一时空环境中，经过充满冲突与选择的传播过程，必然发生内容、形式上的变化，以原有的工商企业文化特质为基础，吸收异质文化组成新的体系。工商企业文化融合实际上就是不同文化的重新组合。文化整合的基础是不同工商企业的企业文化，并购双方企业文化的类型、文化差异的强弱等具体因素的不同，工商企业文化整合的模式也是不一样的。

不同工商企业主体间企业文化的整合，有机运行于工商企业并购过程中，这种文化整合现象的有机运行就是工商企业文化在并购中处理工商企业间关系作用机制的表现。其运行的好坏，直接关系到工商企业并购的成败。所以并购工商企业的管理者在实践中应该利用好这种作用机制，根据实际情况选择合适的文化整合模式，积极主动地推进工商企业间文化整合的步伐。

1. 工商企业文化整合的内涵

并购后的工商企业整合包含的内容很丰富，涉及工商企业的方方面面。任何一个方面整合的欠缺，都会导致整个并购活动的失败。但是在整个并购整合体系中，文化整合占据了核心的地位。有85%的CEO认为，管理风格和文化差异是导致并购失败的主要原因。

工商企业文化整合是一个系统性的工作。它指的是工商企业的相关人员有意识地将并购后企业内的不同文化因素通过各种措施进行有效的整理和整顿，并将其结合为一个有机整体的过程，是工商企业文化主张、文化意识和文化实践一体化的过程。文化整合的重点在于通过文化整合过程，建立并购双方相互信任、相互尊重的关系，拓展并购双方员工的思维，培养双方领导人能接受不同思维方式、能和不同文化背景的人共事的文化能力，使双方能在未来工商企业的价值观、管理模式和制度等方面达成共识，以帮助并购工商企业更好地实现其他方面的整合，为企业的共同发展而努力。

2. 工商企业文化整合的模式

有关并购工商企业文化整合的模式，不同时期的不同学者提出了不同的理论，但从本质上说这些文化整合模式理论所表述的基本内容是一致的。根据并购双方工商企业文化的变化程度及并购方获得的工商企业控制权的深度，西方学者曾提出了四种工商企业文化整合模式，即吸纳式、渗透式、分离式和消亡式。

1)吸纳式文化整合模式

这种模式是由奈哈迈德(Nahavandi)提出的，它指的是被并购方完全放弃原有的价值理念和行为假设，全盘接受并购方的企业文化，使并购方获得完全的企业控制权。鉴于文化是通过长期习惯根植于心灵深处的东西，很难轻易舍弃，奈哈迈德认为：这种模式理论上看起来很简单，但操作起来非常困难，只适用于并购方的文化非常强大且极其优秀，同时被并购工商企业原有文化又很弱且并购方的企业文化能赢得被并购工商企业员工的一致认可的情况。

2)渗透式文化整合模式

伊万斯(G. Evans)通过分析丹麦最大的两家银行的并购案例，提出了渗透式文化整合模式，即并购双方在文化上互相渗透，都进行不同程度的调整。他指出，当并购双方的企业文化强度相似，且彼此都欣赏对方的企业文化，愿意调整原有文化中的一些弊端时，适用这种文化整合模式。他认为与吸纳式相比，这种模式的操作性较强，但是并购方将放弃部分控制权，承担的风险增大。

3)分离式文化整合模式

分离式文化整合模式指的是并购工商企业和被并购工商企业在文化上依然保持相对独立性，双方的文化变动都较小。夏普罗(H. D. Shapiro)、彼克(Picker)等都曾分析过这种整合模式的可行性。他们认为从理论上讲，选择分离式文化整合模式需要满足以下前提：被并购工商企业拥有优质强文化，企业员工不愿放弃原有文化，并且并购后双方接触机会也不太多，文化不一致不会引起太大的矛盾冲突。但是，这些研究者从材料研究公司(Material Research Corporation)和索尼美国有限公司(Sony USA Inc.)等并购案中发现，现实中即使满足了以上前提，但是这种文化模式操作起来仍然困难重重。因为在这种整合模式下，并购方面临的风险很大。为了减少风险，并购方必然会在财务、经营理念等方面对被并购工商企业进行干涉，由此引起双方的争执。所以，他们最后得出结论：这种整合模式总体上可操作性不如渗透式文化整合模式。

4)消亡式文化整合模式

并购工商企业文化变动很小，被并购工商企业放弃了原有的企业文化但同时又不愿接受并购工商企业的文化，因而处于一种文化迷茫的状态。贝瑞(J. W. Berry)和安尼斯(A. C. Annis)认为这种模式既可能是并购工商企业有意选择的，也可能是文化整合失误造成的。有时，工商企业并购的目的是将并购来的企业拆散后出售。并购方往往有意让被并购工商企业的企业文化消亡，整个企业形同一盘散沙，任凭并购工商企业处置。但有时并购工商企业希望进行文化重构，但由于选择模式不当或执行失误，被并购工商企业文化迷失。在这种情况下，文化消亡模式与其说是一种文化整合模式，不如说是文化整合失败的结果。

三、跨文化管理

1. 概念

随着工商企业全球化浪潮的推进，跨文化管理逐步得到工商企业的日益重视。跨文化管理，又称为“交叉文化管理”(cross cultural management)，是指通过克服不同异质文化之间的差异，重新塑造工商企业的独特文化，最终打造卓有绩效的管理行为。

跨文化管理即在全球化经营中，对子公司所在国的文化采取包容的管理方法，在跨文化条件下克服任何异质文化的冲突，并据以创造出工商企业独特的文化，从而形成卓有成效的管理过程。其目的在于在不同形态的文化氛围中设计出切实可行的组织结构和管理机制，在管理过程中寻找超越文化冲突的企业目标，以维系具有不同文化背景的员工共同的行为准则，从而最大限度地控制和利用企业的潜力与价值。全球化经营的工商企业只有进行成功的跨文化管理，才能使企业的经营得以顺利运转，竞争力得以增强，市场占有率得以扩大。

跨文化管理包括跨越国界和跨越民族界限的文化管理。消除文化的差异是跨文化管理着力解决的核心问题。文化差异可能来自沟通与语言的理解不同、宗教信仰与风俗习惯迥异、刚性的工商企业文化隔阂等诸多因素。因此，跨文化管理需要对以下问题进行有效管理：①如何明确本企业的文化价值倡导？②如何避免文化的本位主义？③如何确定本企业的跨文化管理策略(文化同化、文化折中、文化融合)？④如何进行人才的本土化培养？

2. 对跨文化管理的认识

首先，开展全球化经营的工商企业必须承认并理解各国之间文化差异的客观存在，要重视对他国语言、文化等的学习和了解。这是增强跨文化管理能力的必要条件。理解文化差异有两层含义：一是理解东道国文化如何影响当地员工的行为；二是理解母国文化如何影响企业派去当地的管理者的行为。对于不同类型的文化差异，需要采用不同的措施去克服。例如，因管理风格、方法或技能的不同而产生的冲突可以通过互相传授和学习来克服；因生活习惯和方式不同而产生的冲突可以通过文化交流来解决……只有把握不同类型的文化差异才能有针对性地找出解决文化冲突的适宜办法。

其次，要辩证地对待文化差异，在看到其不利一面的同时还应看到其有利的一面，并恰当、充分地利用不同文化所表现的差异，为工商企业的经营发展创造契机。例如，广州本田汽车公司总经理指出：“我们企业内部的矛盾颇多，但这也有好的一面。我们在中国选择合作伙伴时，总是喜欢挑选一些与我们想法不同的合作者，这使我们经常发生意见的碰撞，这样不同思想的碰撞就会产生新的想法，从而创造出本田新的企业文化。”根据这位总经理的体会，只要能正确对待不同文化的矛盾和冲突，不仅不会使其成为工商企业经营的障碍，反而会使之成为工商企业发展的动力和创新的源泉。

此外，要充分认识到跨文化管理的关键是对人的管理，因此要实行全员的跨文化管理。一方面，跨文化管理的目的就是使不同的文化进行融合，形成一种新型的文化，而这种新型的文化只有根植于企业所有成员之中，通过企业成员的思想、价值观、行为才能体现出来，才能真正实现跨文化管理的目的，否则跨文化管理将会流于形式。另一方面，在全球化经营的工商企业中，母公司的企业文化可通过企业的产品、经营模式等转移到国外分公司，但更多的是通过熟悉企业文化的经营管理者转移到国外分公司，因此，全球化经营的工商企业在跨文化管理中必须要强调对人的管理，既要让经营管理者深刻理解母公司的企业文化，又要选择具有文化整合能力的经营管理者到国外分公司担任跨文化管理者的重要职责，同时还要加强对工商企业所有成员的文化管理，让新型文化真正在管理中发挥其重要作用，从而使全球化经营的工商企业在与国外工商企业的竞争中处于优势地位。

参考文献

阿索斯 R P A. 1985. 日本企业管理艺术．陈今森译．北京：中国科学技术翻译出版社．
巴比 A. 2000. 社会研究方法(第 8 版). 邱泽奇译．北京：华夏出版社．
彼得斯 T J，沃特曼 Jr R H. 1985. 成功之路．余凯成，等译．北京：中国对外翻译出版公司．
彼得斯 T J，沃特曼 Jr R H. 1985. 寻求优势．管维立译．北京：中国财政经济出版社．
大内 W. 1984. Z——美国理论怎样迎接日本的挑战．胡隆旭，等译．北京：中国社会科学出版社．
戴钢书．2002. 现代企业文化新论．武汉：武汉大学出版社．
德鲁克 P. 2006. 管理使命、责任、实务．王永贵译．北京：机械工业出版社．
杜伯林 A J. 2007. 管理学精要．胡左浩，郑黎超译．北京：电子工业出版社．
符绍珊．2008. 企业组织结构模式创新研究．北京：中国经济出版社．
郭咸纲．2005. 西方管理思想史(第三版). 北京：经济管理出版社．
韩修山，贾庆昌．1989. 中国企业精神和企业文化．北京：中国经济出版社．
郝真．1995. 企业文化建设的运作．北京：中国经济出版社．
胡石明．1990. 漫谈企业文化．北京：经济科学出版社．
华锐．2000. 新世纪中国企业文化．北京：企业管理出版社．
肯尼迪 A，迪尔 T. 1989. 公司文化．孙健敏，等译．北京：生活·读书·新知三联书店．
林章豪，王从．1997. 企业形象导论．北京：中国建筑工业出版社．
刘光明．1997. 经济运行与伦理——兼论中国企业形象．北京：人民出版社．
刘光明．1997. 现代企业家与企业文化．北京：经济管理出版社．
刘光明．2001. 企业文化．北京：经济管理出版社．
刘正周，段万春．2002. 组织行为学．昆明：云南科技出版社．
陆嘉玉，姚秉彦．1990. 企业文化理论与实践．北京：中国工人出版社．
罗宾斯 S P. 1996. 管理学(第四版). 王凤杉，等译．北京：中国人民大学出版社．
罗长海．1999. 企业文化学．北京：中国人民大学出版社．
沙因 H. 1989. 企业文化与领导．朱明伟，罗丽萍译．北京：中国友谊出版公司．
司马云杰．1988. 文化价值论．北京：人民出版社．
司马云杰．2001. 文化社会学．北京：中国社会科学出版社．
斯格特 W C. 2002. 组织理论(第 1 版). 邱泽奇译．北京：华夏出版社．
斯隆 A. 2005. 我在通用汽车的岁月．刘昕译．北京：华夏出版社．
谭伟东．1997. 公司文化．北京：经济日报出版社．
王菲．2000. 现代企业人力资源管理与开发．昆明：云南大学出版社．
王凤彬，李东．2011. 管理学(第 4 版). 北京：中国人民大学出版社．
王璞．2003. 企业文化咨询实务．北京：中信出版社．
夏有恒．1998. 新角色——企业文化人．长春：吉林人民出版社．
肖洪均，汪克夷．2001. 管理学．大连：大连理工大学出版社．
肖胜萍．2002. 企业文化．北京：中国纺织出版社．
肖旭，赵宏，梁莉丹．2007. 现代企业组织管理创新理论．广州：中山大学出版社．
徐国华，张德，赵平．2002. 管理学．北京：清华大学出版社．
杨清荣．2000. 企业伦理与现代企业制度．武汉：湖北人民出版社．

杨斯迈，等 . 1995. 现代管理学原理(第 1 版). 北京：经济科学出版社 .

科特 J P，赫斯克特 J L. 1997. 企业文化与经营业绩 . 曾中，李晓涛译 . 北京：华夏出版社 .

曾建权 . 2003. 人力资源管理理论与实务研究 . 天津大学博士学位论文 .

张建平，张占耕 . 1996. 新概念管理——企业文化 . 上海：立信会计出版社 .

张木生 . 1996. 企业文化与 CI 战略实务 . 北京：中国民航出版社 .

张仁德，霍洪喜 . 2001. 企业文化概论 . 天津：南开大学出版社 .

张文贤，朱永生，张格 . 1995. 管理伦理学 . 上海：复旦大学出版社 .

周菲 . 2006. 管理心理学(第 3 版). 北京：清华大学出版社 .

Braisted P J. 1945. Cultural Cooperation：Keynote of the Coming Age. New Haven：The Edward W. Hazen Foudation.

Koter J P，Heskett J L. 1997. Corporate Culture and Performance. New York：Simon and Schuster.

